国家社会科学基金青年项目"刑民交叉视野下的互联网金融行为'罪与非罪'问题研究"(项目批准号：17CFX020)研究成果；江苏高校"青蓝工程"资助；南京审计大学法学一级学科研究成果。

徐彰 著

互联网金融行为的「罪与非罪」
刑民交叉视野下的问题研究

CRIMINAL OR NON-CRIMINAL OF INTERNET FINANCIAL BEHAVIOR
A Study from the Perspective of Criminal and Civil Crossover

北京大学出版社
PEKING UNIVERSITY PRESS

图书在版编目(CIP)数据

互联网金融行为的"罪与非罪":刑民交叉视野下的问题研究 / 徐彰著. —北京:北京大学出版社,2022.8
ISBN 978-7-301-33206-1

Ⅰ.①互… Ⅱ.①徐… Ⅲ.①互联网络—金融犯罪—研究—中国 Ⅳ.①D924.334

中国版本图书馆 CIP 数据核字(2022)第 139329 号

书　　　　名	互联网金融行为的 "罪与非罪"
	——刑民交叉视野下的问题研究
	HULIANWANG JINRONG XINGWEI DE "ZUI YU FEIZUI"
	——XINGMIN JIAOCHA SHIYE XIA DE WENTI YANJIU
著作责任者	徐　彰　著
责 任 编 辑	陆建华　张文桢
标 准 书 号	ISBN 978-7-301-33206-1
出 版 发 行	北京大学出版社
地　　　址	北京市海淀区成府路 205 号　100871
网　　　址	http://www.pup.cn　http://www.yandayuanzhao.com
电 子 信 箱	yandayuanzhao@163.com
新 浪 微 博	@北京大学出版社　@北大出版社燕大元照法律图书
电　　　话	邮购部 010-62752015　发行部 010-62750672
	编辑部 010-62117788
印 刷 者	三河市北燕印装有限公司
经 销 者	新华书店
	650 毫米×980 毫米　16 开本　14.25 印张　210 千字
	2022 年 8 月第 1 版　2022 年 8 月第 1 次印刷
定　　　价	58.00 元

未经许可,不得以任何方式复制或抄袭本书之部分或全部内容。
版权所有,侵权必究
举报电话: 010-62752024　电子信箱: fd@pup.pku.edu.cn
图书如有印装质量问题,请与出版部联系,电话: 010-62756370

序

互联网是人类最伟大的发明之一,金融则是国家经济运行的命脉,当这两者发生联系甚至融合的时候会创造怎样的效果,这在十年前可能还无人知晓。互联网金融横空出世之时,被认为是金融领域革命性的创新,为大众创业、万众创新打开了大门,可以发挥传统金融机构难以替代的积极作用。然而,由于缺乏监管产生的法律风险与自身天然携带的金融风险相交织,通过互联网被无限放大,导致各种形式的互联网金融呈野蛮生长之势,并引发了互联网金融平台频繁"爆雷",不仅给老百姓造成了巨大财产损失,还破坏了国家的金融管理秩序,并直接影响了国家的金融安全和社会的稳定。面对这一情况,国家果断重拳出击进行整顿,查办了一批涉互联网金融的非法集资案件。"运动式"治理虽然效果卓著,但互联网金融行业也受重创,几乎全军覆没,其中的"罪与非罪"界限并不清晰。如何破解"一放就乱、一管就死"的魔咒,如何厘清互联网金融活动中"罪与非罪"的界限,成为了整个行业能否生存、创新发展的关键。在此背景下,一批具有较强学术性的著作问世了,《互联网金融行为的"罪与非罪"——刑民交叉视野下的问题研究》就是其中之一。

徐彰博士的《互联网金融行为的"罪与非罪"——刑民交叉视野下的问题研究》,是在他的国家社科基金项目结项成果基础上修改而成的。该书通过刑民交叉的视角系统分析了互联网金融行为"罪与非罪"的疑难困惑,既有对经济规律、金融规律与政策的把握,也有对刑事政策的考量,更有刑法教义学意义上的阐释,确立了具有中国特色并且符合罪刑法定要求的互联网金融"罪与非罪"的界分标准,为金融创新提供了较为完善的具有可操作性的出罪路径。该书强调统一法秩序下刑法与民法两大部门法在法益保护上的关系,将满足法治国要求的实质刑法解释引入研究主题中,深刻分析了互联网金融模式"罪与非罪"模糊的边界,指出实践中大幅异化入罪的根本原因是我国长期存在的重刑轻民思想在作祟,刑法越过了前置的金融法规。作者提倡从形式出罪到实质出罪,最大限度地容忍金融领域的不规范行为,为金融创新发展保留空间。他认为互联网金融"罪与非罪"的实质判断应以法益侵害为标识,互联网金融犯罪的法益具有复杂性,金融消费者的资金安全是核心法益,金融安全是附随法益,而抽象的金融秩序并不是互联网金融犯罪的法益;并提出了非法性的双重检验标准,这些观点引人深思,也将会引起学界及实务界的关注和讨论。

  通过该书的结构设置和具体论证可以看出,作者对于刑民交叉这一全新的研究方法有着较好的掌握,反映出其在经济刑法领域良好的专业知识背景以及长期以来专注于刑民交叉理论研究的扎实理论功底。该书在互联网金融犯罪领域的独到见解,不仅对于实践中化解互联网金融刑事风险有指导意义,而且对于认识和理解金融刑法的法益具有较高的学术价值。基于此,我在祝贺徐彰博士《互联网金融行为的"罪与非罪"——刑民交叉视野下的问题研究》出版的同时,也将其推荐给读者,并作此序。

孙国祥
2022 年 5 月

目 录

第一章 我国互联网金融犯罪治理现状及问题   1
一、互联网金融的迭代升级   1
  （一）互联网金融概念的厘清   1
  （二）互联网金融的本质特征   5
  （三）我国互联网金融制度规范及分析   8
二、互联网金融犯罪的治理现状   13
  （一）互联网金融犯罪基本情况   13
  （二）互联网金融犯罪的治理现状   17
三、互联网金融犯罪的治理难题   18
  （一）互联网金融行为"罪与非罪"判断的现实困境   18
  （二）互联网金融行为"罪与非罪"判断的学理痛点   19
  （三）传统犯罪治理模式应对互联网金融创新的缺陷   21
四、本章小结   31

第二章 互联网金融行为"罪与非罪"的裁判视野：刑民交叉何以重要？   32
一、传统刑法学研究范式中界分互联网金融犯罪的困境   32
  （一）传统刑法学理论应对互联网金融犯罪存在不足   32
  （二）传统研究范式的缺陷难以自我修复   33
二、民法典时代互联网金融行为的解读方向：重民轻刑   34
  （一）我国社会长期存在重刑轻民的现象   34
  （二）重刑轻民的现象延续至今   36
  （三）以民法典颁布为契机树立重民轻刑理念   37
三、刑民交叉是实现互联网金融犯罪治理重民轻刑理念的关键   39
  （一）刑民交叉概述   40

（二）刑法和民法的关系 42
  （三）通过刑民交叉治理互联网金融的必然性 46
 四、刑民交叉破解互联网金融犯罪认定难题：以民事欺诈与
    刑事诈骗的界分为例 48
  （一）互联网金融行为中的民事诈骗 49
  （二）民法和刑法中的诈骗 49
  （三）民事欺诈与刑事诈骗之界分 50
  （四）互联网金融诈骗行为的性质认定 53
  （五）金融科技有助于认定互联网金融行为中欺骗的性质 54
 五、本章小结 55

第三章 互联网金融行为"罪与非罪"的基本界分：行政要素的
    刑民解释 57
 一、互联网金融犯罪属于行政犯 58
 二、互联网金融犯罪构成要件中行政要素的理解 61
  （一）行政要素属于规范的构成要件要素 61
  （二）互联网金融犯罪中的行政要素 65
 三、刑民交叉视野下的互联网金融犯罪行政要素之解释 70
 四、本章小结 76

第四章 互联网金融行为"非法性"的双重检验标准之提倡：
    以非法吸收公众存款罪为例 78
 一、互联网金融行为"非法性"判断的意义 78
 二、互联网金融行为"非法性"评价缺失 79
  （一）互联网金融犯罪缺乏有效的"非法性"检验 79
  （二）现有法律制度下"非法性"检验缺失的必然性 80
 三、刑民交叉视野下的互联网金融犯罪"非法性"评价 81
  （一）行政违法性是互联网金融行为构成犯罪的前提条件 81
  （二）整体法秩序下前置行政违法依据难以自洽 83
  （三）变相吸收公众存款行为的"非法性"检验 86
 四、双重行政违法性检验标准之提倡 88
  （一）行为经过有关部门批准但违反国家规定 89

（二）行为符合国家规定但未经有关部门批准　　91
　　（三）通过双重检验标准限缩互联网金融犯罪圈　　92

第五章　互联网金融行为"罪与非罪"的实质判断：法益侵害的识别　　94

一、互联网背景下"法益侵害"的教义学地位　　94
二、互联网金融犯罪认定中的"法益"本体　　95
　　（一）互联网金融犯罪侵犯的法益是金融秩序　　95
　　（二）"金融管理秩序说"面临的挑战　　96
　　（三）互联网金融犯罪侵犯的法益：金融管理秩序之解构　　99
三、互联网金融语境中超个人法益的保护限度　　102
　　（一）金融犯罪不同于金融违法行为　　102
　　（二）互联网金融犯罪中的金融管理秩序：金融消费者的资金安全　　105
　　（三）抽象的金融秩序不是互联网金融犯罪的法益　　108
四、本章小结　　111

第六章　互联网金融涉罪行为的出罪：民法免责事由　　113

一、互联网金融领域民法免责事由阻却犯罪的司法空间　　113
　　（一）形式入罪和实质出罪　　113
　　（二）通过超规范的出罪事由实现个案正义　　114
　　（三）互联网金融行为出罪需要依赖民法免责事由　　116
二、互联网金融出罪中民法免责事由的基本法理：以受害人过错为例　　118
　　（一）互联网金融涉罪行为中受害人存在过错　　118
　　（二）现行法律体系对受害人过错的评价　　119
三、互联网金融犯罪认定中被害人过错理论的适用　　120
　　（一）自甘风险属于民法免责事由　　120
　　（二）危险接受理论对自甘风险的吸纳　　123
　　（三）被害人过错理论可以在互联网金融犯罪中适用　　125
四、互联网金融犯罪中存在被害人过错事由的结果　　132
　　（一）被害人需承担法律责任　　132

（二）犯罪人的刑事评价降低　　138
　五、本章小结　　139

**第七章　刑民交叉视野下互联网金融行为"罪与非罪"判断的
　　　　　具体应用：以股权众筹为例　　141**
　一、股权众筹的民法属性　　142
　　（一）众筹的概念　　142
　　（二）股权众筹概述　　144
　　（三）股权众筹具有证券属性　　145
　二、股权众筹的行政监管缺位　　148
　　（一）股权众筹目前不受我国证券法承认　　148
　　（二）行政监管部门未发挥监督实效　　149
　三、股权众筹与P2P网络借贷的区别　　150
　　（一）基础民事法律关系不同　　151
　　（二）合法性程度不同　　154
　　（三）约定收益模式不同　　155
　四、股权众筹面临必然的非法集资刑事风险　　156
　五、股权众筹不构成非法集资犯罪　　158
　　（一）形式上满足构成要件　　160
　　（二）股权众筹不具有刑事违法性　　162
　六、本章小结　　171

第八章　互联网金融犯罪治理模式之修正：以网络借贷平台为例　　173
　一、网贷平台的监管历程与责任概述　　173
　　（一）网贷平台的监管历程　　173
　　（二）网贷平台企业的法律责任和社会责任　　176
　二、网贷平台治理中存在的主要问题　　180
　　（一）未能有效区分合法的网贷行为和不合法的互联网
　　　　　金融犯罪　　181
　　（二）网络借贷当事人的合法权益无法得到保障　　182
　　（三）打击"逃废债"的司法政策与恶意欠款的现实情况
　　　　　存在冲突　　184

（四）行政部门和司法机关之间缺乏有效衔接　　185
三、网贷平台治理的刑民交叉逻辑　　187
（一）行政监管部门切实履行行政违法性判断职责　　188
（二）司法实践中慎用限制性规范措施　　189
（三）给予金融创新更长的考验期　　189
（四）厘清规范非法集资活动的行政法规　　191
（五）疫情时期监管力度放松以缓解中小企业融资难度　　193
四、本章小结　　194

参考文献　　195

后　记　　211

第一章　我国互联网金融犯罪治理现状及问题

一、互联网金融的迭代升级

(一) 互联网金融概念的厘清

近年来,互联网金融的概念在国内耳熟能详,妇孺皆知。互联网金融公司在街头巷尾亦随处可见。互联网金融业务在国内的发展极其迅猛,然而究竟何为"互联网金融"却在理论上存在不同看法。从一般意义上讲,互联网金融是一种新型金融业务模式,它将传统金融与互联网企业相结合,以互联网等为平台并通过通信技术实现资金融通、支付、投资和信息中介服务功能。有观点认为,互联网金融是一种无中介的金融交易和组织形式,其深受互联网技术的影响,并且与传统类型的金融市场及金融工具相对应;也有观点认为,互联网金融并非是一种创新型的金融形态,而是金融活动以互联网技术工具为媒介实现的金融服务延展,以及由此带来的创新型实践活动。据此,学界关于互联网金融的定义主要包括了广义和狭义两种,前者包括了一切通过互联网开展的金融行为,而后者则仅指非金融类互联网企业从事的金融业务。狭义上的互联网金融与广义上的互联网金融相比,其最大的不同是将广义上所囊括的传统金融业务互联网化排除在外。自互联网大众化以来,早在互联网金融这一概念兴起之前,传统金融机构即开始通过网络开展大部分的业务,如早先PC端的网上银行,以及目前更为普遍的手机银行等,均是通过互联网开展的金融行为。然而从本质上看,这一类型的"互联网金融"并未改变传统金融模式,仅仅将业务开展的场所由物理世界转移到虚拟的网络世界,而未有任何创新,这也是在传统金融互联网化时期,"互联网金融"这一概念未产生的主要原因。

当下无论是学界还是实务界,关于互联网金融的观点多种多样,主要包括颠覆论、技术论和融合论。其中,互联网金融颠覆论者认为,互联网金融颠覆了传统的金融模式,是一种全新的金融。技术论者认为互联网金融仅仅是借助了互联网技术,从而实现了金融产品在销售和获取途径上的创新,并非支付结构或金融产品方面的新金融。而融合论者则认为,互联网金融和传统金融将会各自发挥自身优势并相互借鉴,实现融合发展。亦有观点认为,从互联网金融目前的发展情况来看,就具体业务而言,无论是 P2P 网络借贷、股权众筹还是第三方支付等,均是建立在传统金融模式的基础上,是传统金融的组成部分,难以称之为"颠覆",当下的互联网金融主要模式在本质上仍是传统金融,互联网技术仅仅是工具和渠道,互联网金融产品在支付结构上没有显著创新,仍是借互联网之名行传统金融之实,并非是产品结构或金融产品设计意义上的"新金融"。① 互联网金融,顾名思义应是存在于互联网中的金融行为,是相对于发生在传统的物理时空下的金融行为而言的,因此传统金融的业务类型在互联网金融中都得以继受与发展。传统金融根据行为主体的不同可分为正规金融与民间金融两类。正规金融中的基金、保险、证券等,对应于互联网金融中均发展出互联网基金、互联网保险、网络证券等业务模式,而民间金融中最具代表性的民间借贷,在互联网金融时代亦发展为 P2P 网络借贷。因此,互联网金融在本质上是传统金融的网络化。

传统金融业务类型的划分可以囊括当下可见的全部互联网金融模式。互联网金融企业在金融业务过程中更多的是扮演平台的角色,发挥着居间服务的功能。例如,与传统的民间借贷中提供介绍借贷服务的中间人相比,P2P 网络借贷平台只提供信息和撮合交易等服务,借贷关系仍旧发生于借款人与出借人之间,P2P 网络借贷平台只是利用了互联网技术的优势,比传统民间借贷中的中间人具有更多的客户信息,从而能够更加便捷高效地促使借贷双方完成交易;再如第三方支付平台业务,第三方支付并非互联网金融所独享的业务类

---

① 陈志武:《互联网金融到底有多新?》,载《经济观察报》2014 年 1 月 6 日第 041 版。

型,早在2010年中国人民银行即发布《非金融机构支付服务管理办法》,然彼时互联网金融的概念尚未出现,通过网络进行的支付与预付卡支付在业务模式和运行原理上并无任何不同。因此,目前实务界所常用的互联网金融概念,是以传统金融为基础,通过互联网技术开展金融业务活动的金融创新模式。

同时应当指出,互联网金融并非简单的传统金融业务互联网化(包括正规金融和民间金融)。虽然互联网金融以传统金融为基础,但是并不能简单地将其理解为"互联网+金融",互联网技术的介入对金融形态的影响并不仅仅表现在量的方面,而更多表现在质的方面。互联网金融是一种新型金融业务模式,它将传统金融机构与互联网企业相结合,以互联网等为平台并通过信息通信技术实现资金融通、支付、投资和信息中介服务功能。互联网金融与传统的金融形态相比存在显著区别:第一,定位不同,相较于传统金融业,互联网金融服务更多的长尾客户。在当代社会,信息技术迅速发展不断促进小额交易和细分市场等领域的规模效应,以达到较低的边际成本,从而促使长尾客户在该领域能够获得更加有效的金融服务。第二,驱动因素不同,传统金融通过与客户面对面的直接沟通方式来搜集信息、管控风险、交付服务,它是将该过程作为驱动因素,而在互联网金融中,客户结构分布信息都可以成为营销的来源和风控的根据,它是以数据驱动需求作为驱动因素。第三,模式不同,互联网技术在传统金融机构和互联网金融机构中都有所应用,传统金融机构的模式设计以线下为主,逐渐向线上发展,以原有的线下业务内容为基础,与互联网技术充分结合以提高服务的有效性,而互联网金融则多数是以线上服务的模式设计为主,同时将线上与线下相结合并向线下进行拓展,凭借有效的服务方式,努力推动互联网金融业务向更深处发展。第四,传统金融机构具有雄厚的资本基础、成熟的风险管理体系以及独一无二的网点服务,资金来源与运用不需要任何中介。而互联网金融企业获取客户的途径不同,客户体验感良好,业务推广的速度快,边际成本低,具有明显的规模效益。第五,风险识别的途径和方法不同,互联网金融服务的对象、采用的工具乃至所发生的法律关系与传统金融在本质上没有差别,它的发展也没有弥补传统金融行业风险性较高的缺陷,反而增强了风险的隐蔽性、突发性、传染性和外溢性程度,因此,互联网金融需要更多运用互联网技术进行风险识别。第六,监督治理机制不同,传统金融机构在治理机制上受到担保抵押登记、贷后管理等较为严格的监管,而互联网金融企业无需担保和抵押这种低成本的治理机制,而是利用透明的规则和公众的监督机制,为其较高的市场化赢取信任,但相较于传统金融,其监管体系尚不健全、业务标准尚未达到规范水准。以上这些不同于传统金融的地方,凸显出了互联网金融的优势,使其对推动小微企业发展和增加就业岗位发挥了独一无二的价值,为大众创业和万众创新扩宽了道路。

据此,本书的研究对象——互联网金融,排除了传统金融行为互联网化这一简单的线上业务模式,当然,这并不意味着对传统金融业务通过互联网开展的研究没有意义或不重要。目前国内绝大多数的传统金融业务,例如银行业务、保险业务、证券业务等,不再需要金融消费者去金融机构进行面对面的操作,甚至可以说通过线上进行,通过网络终端开展金融业务已经逐渐成为常态。同时,这也不代表传统金融互联网化不存在刑事风险,在传统金融互联网化的过程中当然存在包括刑事风险在内的各种法律风险。然而,仅仅是简单地将金融业务从线下搬到线上,并未产生新的法律关系,也未创造新的金融模式,因此,仅通过传统的金融监管模式就可以很好地解决在互联网化过程中产生的问题,所以这并不是本研究主题所关注的重点。因此,此处对于本研究所涉互联网金融行为予以范围上的划定,仅指较之于传统金融行为而言,利用互联网科技弥补了传统金融业务模式的不足所产生的金融创新行为。有学者认为,传统金融监管最大的问题乃是投资者与金融机构之间的信息不对称,只有以区别于传统金融的方式将以上问题有效解决,才能称为互联网金融。① 笔者对这一观点持认同态度,同时,也严格以这一标准来划定本研究所涉及内容,也即,对于未能够以区别于传统金融方式解决资金融通过程中存在的信息不对称、缺乏信任等问题,而仅是将业务发生场域从物理空间搬到网络空间的金融业务,本书基本上不予以讨论。

---

① 参见罗培新:《着力推进互联网金融的包容审慎监管》,载《探索与争鸣》2018年第10期。

(二) 互联网金融的本质特征

认识互联网金融是对其展开研究的前提,关于互联网金融的特征,近年来学界从不同角度展开了归纳总结,主要包括以下几种观点。

有学者指出互联网金融具有交易成本低、信息不对称程度低的特征,由于互联网替代了传统金融中介、市场中的物理网点,以及人工服务,因而能降低交易成本。在互联网金融中,通过对大数据进行广泛的信息处理,以提高风险定价管理效率,从而达到进一步降低投资者与金融机构之间信息不对称程度的目的。此外,随着互联网使交易成本和信息不对称程度逐渐降低,金融交易的可能性集合拓展,原来不可能的交易成为可能,可以直接通过互联网对资金供求的期限、数量和风险进行匹配,而无需传统的金融中介或者市场进行匹配,因而它还具有交易去中介化的特征。[①]

有学者认为,时空要素是互联网金融的关键组成部分。不同于传统金融中以面对面实际交换为形式的运作方式,互联网金融跨越了时间和物理空间的界限。互联网金融的交易行为不再拘泥于物理交易平台,这使人们在交易平台和方式上拥有更多的选择权。互联网金融打破了传统金融在物理空间和有限时间上的硬约束格局,逐渐实现平台物理时空和虚拟时空的结合,具有较高的时空价值。[②]

还有观点认为,互联网金融具有显著的投资收益的泛货币化特征。传统金融的投资目标是典型的货币化,主要包括股权、现金、债券和收益权等,而互联网金融尽管也将货币化的收益作为投资目标,但其投资回报还可以是实物、权益或者公益标的,互联网金融中所称的"投资"甚至也可能并非完全意义上的"投资"。互联网金融投资回报方式的多元化已经超越了市场交易和经济利益的范畴。[③]

互联网金融体现了信息对等开放、协同互助与共享的理念。一方面,它颠覆了传统金融的理论基础和商业交易模式,打破了金融机构

[①] 参见谢平、邹传伟、刘海二:《互联网金融的基础理论》,载《金融研究》2015 年第 8 期。

[②] 参见陈颖瑛、王娟:《互联网金融的时空特征与运行机制》,载《南方金融》2019 年第 5 期。

[③] 参见王海军、许一航:《互联网金融理论建构:本质、缘起与逻辑》,载《中国矿业大学学报(社会科学版)》2015 第 6 期。

和投资者之间的信息壁垒,同时降低了交易过程中的损耗和成本,重构互联网金融的生产关系有利于提高资源配置的效率,推动双边市场的形成,进一步发挥价格发现机制作用;另一方面,由于互联网具有无限的开放性和包容性,互联网金融交易边界的延展,促使金融服务逐渐多元化、异质性、大众化,金融下沉、下移、下放,普通民众开始作为金融主体的一部分,互联网金融也成为了实现普惠金融的最佳途径。结合学界已有的研究成果,笔者认为互联网金融的特征主要集中在以下三个方面:

1. 金融性

互联网金融在本质上属于金融,是金融的下位概念。因此,关于金融的基础理论和特征属性均在互联网金融中有所体现。金融即资金之融通,在学术意义上是指货币流通和信用活动以及与之相关的经济活动的总称。现代社会对"金融"的普遍解释是指货币、货币流通、信用及与其直接有关的经济活动。在内容上,主要包含以下几种活动:发行、投放和回笼货币;吸收和提取各种存款;发放和收回各项贷款;银行会计、出纳、结算;保险、投资、信托、租赁、证券买卖,以及国际贸易和非贸易结算;外汇、黄金、白银买卖、输出、输入等。[①] 随着无纸化时代的到来,表面上,金融在货币流通方面的功能表现有所降低,但实质上,通过互联网开展的金融活动大大提升了货币流通和信用活动的效率。无论是颠覆论、技术论还是融合论,对于互联网金融在本质上属于金融这一点是不存在争议的。虽然在互联网技术不断进步的背景下,金融交易的网络化和金融机构的虚拟化将互联网与金融市场有机地整合起来,使互联网金融成为既不同于以商业银行为典型的间接融资模式,也不同于以资本市场为典型的直接融资模式的第三种金融模式。它在突破了传统意义上对传统金融中介依赖的同时,也超越了现有金融法律制度的框架。[②] 但其始终没有突破金融的框架,即货币流通和信用活动。这也意味着,互联网金融作为金融创新模式,虽

[①] 参见闫爱青、李丽、邵勇:《金融与金融犯罪研究》,中国民主法制出版社2012年版,第4页。

[②] 参见冯果、袁康:《社会变迁视野下的金融法理论与实践》,北京大学出版社2013年版,第62—63页。

然在一定程度上超越了现有金融法律制度,但是也应当遵循一切金融行为的原理和规则。基于互联网金融本质上属于金融这一特征,本书排除了那些未侵犯金融法益、不属于金融犯罪的行为,如诈骗罪、盗窃罪等单一的典型财产犯罪。

2. 网络性

互联网被称为"第三次工业革命",其影响着人们日常的生活工作等诸多方面。借助信息对称透明、快捷便利、低成本运营、脱中介脱媒、大众化等强大优势,利用网络社交媒体、移动平台、云端计算、大数据等技术,以协作、创新、开放、分享的互联网精神,最终形成自我维护与管理的全能金融体系成为互联网金融的新趋势。互联网技术及其泛在互联、去中心化的精神渗透到传统金融行业,在短时间里就赢得了长尾客户的青睐,它本身呈现出产品功能自身的创新化、营销渠道复杂的网络化、营销对象逐渐大众化、购买方式更加便利化的特点,拓宽了金融的深度和广度,对原有的金融模式产生根本性影响并衍生出新的金融服务模式。金融在本质上是通过跨时空的资源配置实现价值交换,由于互联网先天具有的自由、开放、协作、分享的特点,使P2P网贷、股权众筹、互联网理财、第三方支付等互联网金融模式具有非常明显的互联网属性,并随之使相关金融产品、金融服务在具有金融风险的基础上又增添了互联网风险。

3. 普惠性

传统金融利用互联网信息技术促使互联网金融成为了实现普惠金融的最佳途径。交易成本高以及融资双方之间的道德风险等问题,导致传统金融出现了"嫌贫爱富"的局面,相较之下互联网金融利用信息技术的发展打破了物理空间的藩篱,普通民众也逐渐成为互联网金融的受众群体。与传统金融相比,互联网金融不但减少了融资双方以脱媒化融资方式为主的信息交易成本,而且还实现了从熟人社会向陌生社会发展空间的跨越,建立起资金供需双方直接的沟通渠道。互联网金融凭借互联网信息技术突破了传统金融中存在的制度性限制,原来被剔除在金融体系之外的资金供需双方可以通过互联网金融享受投资带来的收益或者有效地解决融资问题,参与金融市场的投融资交易成为普通群众的基础性权利。而且,从长远来看,互联网金融的健康发展有利于金融市场中资金的有效配置,从而减少金融市场中的融资成本。① 互联网技术降低了金融市场的信息不对称程度,使交易成本大幅降低,进而使得参与群体不断扩大。

(三)我国互联网金融制度规范及分析②

1. 国内互联网金融立法现状

国内互联网金融自出现至今的十余年间,行政机关和司法机关出台了大量的法律性文件和政策对其加以鼓励、支持和规范。一直以来,业界所谓互联网金融领域法律处于空白的说法,仅仅是指在立法层面尚无具体以"互联网金融"为对象的专门法律,但政策性文件却是大量存在的。毫无疑问,互联网金融虽然属于金融创新,但是其在我国现有法律制度下,当然受到包括《民法典》《公司法》《刑法》等法律的规范。例如,互联网金融行为中的当事人双方所签订的投资合同受到合同法的规范,平台企业受到公司法的规范,当具体的互联网金融行为涉嫌构成犯罪时受到刑法的规范。前文已指出,互联网金融在本质上属于金融,因此,基本的金融法理论对其都有适用的空间,具体的法律法规,诸如《证券法》《保险法》等也都在一定程度上可以指引互联网金融的合规发展。因此,从广义上看,并不能说互联网金融立法完全是空白的,互联网金融当然受到现有法律制度的调整,但作为一种金融创新,仅以现有的法律法规为调整规范无法很好地促进和规范互联网金融的发展。这正如商法是民法的特别法,商事行为应遵循一般的民法原则,但仅有一般民法规范无法满足商事行为的现实需求一样。互联网金融中的特殊性需要通过专门法律法规加以调整,才能够一方面满足其创新发展的需求,另一方面帮助监管部门控制、规范相关行为,保护金融秩序不被破坏。就这一层面而言,互联网金融法律法规是欠缺的,因为目前我国还没有专门调整互联网金融行为的法律。

较之于法律的严肃和滞后,政策性文件不但出台及时,而且更为灵活,能够在一定程度上缓解因为金融创新行为导致的超越现有法律

---

① 参见缪心毫、潘彬:《普惠性与互联网金融监管》,载《中国金融》2015年第1期。
② 此部分所写各规范性文件的发文机关沿用了官方正式文件中所使用的名称。以银保监会为例,有的文件称之为"银监会",有的则称之为"中国银行业监督管理委员会",两者为同一机构,但为尊重原文件,便于查找,本书此处未予以统一。

制度规定范围,继而产生监管空白的尴尬。当然,从另一角度看,由于政策性文件并不属于严格意义上的法律性文件,必然存在一些不严谨或是违反法律法规的内容。由于仅仅是应急之策,出台的目的在于解决现实存在的眼前问题,因此,不管是从更新迭代的角度还是统一法秩序的角度来看,关于互联网金融的政策性文件都有着一定程度的缺陷。

根据笔者的不完全统计,整体上看,这十多年来互联网金融的纲领性政策支持主要来自国务院各部委出台的文件。以国务院《关于积极推进"互联网+"行动的指导意见》(2015)提出"促进互联网金融健康发展,全面提升互联网金融服务能力和普惠水平"为契机,中国人民银行、工业和信息化部、公安部等十个部委联合出台《关于促进互联网金融健康发展的指导意见》(2015)(以下简称《十部委意见》)。该指导意见既从总体上对促进互联网金融发展提出了要求,又针对不同的互联网金融业务类型分别作出了规范,明确了各业务类型的定义和监管主体。从法律层级上看,《十部委意见》属于联合规章,法律效力相对较高。针对互联网金融整体进行规定的,还有国务院办公厅《互联网金融风险专项整治工作实施方案》(2016),最高人民检察院《关于办理涉互联网金融犯罪案件有关问题座谈会纪要》(2017)(以下简称《互联网金融犯罪座谈会纪要》),最高人民法院《关于进一步加强金融审判工作的若干意见》(2017),国家工商行政管理总局、中共中央宣传部、中央维稳办等印发《开展互联网金融广告及以投资理财名义从事金融活动风险专项整治工作实施方案》(2016)(以下简称《互联网金融广告专项整治方案》)等。

除了这些整体规定互联网金融的政策性文件外,各部委更多的是针对互联网金融具体业务类型出台相关规定。其中占比最大的是关于P2P网络借贷的规定。这部分规定中,首先是网贷行业的"1+3"制度体系,也即所谓的"一办法三指引",指的是中国银行业监督管理委员会、中华人民共和国工业和信息化部、中华人民共和国公安部、国家互联网信息办公室《网络借贷信息中介机构业务活动管理暂行办法》(2016)(以下简称《网贷机构管理办法》),银监会、工业和信息化部、工商总局《网络借贷信息中介机构备案登记管理指引》(2016)、银监会《网络借贷资金存管业务指引》(2017)、银监会《网络借贷信息中介机构业务活动信息披露指引》(2017)。"一办法三指引"针对网贷行业的监管形成了较为完善的制度体系,以保护消费者的权益作为政策制定的出发点,进一步明确网贷行业规则,实现对网贷风险的显著防范,推动行业合规的不断发展,逐渐淘汰落后的网贷机构,助力新兴网贷机构的成长,使金融监管部门和金融业者可以做到监管有法可依、行业有章可循。除"一办法三指引"4个政策性文件外,关于P2P网络借贷的规定还包括互联网金融风险专项整治工作领导小组办公室、P2P网络借贷风险专项整治工作领导小组办公室《关于做好网贷机构分类处置和风险防范工作的意见》(2018),银监会《关于人人贷有关风险提示的通知》(2011)等。

此外,对于互联网金融主要类型之一的第三方电子支付,也有不少法律规范和政策支持,并且其中一部分是具有明确的法律效力的部门规章,也正因为有了具有强制力的法律规范的支持,在第三方支付领域发生的类似于P2P网络借贷发展过程中,广泛存在的利用政策模糊空间实施的灰色行为相对较少,当然这也与从事第三方支付业务需要获得金融牌照有关。这一领域的部门规章包括中国人民银行《非金融机构支付服务管理办法》(2010)、中国人民银行《非金融机构支付服务管理办法实施细则》(2010)、国家外汇管理局《支付机构跨境电子商务外汇支付业务试点指导意见》(2013)、中国人民银行《电子支付指引(第一号)》(2005)、中国人民银行《非金融机构支付服务业务系统检测认证管理规定》(2011)、中国人民银行《条码支付业务规范(试行)》(2017)、中国人民银行《决定对从事支付清算业务的非金融机构进行登记的公告》(2009)、中国人民银行《支付机构客户备付金存管办法》(2013)、中国人民银行《非银行支付机构网络支付业务管理办法》(2015)等。

相较于P2P网络借贷,股权众筹融资在业务模式上更具有创新性,对股权众筹的政策支持也更少,这一模式尚处于摸索阶段。关于股权众筹的政策性文件包括证监会、中央宣传部、中央维稳办等印发的《股权众筹风险专项整治工作实施方案》(2016),中国证券业协会《场外证券业务备案管理办法》(2015),中国证监会办公厅《关于对通过互联网开展股权融资活动的机构进行专项检查的通知》(2015),中国证券业协会《私募股权众筹融资管理办法(试行)》(2014)等。

除以上三种类型的互联网金融外,其他相关政策支持主要集中于正规金融的互联网化,即前文所指的广义上的互联网金融,由于这一部分并非本研究的重点,因此仅作简单介绍。

与网络银行业务相关的法律规范主要包括《电子银行业务管理办法》《电子银行安全评估指引》《关于加强商业银行与第三方支付机构合作业务管理的通知》等;与互联网保险业务相关的法律规范主要包括《保险代理、经纪公司互联网保险业务监管办法(试行)》《互联网保险业务监管暂行办法》《关于规范人身保险公司经营互联网保险有关问题的通知(征求意见稿)》《互联网保险业务信息披露管理细则》《关于提示互联网保险业务风险的公告》《关于专业网络保险公司开业验收有关问题的通知》《互联网保险业务监管规定(征求意见稿)》《关于防范利用网络实施保险违法犯罪活动的通知》等;与互联网基金业务相关的法律规范主要包括《证券投资基金销售管理办法》《公开募集证券投资基金运作管理办法》《公开募集证券投资基金风险准备金监督管理暂行办法》《私募投资基金监督管理暂行办法》《私募投资基金募集与转让业务指引(试行)》《关于设立保险私募基金有关事项的通知》《证券投资基金信息披露管理办法》《证券投资基金托管业务管理办法》等。

以上政策性文件和法律规范的发文主体均为国务院及各部委,文件的效力具有普遍适用性。各地方政府及组成部门、人民代表大会及常务委员会这些年也纷纷出台了地方性法规规章或政策性文件,由于效力只及于其辖区内而不具有普适性,因此这里不再予以梳理。其中有部分文件在创新性和规范性上处于国内的领先水平,后文在涉及具体内容时再予以引用。

2.已有制度规范的分析和评价

通过对国内已有互联网金融相关法律规范和政策性文件的梳理,可以发现如下几个特点:

首先,政策性文件多于法律规范。由于程序上相对简单,且表述上相对不需要那么精准,政策性文件的出台与法律规范相比更为及时,因此,针对互联网金融的治理多以政策性文件的形式进行。政策性文件存在一定的阶段性和时效性,监管方向根据形势需要而发生转变。如2014年《十部委意见》对互联网金融持鼓励态度,但经过几年的发展,业界许多不规范的地方没有得到有效解决,"爆雷"事件频繁发生,使社会公众的财产安全随时面临风险。2018年《关于做好网贷机构分类处置和风险防范工作的意见》就指出网贷平台机构应"能退尽退,应关尽关",呈强监管态势。因此,对各项政策的分析应结合文件出台时的背景,不能一概而论。而具有强制力的法律法规或部门规章,由于制定时有严格的立法程序性要求,因此,在互联网金融发展初期,形势尚不明朗的情况下,其呈现出谨慎的态度。有限的法律规范主要集中在正规金融的网络化领域。由于正规金融已在法律监管下发展多年,已经比较成熟和规范,各监管主体也明晰自己的职责划分和权力边界,因此,如银行、保险、基金等业务网络化中出现的需要规范和明确的问题,更适宜通过法律法规予以明确,以便于监管者和从业人员在具体业务过程中的适用。

其次,在狭义的互联网金融领域中,政策性文件和法律法规的分布有着鲜明的特点。在以P2P网络借贷、第三方电子支付和股权众筹为代表的互联网金融业务类型中,规范P2P网络借贷的多为政策性文件,规范第三方电子支付的多为法规规章,而股权众筹则少有规范。具体分析,P2P网络借贷在《十部委意见》中被明确定性为民间借贷,因此,在民事法律制度已相当成熟的情况下,针对P2P网络借贷的专门规范只需就网贷平台部分进行特别规定或出台具体的业务操作指南即可,主要还是以政策性文件来对P2P网络借贷进行引导和规范,从而及时调整发展方向。而第三方电子支付在互联网金融概念出现之前已经历了较长时间的发展,指非银行机构利用其系统平台,为满足商务交易收付款需要,向交易当事人划拨小额资金的支付模式,在性质上被明确纳入正规金融监管体系中。互联网金融概念下的第三方支付特指互联网支付和移动支付,如大家熟知的支付宝、微信支付等。因此,第三方电子支付的法律制度也更为成熟,多是更为完善、稳定的法规规章,甚至还有法律层级的规定。较之于P2P网络借贷由于平台企业的存在而导致的以非法集资为代表的风险点众多,第三方支付不但法律完备,而且现实中的争议也不多,无需通过大量新增政策性文件加以引导。

股权众筹与前两种类型的互联网金融形态不同,股权众筹在性质上属于发行证券的行为,在我国《证券法》未修订且没有相应的豁免规则出台前,虽然各种纲领性的政策文件提出要鼓励发展,但是仍然无法排除其在合法性方面受到的质疑,且股权众筹尚处于摸索阶段,国内仅有个别互联网金融企业在进行试点,在这种情况下,无论是政策性文件还是法规规章都少之又少。

最后,行政性文件多于司法性文件。从发文主体看,关于互联网金融的政策性文件和法规规章主要由行政机关发布,根据涉及内容的不同,由各具体承担监管职责的部门作为发文或解释的主体。如纲领性的政策性文件主要由国务院、国务院办公厅发布,或是多个部委联合出台;关于P2P网络借贷的政策性文件主要由银监会发布;关于第三方电子支付的管理办法由中国人民银行制订等。无论是法规规章还是政策性文件,都是由行政主体作出,属于行政性文件。相较而言,司法性文件数量较少,这里所谓司法性文件系指由最高司法机关出台的文件,而不限于司法解释,如最高人民检察院《关于办理涉互联网金融犯罪案件有关问题座谈会纪要》等。行政性文件多于司法性文件的现象在互联网金融领域是符合客观发展规律的:一方面互联网金融作为新兴金融形态,各金融监管机构应保持密切关注,根据现实情况及时通过行政性文件加以规范和调整,充分发挥行政权的优势,而司法机关的处理则应处于后置位,以协调行政权和司法权之间的互动和衔接;另一方面,就本文所研究互联网金融犯罪而言,该类犯罪均为行政犯,判断行政犯的标准主要是其是否具备二次违法性,而判断行政违法性需要充分的行政法律依据,在满足行政违法性的基础上进而判断具体行为的刑事违法性。这一领域行政性文件多于司法性文件也印证了互联网金融犯罪的这一本质特征,以及司法机关面对金融创新行为时应恪守的谦抑态度。

二、互联网金融犯罪的治理现状

(一) 互联网金融犯罪基本情况

本书所称"互联网金融犯罪"为狭义的金融犯罪的下位概念,即刑法分则第三章破坏社会主义市场经济秩序罪中的第四节"破坏金融管理秩序罪"和第五节"金融诈骗罪",以及其他若干直接侵害金融秩序的犯罪(详见第五章)。因此,以"互联网"为关键词,在北大法宝案例库检索破坏社会主义市场经济秩序罪下的金融诈骗罪和破坏金融管理秩序罪,共得到金融诈骗罪相关判决书 2972 份,破坏金融管理秩序罪相关判决书 2990 份。通过进一步的人工筛选和分类,将那些判决书中包含了"互联网"关键词但实质内容并非互联网金融犯罪的误差样本排除后,得到互联网金融犯罪判决书共计 2883 份。通过数据分析发现,互联网金融犯罪罪名集中在破坏金融管理秩序罪以及金融诈骗罪,所涉罪名占比最高的是非法吸收公众存款罪,其次是集资诈骗罪(参见图一)。两者均为非法集资犯罪,前者为非法集资犯罪的基础罪名,后者是具有非法占有目的的加重罪名。由此可以认为,互联网金融犯罪以非法集资犯罪为主。

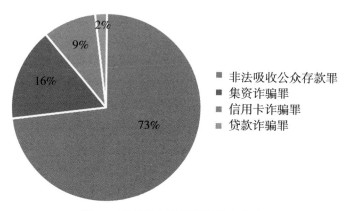

图一　互联网金融犯罪的罪名分布

针对具体罪名进行进一步分析可看出,互联网金融行为所涉犯罪判决书中,非法吸收公众存款罪 1335 份,分别为:2019 年 562 份,2018 年 371 份,2017 年 226 份,2016 年 120 份,2015 年 56 份;集资诈骗罪 288 份,分别为:2019 年 110 份,2018 年 68 份,2017 年 49 份,2016 年 35 份,2015 年 26 份。贷款诈骗罪所占比例最低,共 42 份,分别为:2019 年 24 份,2018 年 4 份,2017 年 4 份,2016 年 3 份,2015 年 7 份;信用卡诈骗罪 219 份,分别为:2019 年 25 份,2018 年 31 份,2017 年 60 份,2016 年 70 份,2015 年 33 份。(参见图二、图三、图四、图五)

图二　互联网金融行为构成非法吸收公众存款罪的案件数量情况

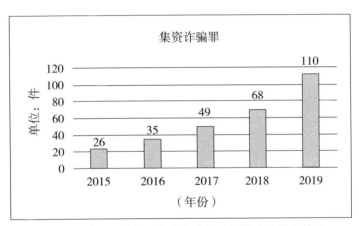

图三　互联网金融行为构成集资诈骗罪的案件数量情况

从互联网金融行为所涉犯罪的具体罪名和数量上可以得出以下结论：

1. 互联网金融犯罪自2015年开始出现。根据所搜集的案例数据进行分析，互联网金融犯罪开始出现并被定罪量刑始于2015年。笔者认为，2015年之前亦可能存在小部分的互联网金融行为涉及犯罪的情况，但并未被贴上"互联网金融犯罪"的标签。2013年被称为"互联网金融元年"，2015年被称为"互联网金融基本法"的《十部委意见》出台，其间的两年里互联网金融实际上处于野蛮生长、缺乏规范的情

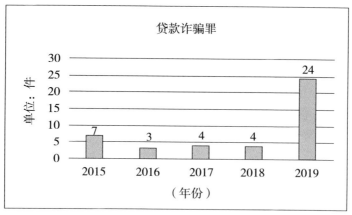

图四　互联网金融行为构成贷款诈骗罪的案件数量情况

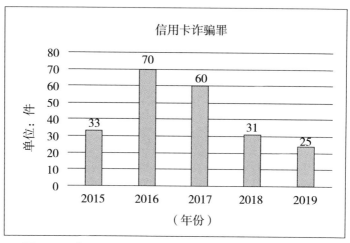

图五　互联网金融行为构成信用卡诈骗罪的案件数量情况

况,因此直到 2015 年才出现被明确标记为"互联网金融犯罪"的判决。

2. 互联网金融犯罪全部是金融犯罪,且绝大多数为非法集资犯罪。本研究将互联网金融的概念限缩在狭义的金融犯罪的概念之下,因此,互联网金融犯罪全部为金融犯罪,然而我国刑法中符合这一概念标准的罪名多达 42 个,互联网金融犯罪所涉罪名则只有 10 个左右(除图表中显示的罪名外,还包括了数个破坏金融管理秩序罪中的罪名,如擅自发行股票、公司、企业债券罪等),且主要集中于非法集资犯罪,非法吸收公众存款罪和集资诈骗罪的比例合计高达89%,由此印证了学界关于互联网金融实质上是创新的融资模式的观点,也可看出非法的融资行为即非法集资是互联网金融面临的最大的问题。据此,本书将主要关注互联网金融行为涉及非法集资犯罪的情况。

3. 互联网金融犯罪基本上呈现出逐年增加的趋势。从前图中可以看出,互联网金融犯罪尤其是作为主要罪名的非法集资类犯罪在逐年上升。本书认为,这一现象与政府部门自2015年以来至今在互联网金融领域的规范化、强监管态势密不可分。互联网金融领域涉及非法吸收公众存款罪的案件在过去的5年里增加了10倍,而涉及集资诈骗罪的案件亦增加了近5倍。但互联网金融领域边缘性的一些罪名,如信用卡诈骗罪等,并没有直接出现逐年增加,而是存在一定的无规则性,据此,也可以反映出非法集资犯罪以外的其他金融犯罪,虽然可能与互联网金融犯罪存在相关性,但是这种关系并不紧密。

(二) 互联网金融犯罪的治理现状

互联网金融领域犯罪案件频发,不但侵犯了投资人的财产权,产生了系统性金融风险,而且对社会稳定造成了相当大的影响。基于社会治理和打击犯罪的现实需求,自2015年开始,无论是金融监管部门还是司法机关,在各个层级均开始重视互联网金融犯罪的治理问题,出台了一系列的法规规章等法律性文件或者政策性文件,集中对互联网金融进行行业整顿。2015年还是被"鼓励创新"的互联网金融行业,到了2018年已经面临被要求"清退"的局面。各省市都加快了整顿、清退互联网金融业务的步伐。随着互联网金融风险大幅压降,全国实际运营的P2P网贷机构由高峰时期的约5000家直线减少,截至2020年11月已完全归零,业内将之称为"互联网金融时代的落幕"。互联网金融在现实发展中出现的种种问题,造成了今天的治理局面:从曾经的人人追捧变成了今天的人人喊打,似乎只要提到互联网金融就必然涉及犯罪。许多专家也对互联网金融行业给出了否定性的评价。从中央到地方的各级政策性要求和整顿目标来看,对互联网金融犯罪的治理是成功的。然而,曾经鼓励行业发展的人们也正是后来打击互联网金融最用力的同一群人,这不禁使人陷入沉思:虽然由于异化行为导致了刑事法律风险,确实需要进行行业整顿,但是其成因难道完全归责于互联网金融行业自身吗？互联网金融难道就真的一无是处，以致需要完全被消灭吗？由互联网金融犯罪的治理现状可知，针对互联网金融犯罪的治理模式本身可能也存在一定的问题。

三、互联网金融犯罪的治理难题

(一) 互联网金融行为"罪与非罪"判断的现实困境

2017年6月审计署驻某地特派员办事处(以下简称审计署某特派办)在对某地金融监管机构财务收支情况进行审计的过程中，发现A互联网金融公司(以下简称A)未经地方金融监管部门批准，通过自行设计开发的理财平台以理财产品交易的名义对社会一般公众吸收资金高达143亿元并用于投资理财活动。对于A行为性质的认定，审计署某特派办内部存在三种意见：第一，A的行为属于非法吸收公众资金，涉嫌构成非法吸收公众存款罪；第二，A的行为属于金融创新，与投资人双方意思表示真实，不构成犯罪；第三，互联网金融监管相关法律规范处于空白，难以认定A行为的法律性质。后审计署某特派办征询当地检察机关和金融监管部门的意见，也得到了不同的答复。检察机关认为，A销售投资理财产品的行为符合刑法及相关司法解释对非法集资犯罪的认定，涉嫌构成犯罪；而金融监管部门则认为，目前我国尚未出台规范互联网金融的专门法律，也未明确规定互联网金融公司销售理财产品需要资质，因此，A的行为可能属于一种金融创新，不宜认定为犯罪。

该案例反映了互联网金融企业普遍涉嫌构成非法集资犯罪的现实困境。本案中，A未经金融监管部门批准，通过合法经营互联网金融服务公司的形式吸收资金，满足"非法性"要件；通过架设网站、APP推送等方式向一般公众宣传销售理财产品，满足"公开性"要件；在官方网站、手机软件等各种宣传材料上宣称理财产品具有高收益，满足"利诱性"要件；通过网络向不特定的70多万人次吸收资金，满足"社会性"要件。据此，A的行为满足非法吸收公众存款罪的形式构成要件。然而这并不能说明A通过互联网吸收公众资金的行为必然构成非法集资犯罪。首先，社会上类似的互联网金融业务广泛存在且日益增多,但被认定为犯罪的却极少,并没有与近年来非法集资案件数量的急剧增加形成正相关性,可见实务界对于此类行为的合法性问题持谨慎态度。本案中金融监管部门的意见不无道理。其次,开展此类业务是否需要经过金融监管部门审批,以及向哪个部门提出申请,现有法律法规并未提及,因此不存在非法性的问题。最后,由于互联网自身泛在互联的特点,其面向对象必然是不特定的网民而非特定人群,这也正是互联网金融的优势所在,不能据此认定行为具有社会性。在行政监管部门尚且没有对此类行为予以明确定性之前,作为最后一道防线的刑法便迫不及待地将手伸向其中,这将给互联网金融创新带来巨大的负面影响,在传统治理模式下,非法吸收公众存款罪犹如悬在互联网金融头顶的"达摩克利斯之剑"。

近年来,党中央和国务院出台了多个规范性文件来鼓励和支持互联网金融的创新发展,然而现有的非法集资犯罪治理模式却明显成为互联网金融的桎梏。这一现实困境意味着传统治理模式存在缺陷。有观点认为,目前刑法对互联网金融犯罪的认定远落后于金融市场的网络化发展,这在一定程度上造成了互联网金融必然的"违法性",究其实质而言,这种必然的违法性并不具有社会基础,刑事政策有重新定位的必要。① 虽然非法集资活动多次被列为重点治理对象,与非法集资相关的法律规范性文件亦不断出台,但是现实情况表明非法集资活动并未得到有效遏制,在这一社会现象屡禁不止的情况下,我们应当对现行非法集资犯罪治理模式加以检视,以更为有效地应对互联网时代的到来。

(二) 互联网金融行为"罪与非罪"判断的学理痛点

我国当下所采用的互联网金融治理模式具体体现在刑事犯罪领域中,存在的最严重问题也是本书研究的主题,即"罪与非罪"的问题。实践中,互联网金融行为最易陷入非法集资的指控,由于其通过互联网平台开展具体业务,与生俱来的泛在互联、扁平化、易传播的特点与当下的非法集资犯罪所欲打击的归集资金行为看似有一线之隔,也就是所谓"非法性"的区别上——因为在以 2010 年最高人民法院《关于

---

① 参见姜涛:《互联网金融所涉犯罪的刑事政策分析》,载《华东政法大学学报》2014年第 5 期。

审理非法集资刑事案件具体应用法律若干问题的解释》(以下简称《2010年司法解释》)为主导的相关法律规定的非法集资行为入罪标准上,在其他几个方面诸如公开性、有偿性、社会性、立案标准等要件上,互联网金融行为是符合的,互联网金融依托互联网平台进行服务,具有公开性;融资人向投资人支付本金之外的回报,满足有偿性;通过互联网面向全体网民发布,理论上每一名接入互联网的用户都可能成为投资人,满足社会性;同样是因为通过网络传播,且互联网金融这一模式产生的意义就在于一方面解决小微初创企业融资难的问题,弥补传统金融多面向大中型企业发放贷款这一现状的不足,另一方面活跃民间资本,拓宽社会公众碎片化闲散资金的投资渠道,因此,每个融资项目都可能轻易超过融资金额20万元或融资对象30人的立案标准——因此,判断某一通过互联网融资的行为究竟属于互联网金融创新还是构成非法集资犯罪,判断"罪与非罪"的重任,实际上就落到了是否具有"非法性"这一问题上。然而,"非法性"根本就难以担此大任,因为许多的互联网金融业务创新在监管上尚处空白——金融创新的速度必然超前于金融监管的速度。在金融监管尚未到位的情况下,由于不存在违反金融监管相关法规的情况,也就当然没有合法与否的问题。

由此观之,在现有的互联网金融治理模式下,互联网金融与非法集资犯罪实际上就是硬币的两面,两者融为一体。这就导致了非常有趣又无奈的一种现象:从中央到地方的各种政策性文件在大力宣传鼓励并规范发展互联网金融的同时,金融监管部门和司法机关又在时刻准备打击一切非法集资行为。这种矛盾反映了互联网金融发展的无奈:各方不敢实质监管,怕担上阻碍金融创新的"罪名",导致互联网金融的野蛮发展。非法占有型的财产犯罪和经济犯罪混在其中,肆无忌惮地侵犯公民个人财产,加之涉案人数众多影响社会稳定,产生系统性金融风险,催化了运动式执法活动,通过"一刀切"的方式将互联网金融全部叫停,在打击金融犯罪的同时也扼杀了金融创新,一切又回到原点。运动式执法表面上解决了实践中最紧迫的问题,保护了受害人的财产,守住了社会稳定的底线,但实质上未能从根本上回答互联网金融行为"罪与非罪"的边界问题。我们当然不会认为,一切互联网金融行为都是犯罪行为,否则国务院也不会出台多个文件对其进行支持和鼓励,既然如此,就必须厘清互联网金融行为"罪与非罪"的边界问题,不能想当然地套用现有的非法集资犯罪治理模式,那样必然会导致互联网金融全部入罪的结果。

(三)传统犯罪治理模式应对互联网金融创新的缺陷

传统的非法集资犯罪治理模式主要存在以下几个方面的问题:

1. 以《商业银行法》规范非法集资活动扰乱了金融法律体系

通过《商业银行法》对非法集资活动进行规范是目前非法集资治理乱象的根源。商业银行是通过吸收社会公众存款并对资金需求者放贷,从中赚取利差的金融机构,属于金融中介机构。政府对银行业长期持严格准入的管理模式,是因为银行业与其他金融机构不同,具有降低交易成本、防范道德风险及间接融资等功能,一旦发生破产或是储户挤兑,都将造成群体性事件并影响金融管理秩序,因此,银行法重点关注的是银行作为机构的特殊性。《商业银行法》在性质上属于"机构性规范",即不论该机构所经营业务的内容,仅依据机构的行业类别来决定该机构应当受何种法律规范的管辖。因此,只要被认定属于商业银行,就应受《商业银行法》规范。《商业银行法》的规范对象只能是商业银行及其利益相关者,而通常情况下非法集资的行为主体为自然人或非银行类法人。

非法集资犯罪属于行政犯,该类犯罪的成立以行为人违反有关行政法规为前提。但现有治理模式导致大多数非法吸收公众存款的行为主体不属于《商业银行法》的规范对象,从而使该类行为在受到刑法否定性评价之前缺乏行政违法性的认定。由《商业银行法》规范互联网企业前置违法性的错配成为互联网金融创新涉嫌违法的"原罪"。以众筹融资为例,相较传统融资模式下投资者少、投资金额大、风险也大,互联网众筹为那些缺乏资金的初创企业提供了投资渠道,通过互联网短期内能够聚集众多投资者,每位投资者的投资金额相对较小从而降低了融资风险。由于较低的准入门槛和广泛的融资渠道,众筹模式在我国深受青睐,其调动了社会闲置资金投资的积极性。但从目前我国股权众筹网站的发展情况看,在现行法律体系下的众筹模式很容易触动非法集资这条"红线",所以众筹模式发展缓慢,无论是项目数量还是筹资额都相对较小。由于股权众筹项目审批制度还未建立,利用互联网平台招募投资人很容易产生"公开宣传"和"向社会不特定对象吸收资金"的嫌疑,当前股权众筹网站的多数融资项目无论在参与人数还是在融资金额上,均超过了《2010年司法解释》规定的入罪标准。

2. 互联网金融涉罪行为欠缺行政违法性的判断

当下我国的金融监管采取机构监管模式,辅之以功能监管。2018年国务院机构调整,金融监管机构由"一行三会"变为"一行两会",银监会与保监会合并为银保监会。在国家金融监管机构尚处于改革过程中的情况下,对各种金融机构及各项金融业务的监管主体的划分并不明晰,在金融监管过程中存在显著的交叉监管和监管空白现象,导致了互联网金融行为规避监管的可能,或者说在现有的监管体制下,互联网金融行为是否应当被监管,应由谁监管,均存在疑问。由于互联网金融并非传统金融的互联网化,行为主体属于非金融机构,因此,行政权在何种程度上介入互联网金融业务是无法回避的问题。

通过互联网进行投资理财是目前较为常见的互联网金融业务类型。"投资理财"本身并非专门用语,无论是在P2P网络借贷平台还是股权众筹项目,甚至是互联网保险、互联网信托等业务中,以"投资理财"的名义开展的互联网金融业务大量存在。通过网络数据库查询亦可发现,在涉及互联网金融的犯罪中,几乎所有案件都有投资理财的情节。然而,在中国人民银行等十部委出台的《十部委意见》中,互联网金融业务被划分为十二类并明确了各类型业务的监管主体,其中没有涉及互联网金融理财这一业务类型。国务院办公厅印发的《互联网金融风险专项整治工作实施方案》规定,通过互联网开展资产管理及跨界从事金融业务的,互联网企业只有取得相关金融业务资质后才能依托互联网开展相应业务,反之不可。开展业务的实质应符合取得的业务资质,同时还指出"金融管理部门与工商总局共同开展以投资理财名义从事金融活动的专项整治",明确了互联网理财业务的监管主体。根据这一规定,通过互联网开展投资理财业务必须获得金融牌照,资产管理业务之所以一定要纳入金融监管中,不但因为它是金融业务,而且还因为它属于特许经营行业,非金融机构不具有对资产管理产品进行发行、销售的资格。

在现有监管模式下,只有取得相应资质的金融机构才可以开展投资理财业务,未取得金融资质的互联网企业不得开展此项业务。将互联网企业作为金融机构采用同一标准对待而不作任何区分,虽然有所谓"穿透式"监管的优点,但是也因此付出了昂贵的成本,导致了行政权对个人商事行为的侵犯。如果对于互联网金融的规范仅仅是将互联网企业作为传统金融机构对待,通过原有的行政监管方式应对互联网金融行为,认为其本质上属于金融,因行为具有相似性即进行类推适用的管理,那么在这种模式下又何谈创新?互联网金融创新本身定位即是对传统正规金融的补充,利用互联网的优势活跃民间碎片化的资本,较之于体量大但门槛高的传统金融而言,互联网金融具有体量小但数量大的优势,此为互联网金融创新之所在,如以传统金融的准入标准对这些数量庞大的民间碎片化资本进行规范和要求,则属"自废武功",徒有互联网金融之名,做的仍旧是传统金融之实。

国家工商总局、最高人民法院、最高人民检察院等十七部门联合出台的《互联网金融广告专项整治方案》规范了对于互联网金融广告和互联网投资理财两种类型业务的风险整治,虽然文件发布主体包括最高院、最高检、公安部等司法机关,但在"排查整治以投资理财名义从事金融活动行为"部分,只涉及相应的行政责任,而未提及对涉嫌犯罪的处理,这明显区别于其他互联网金融行为常提到的刑事责任。金融犯罪是法定犯,以传统金融犯罪治理模式规制互联网金融风险,会导致互联网金融犯罪在行政违法性上的欠缺,即跳过行政违法性的判断,直接以具有社会危害性为由对互联网金融风险行为予以刑法上的否定性评价。这不仅缺乏说服力,也不当地阻碍了互联网金融的创新和金融效率的实现。

3.将投资款认定为存款导致互联网金融泛罪化

(1)投资人投入的资金不具有存款的法律属性

存款人与银行间的存款合同属于消费保管合同,而投资合同则不然。消费保管合同主要有两个特点:一是合同标的物为货币及其他的可代替物;二是保管物发生所有权的转移,即保管物的所有权转移于保管人。存款合同中保管人银行保管寄存人即存款人交付的金钱,并在约定的期限届满时返还本金并支付利息,因而属于消费保管合同。而互联网金融中的投资合同则不同,我国目前并未采用美国立法例中承认投资合同属于有价证券的一种并通过证券法进行规制的模式,而是认为其属于一般民事合同。因此,根据具体交易类型的不同而在基本法律关系上有所区别,"行为所涉及的权利义务关系并不因借助互联网技术而具有特殊性,反而用既有的法律规范即可加以调整"①。例如,P2P网络借贷中出借人与借款人签订的是借款合同,众筹融资中投资人与项目发起人签订的则可能是股权转让合同或买卖合同等。但不管我国将来是否承认投资合同的证券地位,抑或是延续目前的做法,在基础法律关系上投资合同均明显与存款所属的消费保管合同不同。因此,投资人所投入的资金并非存款,其与集资人之间的关系也并非吸收存款关系。

进言之,存款属于间接融资而投资行为属于直接融资。如前文所述,商业银行通过吸收社会公众的存款并对资金需求者放贷,从中赚取利差,扮演着金融中介的角色,因而存款属于间接金融,而在大多数非法集资活动中,投资人投入的资金直接转移至集资人的控制之下,双方之间并不存在任何中介机构。互联网金融中虽然有网站设立了银行托管的第三方账户,但是该账户在多数情况下仍受运营网站的控制而非第三方监管机构。因此,将投资人投入的属于直接融资的资金认定为存款,不当地扩大了存款的范围,导致了互联网金融的泛罪化。

(2)将投资认定为存款不符合投资人主观意思

在银行存款业务中,存款人不会为了赚取利息将资金存入银行,而往往是为了资金保管和转移使用的便捷。正如"存款"一词的字面意思,"存放款项"有寄存保管之意,而从银行业的起源来看,银行业在很大程度上产生于金匠或者银行家为顾客保管贵重金属的习俗。② 人们选择去银行存款,主要原因在于存款这一金融行为的风险极低,可以起到保管财产的目的,所以即使存款利率一再下调,仍有大比例人群选择将资金存于银行。同时各商业银行在央行及银监会的监管体系下,形成了资金转移及清算的网络即支付系统,存款人通过该系统以转账的方式转移资金,以代替实体现金的交付,降低账户资

---

① 王利明:《论互联网立法的重点问题》,载《法律科学》2016年第5期。
② 参见〔美〕托马斯·梅耶等:《货币、银行与经济》,洪文金、林志军等译,三联书店上海分店、上海人民出版社1994年版,第40页。

金转移的成本。第三方支付的兴起使"无现金社会"成为可能。在第三方支付中,由银行承担资金结算的职能,行为人通过存款使资金的转移和使用变得更为便捷。而在投资合同中,投资人目的在于通过投资行为获得收益。相较于存款人几乎不承受任何风险,投资人需要在信息充分披露的情况下自行负担投资决策的结果,"自我选择意味着对不良结果的发生,被害人自己是首当其冲的承担人,至于会不会得到法律救济,尤其是刑法的救济,只能依靠刑事政策的指引来引导法律的干涉,而并非法秩序的强制发动"①。因此,存款与投资是完全不同的金融业务,将投资认定为存款,与投资人的主观认识不符。

传统治理模式中投资人事实上是将资金投入到了一种无风险且高收益的金融产品之中,它同时兼具了存款和证券的优势。然而这种金融产品不可能存在,其违背了金融学的一般理论与社会常识,投资者在投入资金时主观上能够认识并愿意承担其中存在的金融风险,现行的单边治理模式不符合客观事实。"网络时代最大的特点,是建立在信息通讯技术基础上的各种网络中间平台的出现。作为典型的双边市场,平台改变了传统的生产方式与信息传播方式、社会组织形式,融合了生产与消费、信息制造与信息消费的边界,推动大众供给与大众需求的结合,推动交换经济向分享经济过渡,人人都可能成为服务提供者,人人都可以成为总编辑,分享经济模式之下,只求所用,不求所有,不同于传统交换经济"②。在互联网时代,社会治理模式从单向管理转向双向互动,作为社会治理手段重要组成部分的法治保障同样应积极寻求转变。在互联网去中心化的功能下,每一个人都可能成为交易的中心,就非法集资犯罪所侵害的法益"金融管理秩序"而言,对它的保护也应当针对可能涉及的每一个主体。将投资人投入的资金认定为"存款"违背了投资人共担投资风险的主观意思。

4. 法律解释的入罪化导向使互联网金融创新动辄得咎

我国《刑法》并未指出究竟何种行为属于非法吸收公众存款的行为。出于社会治理的需要,有关机关多次通过法律解释将产生严重社

---

① 龙天鸣、李金明:《"互联网+"时代中的刑事需罚性判断——以被害人教义学为视角》,载《政治与法律》2017年第10期。
② 周汉华:《习近平互联网法治思想研究》,载《中国法学》2017年第3期。

会危害结果的吸收资金行为纳入到非法集资犯罪中。自《刑法》颁布以来,先是1998年国务院发布《非法金融机构和非法金融业务活动取缔办法》(以下简称《非法金融取缔办法》),认为"未经中国人民银行批准,向社会不特定对象吸收资金,出具凭证,承诺在一定期限内还本付息的活动"属于非法吸收公众存款,后《2010年司法解释》指出,违反国家金融管理法律规定,未经有关部门依法批准或者借用合法经营的形式,通过公开宣传向社会公众吸收资金并承诺在一定期限内还本付息或者给付回报的行为应当认定为非法吸收公众存款。与前者相比,该解释对吸收资金行为的"非法性"要件进行了扩大解释,更为重要的是扩大了还本付息的外延,将一切承诺给付回报的行为均囊括其中,同时还增加了"公开宣传"的要件。2014年最高人民法院、最高人民检察院、公安部联合出台的《关于办理非法集资刑事案件适用法律若干问题的意见》(以下简称《2014年司法解释》)进一步作出扩大解释,认为"向社会公开宣传"包括通过各种渠道向社会公众传播吸收资金的信息,以及明知吸收资金的信息向社会公众扩散而予以放任等情形,而不仅仅局限于"通过媒体、推介会、传单、手机短信等途径"。由此,对于"非法吸收公众存款"的认定,在《刑法》简单罪状的基础上,通过司法解释、行政法规等不断进行扩大解释改变了其具体内涵,直至今天,司法实务中认为只要行为满足向社会不特定多数人吸收资金并承诺给付回报的,即构成非法吸收公众存款罪。

  如果说传统社会通过法律解释的不断更新来应对非法集资活动尚能起到"临时止痛"的作用,那么互联网金融的出现则可能使这种治理模式对我国未来经济发展来说无疑是"饮鸩止渴"。目前在实务中亦确实如此,以扩张为导向的刑法客观解释导致"客观解释等同于扩张解释",形成了网络时代刑事治理的入罪化思维与导向,造成了法律公权力对技术性网络领域自由的伤害以及对网络时代公民自由权利的忽视。由于我国目前缺乏专门的网络犯罪刑事立法,为了回应网络时代的特点与犯罪认定及治理目标,则又是以对传统刑法概念进行客观解释为主,"刑法解释学的任务并不是探究立法本意,而是要揭示刑法的真实含义。只要不违反罪刑法定原则,就完全可以通过解释刑法的方式来应对新类型的网络犯罪"①。客观解释论者认为,由于法律的滞后性与现实生活的多样性,决定了法律的解释应跟随生活的变化而递进,应对法律规范作出合乎生活现实需要的解释。

借助客观解释,传统刑法概念与规则体系进行了重新演绎,"刑法客观解释应对网络犯罪"成为网络刑事治理的现状。客观解释本身既可以是对刑法条文的限缩解释,也可以是扩大解释。前者导致的结果往往是出罪,而后者则往往导致入罪。然而网络犯罪的严峻现实及国家治理的现实需要,导致扩大化与入罪化成为网络时代刑法客观解释的演进方向。"与传统社会相比,网络时代的刑法解释对罪刑法定原则的威胁更大,因为传统社会中的犯罪对象和犯罪行为都是可以感知的,一般人的预测可能性是比较明确的;而网络社会中的犯罪对象和犯罪行为缺乏直观性,一般人的预测可能性也是模糊的"②。这种以法律解释名义进行的类推适用对罪刑法定原则造成了极大冲击。

与传统金融相比,互联网金融以互联网作为工具和活动空间,利用先进的通信技术降低金融交易成本、消除信息不对称,从而满足了长尾客户的需求。然而根据非法集资犯罪相关法律解释,现有互联网金融业务无一不涉嫌构成非法吸收公众存款。虽然在实务中,司法机关秉持审慎态度,并非对所有互联网金融企业都予以刑事制裁,以贯彻落实党中央"鼓励创新,支持互联网金融稳步发展"的要求。但这并不影响在现行非法集资治理模式下,互联网金融业务满足非法吸收公众存款罪的构成要件。一旦互联网金融企业发生资不抵债或资金链断裂,以致大量投资人报案,则随时有可能被认定为犯罪。非法吸收公众存款罪的成立与否,从是否满足构成要件转为了是否发生了现实危害结果。

5. 客观归罪导致集资诈骗罪高发

互联网金融犯罪多为非法集资类犯罪,常见罪名为非法吸收公众存款罪和集资诈骗罪。与非法吸收公众存款罪单纯侵害秩序法益不同,集资诈骗罪在侵犯金融秩序的同时还侵犯了社会公众的财产权这一个人法益。两罪在行为结构上存在显著不同,非法吸收公众存款罪

---

① 张明楷:《网络时代的刑事立法》,载《法律科学》2017年第3期。
② 欧阳本祺:《论网络时代刑法解释的限度》,载《中国法学》2017年第3期。

的基本组成单位为合法的借贷行为,而集资诈骗罪则由多个普通诈骗罪集合而成。单个借款的民事行为与有行为数量条件的非法吸收公众存款罪不同,一旦其借款数额达到一定限度,就可能构成犯罪,因此单个借款的民事行为可能涉嫌犯罪。① 因而行为人的主观恶性存在明显区别。同时,两罪在量刑上也有较大差异,虽然《刑法修正案(十一)》提高了非法吸收公众存款罪的法定最高刑,情节严重的最高可能被判处十年以上有期徒刑,但是同时也提高了集资诈骗罪的刑罚严厉程度,除最高可判处无期徒刑外,法定刑由原来的三档调整为两档,并删除了罚金刑的数额标准,改为了原则规定并处罚金。因此,某一具体犯罪是否具有刑法上的"诈骗"情节,对行为人影响甚巨。由于互联网金融犯罪日渐增多,基于罪刑法定原则,以充分发挥人权保障机能为目标,应对诈骗型的互联网金融犯罪展开具体分析,严格区分互联网金融行为中的民事不法和刑事犯罪,有利于在新时代下实现习近平总书记提出的"对一些民营企业历史上曾经有过的一些不规范行为,要以发展的眼光看问题,按照罪刑法定、疑罪从无的原则处理,让企业家卸下思想包袱,轻装前进"②,这一要求有利于我国市场经济的健康发展。

通说认为非法吸收公众存款罪与集资诈骗罪区分的关键在于行为人是否具有非法占有的目的。这一观点为多个司法解释和刑事政策性文件所确认,如最高人民法院《互联网金融犯罪座谈会纪要》认为,集资诈骗罪和欺诈发行股票、债券罪、非法吸收公众存款罪区别的关键在于行为人是否具有非法占有的目的。笔者认同以非法占有目的作为区分两罪的标准,但在现实中,现有法律及司法解释在实体上尚未对非法占有目的进行准确界定,也未明确其判定标准,而是将视线聚焦在司法实务过程中的经验总结上,通过列举的方式来规定可推定为非法占有目的的具体情况。这一模式导致在集资诈骗罪的认定中,欺骗行为与非法占有目的两个独立要件的混同,通过欺骗行为推定行为人具有非法占有目的,导致非法占有目的丧失了独立性,罪名

---

① 参见孟俊松:《"非吸"构不成先刑后民的理由——江苏滨海县法院判决陈某诉范某、扬某民间借贷案》,载《人民法院报》2017年5月18日第6版。

② 习近平:《在民营企业座谈会上的讲话》,载《人民日报》2018年11月2日第2版。

之间的界限模糊不清。在集资诈骗案件中,行为人虚构投资标的,伪造账簿并虚构业绩,使集资参与者产生与事实不符的认识,以为行为人具有足够的偿付能力,这本是认定欺骗行为的构成要件,却也成了推定行为人具有非法目的的证据事实。欺骗行为是用来认定诈骗罪成立的构成要件之一,不能用同一个法律事实来推定行为人具有非法占有目的,否则非法占有目的将丧失其独立性。[①] 这不当地扩大了集资诈骗罪的犯罪圈。

例如,最高人民检察院指导性案例"周某集资诈骗案"(检例第40号)。被告人周某于2011年2月注册成立中宝投资公司,并通过公司上线运营"中宝投资"网络平台,借款人注册成为"中宝投资"的用户后可以通过发布各种招标信息,吸引投资人投资。投资人成为"中宝投资"的注册会员后可参与投标,通过汇款或第三方支付等方式将投资款汇至中宝投资公司公布的账户。周某直接将资金转移给借款人。项目结束后,投资人分别收到来自借款人和周某的本金与收益。运行前期,周某通过网络平台为13个借款人提供总金额约170万余元的融资服务,但由于部分借款人没有能力还清借款,造成公司亏损。此后,周某除了用本人真实身份信息在"中宝投资"网络平台注册2个会员外,还陆续虚构34个借款人的身份信息并发布大量虚假借款项目,对外宣称支付投资人年化收益率近20%及额外奖励等,以此向社会不特定公众募集资金。募集的资金并未进入公司账户,而是全部由周某个人控制。2011年5月至案发,周某通过中宝投资网络平台累计向全国1586名不特定对象非法集资共计10.3亿余元,除支付本金及收益回报6.91亿余元外,尚有3.56亿余元无法归还。

本案中,公诉机关主张"周某采用编造虚假借款人、虚假投标项目等欺骗手段集资,所融资金并未用于公司的生产经营,大量集资款被其个人肆意浪费,周某具有显著的非法占有目的,其行为为构成集资诈骗罪"。然而"编造虚假借款人、虚假投标项目"均属于欺骗行为,却同时被用于证明非法占有目的,导致两个独立的构成要件在认定时被

---

① 参见徐凌波:《金融诈骗罪非法占有目的的功能性重构——以最高人民检察院指导案例第40号为中心》,载《政治与法律》2018年第10期。

混同为一个要件。虽然欺骗手段作为客观行为可能能够反映行为人主观上具有非法占有的目的,但两者并不必然关联,将欺骗手段和非法占有目的认为是硬币的两面,会导致大量非法吸收公众存款中存在民事欺诈情形的案件被定性为集资诈骗罪。此外,通过"编造虚假借款人、虚假投标项目等欺骗手段集资"证明行为人的非法占有目的,无法正面回应辩护人所提出的当事人"一直在偿还集资款,主观上不具有非法占有集资款的故意"这一辩护意见。

之所以产生这一现象,一方面是因为非法占有目的属于主观要件,在理论界对其概念和本质尚未达成共识的情况下,通过归纳推理的方式将之具化为实务可操作的方式,由此而导致不确定性和不可预测性;另一方面,则是因为已有研究未能很好地区分民事欺诈与刑事诈骗,导致"诈骗"概念在不同部门法中边界模糊,无法起到区分民事不法和刑事犯罪的作用。主观故意通过客观表现得到体现,而我国司法实践中存在诈骗类犯罪的判断标准客观归罪的现象,只要行为人的行为造成了相关结果,即使其主观上没有过错也需要承担刑事责任,这种极端客观主义的思维主张将行为的外在表现及结果作为法律评价的唯一标准,行为人的目的、动机等主观方面内容则不予考虑。客观归罪思维与主客观相统一的科学评价思维完全相悖。然而在互联网金融犯罪治理中,却明显带有结果主义的倾向,难以证明具有非法占有目的的非法集资案件被认定为集资诈骗罪。集资诈骗罪区别于非法吸收公众存款罪的核心要件是行为人是否具有"非法占有的目的"。根据《2010年司法解释》第4条规定,行为人有"集资后不用于生产经营活动,或者用于生产经营活动与筹集资金规模明显不成比例,致使集资款不能返还的"等8种情形,即可认定为"以非法占有为目的",进而构成集资诈骗罪。但在现实生活中,"用于生产经营活动与筹集资金规模明显不成比例"或是"肆意挥霍集资款,致使集资款不能返还"等情况无法证明行为人具有非法占有目的;以"集资款不能返还"的客观结果证明行为人主观上的不法目的,也就意味着假如集资款可以返还的话,行为人就不属于集资诈骗,诈骗行为在法律上的因果关系被错误地倒置。

四、本章小结

本章对近年来互联网金融的发展状况进行了梳理,并对伴随其发展所产生的互联网金融犯罪进行归纳。由此可以清晰地发现,互联网金融创新与非法集资犯罪界限模糊是目前互联网金融犯罪治理中存在的最大问题。作为一种金融业务创新形态,虽然在发展过程中其在刑事合规方面可能涉及多种类型的犯罪,但是与其关系最为密切的则是非法集资犯罪。互联网自身的特点使得在现有以《商业银行法》作为行政违法前置判断依据的前提下,对具体犯罪构成要件要素采入罪化的客观解释的刑事治理模式,互联网金融行为有着入罪的"必然性"。由此产生出很奇怪的现象:一方面互联网金融受到政策鼓励,另一方面由于其天然的非法集资属性又受到严厉的刑事打击。

因此,目前的互联网金融治理多采用运动式的执法模式,如果仅仅是以维护社会稳定、安定社会秩序为目的的行政处罚,运动式执法虽受诟病,但也有着保障政策得到顺利执行的优势,以卡尔多-希克斯效率(Kaldor-Hicks Princi Ple)加以分析,其存在具有合理性。然而落到刑事治理层面,由于刑法所规制的是犯罪行为,需要具备最大程度的稳定性和谦抑性,互联网金融犯罪治理采用运动式执法只会一方面使民众丧失预测可能性,人们将会因为刑事打击的不确定性而不敢参与,使互联网金融发展的原本目的无法得到实现;另一方面会导致刑法在实质上成为行政保障法,以突破罪刑法定原则为代价,短时间里看似维护了社会秩序,但从长远看却毁损了刑法的机能,极大地破坏了国家的刑事法治。

第二章 互联网金融行为"罪与非罪"的裁判视野：刑民交叉何以重要？

一、传统刑法学研究范式中界分互联网金融犯罪的困境

(一) 传统刑法学理论应对互联网金融犯罪存在不足

如何厘清互联网金融行为"罪与非罪"的边界，对这一问题的关注者主要是刑法学者。"罪与非罪"以及"此罪与彼罪"属于犯罪论中的重点内容，长期以来刑法学理论研究的重任之一就是为存在争议的罪名及其犯罪构成明确合理的界分标准，在符合形式正义的前提下，为实践中个案正义的实现提供解释路径。目前，关于互联网金融行为"罪与非罪"的已有研究，几乎都是从传统的犯罪构成角度展开，通过刑法解释学对具体犯罪的构成要件要素进行界定，以及对互联网金融行为的合理性与过度刑事化展开探讨。刑法学者在从教义学展开的一系列研究中取得了丰硕的成果，为实务中解决"罪与非罪"的问题提供了不少的解决方案。

但美中不足的是，与以往研究所涉犯罪相比，互联网金融犯罪行为具有特殊性：首先，互联网金融涉罪行为的相关罪名并非特定的某个罪名，由于互联网金融犯罪实质上是侵犯了国家金融秩序的犯罪，因此可能涉及多个罪名。通过刑法教义学对每一个具体罪名进行实质解释，虽然可以起到治标的作用，但不具备体系性，可能出现在面对不同类型的互联网金融行为时，需要采用不同的解释方法以实现预期目标，这将造成解释的说服力不强的后果；其次，互联网金融犯罪属于法定犯，不同于自然犯天生所具有的强烈的主观恶性，法定犯在法益侵害性上存在先天的不足。由于二次违法性的要求，判断互联网金融行为是否违反了金融

管理法规,从而具备行政违法性,在此前提下进一步甄别行为是否侵犯了金融法益、是否具备刑事违法性,这并非凭刑法学一己之力可以完成的任务,需要各部门法的通力合作;最后,互联网金融是近年来在我国出现的新兴产业,由于其处于发展初期,在配套的政策与法律制度方面存在不足,实践发展领先于理论研究的特点较为突出,而法律尤其是刑法存在明显的滞后性,因此,在现有的法律框架内,对国家政策所鼓励和支持的互联网金融创新予以合理的解释使之出罪,缓解法律与国家政策、刑法与其他部门法之间的紧张关系,是互联网金融规范化过程中面临的重点问题。由于互联网金融行为具有以上几个方面的特殊性,因此,研究互联网金融行为"罪与非罪",以及在罪刑法定原则下使其出罪,则不是仅依靠传统刑法理论可以解决的。

即或采取传统的犯罪构成该当的研究路径,仍然存在刑民交叉的问题,刑法学自身无法供给足够的理论支撑。互联网金融所涉犯罪构成要件中存在大量规范的构成要件要素,主要表现为行政要素,这些法律的评价要素需要参照刑法以外的其他法律领域,如用行政法中的法的评价或者法的概念来阐释上述法律的评价要素,如采取"第三方支付""众筹"等用语,这意味着,对互联网金融行为"罪与非罪"的判断,必须借助以民法为代表的其他部门法对具体要素的理解。

(二)传统研究范式的缺陷难以自我修复

在面对互联网金融行为"罪与非罪"的界分上,传统刑法学研究范式存在种种不足,且这种因学科特点带来的天生缺陷难以自我修复。因此如前文所言,需要借助其他部门法的协作,共同完成互联网金融犯罪的刑事治理。上一章分析指出互联网金融犯罪治理中存在的五个方面问题,传统刑法理论均难以给出令人满意的答卷。在统一法秩序的要求下,笔者认为,应以重民轻刑的理念为基石,通过刑民交叉的分析路径来解决互联网金融行为"罪与非罪"的界分问题,这是"推进全面依法治国,发挥法治在国家治理体系和治理能力现代化中的积极作用"[①]在互联网金融领域的具体体现。

---

① 习近平:《推进全面依法治国,发挥法治在国家治理体系和治理能力现代化中的积极作用》,载《求是》2020年第22期。

二、民法典时代互联网金融行为的解读方向:重民轻刑

我国自古以来的法律文化为重刑轻民,这也反映在了当前互联网金融犯罪的治理中:倾向于用刑事制裁的手段解决"罪与非罪"的界分问题,习惯性地扩大犯罪圈。这在短时间里可能取得一定的社会治理效果,但长远看不仅侵犯了公民的意志自由,还限制了金融市场的良性发展。《民法典》的制定和实施是我国国家治理能力现代化的重要标志,"民法典在中国特色社会主义法律体系中具有重要地位,是一部固根本、稳预期、利长远的基础性法律,对推进全面依法治国、加快建设社会主义法治国家,对发展社会主义市场经济、巩固社会主义基本经济制度,对坚持以人民为中心的发展思想、依法维护人民权益、推动我国人权事业发展,对推进国家治理体系和治理能力现代化,都具有重大意义"①。在民法典时代,如何在审慎监管的要求下鼓励和发展金融创新,在避免出现系统性金融风险的前提下保障人民权益实现、发展社会主义市场经济,成为了需要重新思考的问题。

(一)我国社会长期存在重刑轻民的现象

刑法和民法是历史最为悠久的部门法,在人类文明史的初期,两者边界混沌不清。但时至今日,刑民不分的岁月早已远去,刑民分立成为了包括我国在内的世界上绝大多数民主法治国家所采用的立法模式,这一模式的科学合理性不言而喻。刑法和民法调整的法律关系不同,立法目的和功能也有着很大的区别,两者各司其职共同构建起国家法制的基石。

我国自古以来存在重刑轻民的现象,中华法系集大成者无一不是以刑罚为主要规范内容,因此有观点认为我国古代没有民法。这样的观点当然有失偏颇,虽然通说认为民法是西方发达国家晚近资本主义法律制度发展的产物,而在中国古代法中刑法条文占据绝大多数,但应当认为,民法的内容只是没有形成体系,没有进行法典编纂,仅以条文的形式夹杂于刑法之中。② 我国古代当然有民法,历史上的中国虽

---

① 习近平:《充分认识颁布实施民法典重大意义 依法更好保障人民合法权益》,载《求是》2020年第12期。
② 参见张晋藩:《论中国古代民法研究中的几个问题》,载《政法论坛》1985年第5期。

然以农业经济为主,但商品经济也同样是蓬勃生长。平等主体之间的人身、财产关系以及由此所产生的纠纷不可否认是存在的,民法调整的对象为平等主体之间的人身、财产关系,因此民法也当然存在。以民间借贷为例,民间借贷在我国有着悠久的历史,而针对民间借贷的法律规范也早已存在。关于民间借贷最早的文字记录出现于《周礼》:"凡民之贷者,与其有司辨而授之,以国服为之息。"民间借贷以契约的形式最早出现在西汉时期,每一朝代民间借贷现象均大量存在,如西汉元延元年(前12)东海郡师君兄贷钱券,"元延元年三月十六日,师君兄贷师子夏钱八钱,约五月尽,所子夏若□卿奴□□□□□□丞□时(?)。见者,师大孟、季子叔"①。在该借贷契约中,不仅明确记载了借贷发生的时间、数额、期限和借贷双方的姓名,还包含了契约签订的见证人,该契约在合同内容上较为完整,与现代的借款合同相差无几。在制度方面,同样在西汉,景帝末年为限制过高的放债利息,规定放债的最高利息只能到20%,并对超过规定利率的高利贷者予以严惩。由此可见,我国法制史上并不缺乏民法规范,因此,不能认为我国古代是没有民法的。但另一方面,这也反映出我国古代重刑轻民程度之甚。

我国传统法律历代法典以刑法典为主要表现形式,除了最为正式和权威性的法律形式——律,其他比如令、科、比等这样的法律形式,在内容上不但没有与以刑为主的主旨相悖,而且有些本身就是单行刑法。即或是由于民事纠纷所产生的民事法律责任,承担的形式也往往表现为刑罚的手段。例如,《唐律疏议》中规定,"诸负债违契不偿,一匹以上,违二十日笞二十,二十日加一等,罪止杖六十;三十匹,加二等;百匹,又加三等。各令备偿"②。在奴隶社会和封建社会,刑罚作为强有力的惩治手段受到统治者的青睐,究其原因主要有以下几个方面:首先,重刑是出于维护皇权统治的需要,封建制国家确立和保护的前提便是严刑峻法;其次,重刑是出于维护封建地主私有财产不受侵犯的需要,土地由地主阶级拥有是封建社会的特点之一,为了维护封建地主对土地及其他财产的占有制度,需要以重刑对

---

① 张传玺主编:《中国历代契约粹编》,北京大学出版社2014年版,第62页。
② 〔唐〕长孙无忌等,《唐律疏议》,刘俊文点校,中华书局出版社1983年版,第485页。

其进行保护,对侵权者给以严刑酷法惩处;最后,重刑是出于巩固封建家长制家庭和宗法制度的需要,封建家长制家庭与封建专制制度一脉相承,它是封建社会的组成部分和专制制度的基础。封建家长制家庭的稳定与封建专制制度有直接联系。子女对父权的任何违反封建伦理道德的行为均被认为是重罪,需要被苛以重刑。反观民法方面,之所以民法在我国古代不受重视,是因为经济上长期保守的小农经济占主要地位,抑制了民法的发展;政治上封建专制、统治阶级至上的特点阻碍了以平等自由为核心的民法精神的产生和发展;文化上传统的儒家文化思想制约着民法的发展,礼法合一、重礼轻法的特点使得"礼"成为调整民事关系的重要根据。基于这样的原因,导致了我国古代"重刑轻民"的现象。

(二) 重刑轻民的现象延续至今

中国从几千年前开始便以刑法为根本,主张"重刑轻民",强调通过刑法规定调整社会生活,这种刑事手段存在于封建社会时期可能具有一定的合理性,但也致使我国长期以来缺乏私法文化。[①] 中国传统的重刑轻民现象一直延续到今天,体现在各类法律性文件上,也反映在司法实践中。例如,关于刑民交叉案件的审理模式,司法机关由于受"刑事优先"理论的影响,往往采用"先刑后民"的处理模式。1998年最高人民法院颁布的《关于在审理经济纠纷案件中涉及经济犯罪嫌疑若干问题的规定》第 11 条规定:"人民法院作为经济纠纷受理的案件,经审理认为不属经济纠纷案件而有经济犯罪嫌疑的,应当裁定驳回起诉,将有关材料移送公安机关或检察机关。""先刑后民"体现了公权张扬、私权压抑的价值取向,这与现代法治理念不符,实践中容易被不法分子利用以追求非法利益,同时也可能成为部分司法机关通过刑事手段干预经济纠纷的理论依据。此外,该种模式导致对犯罪嫌疑人动辄逮捕,不利于保护被害人的权利,为被告人逃避承担民事责任提供了理由。再如关于合同效力的认定问题,原《合同法》第 52 条明确规定了合同无效的五种情形,行为人涉嫌犯罪或者已经生效的判决认定行为人构成犯罪时,涉及的合同并不当然无效。但司法实践

---

① 参见王利明:《法治:良法与善治》,北京大学出版社 2015 年版,第 185 页。

中,行为人构成犯罪时的涉案合同往往被解释为"违反法律(即刑法)、行政法规的强制性规定",因此被认定为无效,导致民法一定程度上成为了刑法的附属法。虽然重刑轻民的理念产生和发展于中国古代传统的封建社会时期,但数千年形成的思维定式仍然普遍反映在当下的立法和司法活动中,其对中国特色社会主义法治体系产生了深远影响。

(三)以民法典颁布为契机树立重民轻刑理念

我国古代的法律传统具有重刑轻民的特点,从我国古代的法律发展演变过程看一直是重视刑法,尤其是重视对犯罪的惩治。这一现象延续至今,演化为泛刑法主义和重刑主义。然而,中国特色社会主义法律制度是国家治理能力的重要保障,如果继续以封建社会时代的法制价值追求来服务当下的社会经济发展,必然无法实现国家治理能力的现代化。

在近几次的刑法修正案中,一方面罪名不断扩充,多个长期以来受民法或行政法调整的一般违法行为被纳入刑事打击的范围内,导致刑法直接演变为民法等其他部门法的制裁规定,造成了刑法规制范围极度扩张,对社会公众经济生活的干预范围过广,程度过深,这是泛刑法主义的表现;另一方面,同样是反映在近几次的刑法修正案中,部分犯罪被设置了较重的法定刑,并在司法中对犯罪人判处了较重的刑罚。以金融犯罪为例,在理论界普遍呼吁应当对非法吸收公众存款的行为做"罪轻"甚至是"无罪"处理的情况下,《刑法修正案(十一)》却将该罪的法定刑进一步加重。组成吸收公众存款的每个独立行为是受到民法保护的民间借贷行为,而非法吸收公众存款罪所侵犯的法益是金融管理秩序。立法者认为该罪的法定刑应当加重,无疑是认为当个人行为自由与管理秩序发生冲突时,前者应当让位于后者。不仅如此,还需要以刑法的手段保护后者,个人意思自治和行动自由是民法所保护的核心价值,与社会秩序相比,两者谁更值得刑法保护这一问题固然存在讨论的空间,但在已有法定刑的基础上进一步加重刑罚力度,这无疑体现了重刑主义的存在。

刑法作为各部门法的后置法,具有保障性和补充性的特点,只有在其他部门法无法解决纠纷,或者解决纠纷成本过高时,刑法才存在介入空间。民法等其他部门法为调整社会关系、解决社会矛盾提供了一般规则,在国家治理中发挥着重要的作用。如果能够通过民法有效解决社会纠纷,就应尽可能通过承担民事责任的方式解决而无需动用刑罚。《民法典》的制定和实施意味着具有中国特色社会主义法律体系的进一步完善,也进一步提升了党和政府全面依法治国的能力,在这一背景下,当然应当抛弃封建社会残存的重刑轻民的思想,而转向重民轻刑。

重民轻刑并不意味着完全对刑法抛弃,也不是指刑法不能再增设新罪,而仅指应当充分发挥民法和其他部门法在国家治理中的作用,以引导公众做出符合法规范的行为并给予保障为重心而非严厉打击人们的非法行为。在司法层面,由于罪刑法定原则只限制入罪而不限制出罪,因此应当坚持入罪合法、出罪合理的法理。一方面,在判断行为是否入罪时,如果该行为在民法上是合法的,刑法上就不应将该行为评价为犯罪行为,否则将出现法秩序内部无法自洽的情况。同时,民法上的概念也可以对刑法中相关犯罪尤其是空白罪状进行填补,刑法与民法或其他部门法对相同用语的理解应当保持一致。刑法可以直接采用民法及其他部门法中对相同用语的法定解释。实际上,民法及其他部门法作为刑法的前置法,其对某一相同用语的法定解释对于刑法具有制约性。① 另一方面,在行为形式上符合犯罪构成要件的情况下,民法上的规定可以在违法性层面扮演刑法上的出罪事由的角色,起到实质上限缩犯罪圈的作用。因此,通过民法或其他部门法的规定,通过实质解释严格限制入罪范围,合理出罪,以充分发挥《民法典》在国家治理能力提升方面的作用,这是重民轻刑的核心思想。

互联网金融是近些年来才产生的金融创新模式,这一领域的治理结果体现出严重的重刑轻民现象:出现问题时首先想到的还是刑事制裁,而不管该行为在民法或金融法上是否合法。正如上一章所言,互联网金融领域重刑轻民的治理模式,直接导致了这一行业的发展受到了严重影响,这极其不利于金融领域的创新发展和普惠金融目标的实现。疫情期间,部分小微企业由于缺乏有效的融资渠道而纷纷破产倒

---

① 参见陈兴良:《虚拟财产的刑法属性及其保护路径》,载《中国法学》2017年第2期。

闭,这就是互联网金融被"严打"所带来的恶果。P2P 网络借贷本质上属于民间借贷,受到民法的保护和调整。股权众筹融资本质上是公开发行股票的行为,虽然还不为证券法所明确承认,但是其具有通过实质解释为合法行为的空间(详见第七章)。在前置法未作出违法性评价的情况下,刑法以社会危害性为由提前介入规制,是典型的重刑轻民的表现。

《民法典》重建了我国的民间借贷制度,更加合理地对自然人间借款行为进行了规范,对于合同双方的权利义务进行了较好的分配,同时也提高了民事责任的承担力度。作为中国特色社会主义法治制度的最新成果,《民法典》体现了与时俱进的立法态度,也在多个方面为未来可能出现的创新行为留出了法律上的空间。同样作为新时代的产物,互联网金融行为的合法边界判断,应当在《民法典》的背景下以重民轻刑作为解读的方向,从而在统一法秩序原则下寻求到自己的生存空间。而贯彻重民轻刑思想的具体路径则为刑民交叉。通过刑民交叉的视野,有助于我们正确认识互联网金融行为的本质,避免刑法的扩张,限缩互联网金融犯罪的犯罪圈,进而实现互联网金融领域治理的现代化。

三、刑民交叉是实现互联网金融犯罪治理重民轻刑理念的关键

重民轻刑的理念引导着民法典时代互联网金融行为的解读方向,直接影响着国家治理能力现代化的制度保障,而践行互联网金融犯罪治理重民轻刑理念,落脚点在于刑民交叉的实施路径。

本研究中刑民交叉中的"民"主要指以民法为代表的私法,此外还包括行政法、金融法等作为刑法规范基础的其他部门法,因为在规范互联网金融行为时,刑法更多的是发挥补充作用而非独立判断作用。由于互联网金融行为的特殊性和复杂性,使得其并不单纯是刑法问题,而是涉及法律制度的多个方面。在互联网金融问题的研究中,刑法学者多从互联网金融的异化所涉及的如集资诈骗罪、非法吸收公众存款罪等犯罪的角度去分析,而民法学者多从互联网金融行为中涉及合同、侵权责任等民事纠纷的角度展开,行政法或金融法学者则更多从监管的视角进行研究。不同部门法之间泾渭分明,各自为战,缺乏

有机统一,导致面对同一法律事实时,由于思考角度的差异而产生出不同的甚至是截然相反的法律评价,这不但会导致在裁判具体案件时产生争议,而且不利于科学地建设中国特色社会主义法治体系。刑民交叉理论是近年理论界和实务界重视的研究课题。由于社会、经济、科技等方面现如今快速发展,在实际发生的大量案件中存在刑事犯罪和民事纠纷交织在一起的情节,单纯的只涉及刑法或民法的案件越来越少。然而,究竟刑民交叉的内涵是什么,学者们对此有不同观点。因此,在通过用刑民交叉的视角来研究互联网金融行为的罪与非罪问题之前,首先需要厘清本研究所运用的主要分析视角,即刑民交叉的具体内涵。

(一)刑民交叉概述

刑民交叉案件涉及实体和程序两个领域,而实体又涉及民法和刑法两个部门法,程序则涉及民事诉讼法和刑事诉讼法两个部门法,由于涉及内容较为庞杂,因此关于何为刑民交叉,学界有着不同的观点,但是至少可以在民法、刑法、诉讼法等法领域对这一概念加以解读。

最高人民法院在《关于审理民刑交叉案件若干问题的规定(征求意见稿)》中提供了两种界定方案,"方案一:本规定适用于民事案件与刑事案件在法律事实、法律主体上完全相同或者部分相同而引发的分别审理、移送审理、优先审理以及责任承担的情形。方案二:本规定所称的民刑交叉案件,主要包括以下情形:(一)民事案件与刑事案件在法律事实上完全重合或者部分重合;(二)民事案件与刑事案件在法律主体上完全重合或者部分重合;(三)民事案件与刑事案件存在一定牵连关系从而在处理程序、责任承担方面相互影响的其他情形"。由此可知,刑民交叉案件涉及法律事实交叉和诉讼程序交叉两种类型,并且在实务上更关注于解决程序问题,涉及案件移交、审判程序、诉讼期限等,"所谓刑民交叉案件,又称为刑民交织、刑民互涉案件,是指既涉及刑事法律关系,又涉及民事法律关系,且相互之间存在交叉、牵连、影响的案件"[1]。例如,一个案件同时涉及刑事和民事程序,应当先刑后民、先民后刑或者刑民并行,这是诉讼法意义上的刑民交叉。

---

[1] 何帆:《刑民交叉案件审理的基本思路》,中国法制出版社2007年版,第25—26页。

再如在行为人构成犯罪的情况下,相应的民事行为是否仍然有效,这是民法意义上的刑民交叉。刑法意义上的刑民交叉更为关注的是刑事犯罪与民事不法如何区分的问题。① 因此针对本研究主题,即互联网金融行为的"罪与非罪"问题,刑民交叉的视角更为关注的则是实体问题,且主要是犯罪边界问题。从刑民分界的视角去分析互联网金融行为的"罪与非罪"问题有着现实的必要性,相类似的互联网金融行为在不同的案件中,只是因其中筹集资金一方资金链是否断裂,而导致同案不同判的情况时有发生,这显然有违罪刑法定原则。通过民法的视角去分析带有浓重金融创新色彩和拥有政策背景的互联网金融犯罪这一刑法问题,厘清具体行为的基本法律关系,明确其中的"罪与非罪"的边界,对于打击犯罪和促进经济发展,以及保障公民的合法财产有着重要的积极意义。

自改革开放以来,尤其是确立社会主义市场经济的国家经济体制后,我国对于民营企业的重视程度逐年增强。1988 年的《宪法修正案》增加了"国家允许私营经济在法律规定的范围内存在和发展。私营经济是社会主义公有制经济的补充"的表述。1993 年的《宪法修正案》确定了国家基本经济体制为社会主义市场经济,国家积极引导、监督和管理私营经济,以保护私营经济的合法权益。1999 年《宪法修正案》则是将国家对个体经济和私营经济的基本政策修改为"在法律规定范围内的个体经济、私营经济等非公有制经济,是社会主义市场经济的重要组成部分""国家保护个体经济、私营经济的合法的权利和利益。国家对个体经济、私营经济实行引导、监督和管理"。在 2004 年的《宪法修正案》中,国家对非公有制经济的政策被修改为"国家保护个体经济、私营经济等非公有制经济的合法的权利和利益。国家鼓励、支持和引导非公有制经济的发展,并对非公有制经济依法实行监督和管理"。从历次修正案所用的措辞变化中可以看出,国家对私营经济的态度越来越宽容和积极,从开始的监督管理到后来的鼓励支持。正如修正案所示,这意味着非公有制经济在我国经济体制中的地位日趋重要。民间资本是非公有制经济的基础,而民营企业,尤其是小微企业通过正规金融获得资金在现有金融制度下是非常困难的,因

---

① 参见陈兴良:《刑民交叉案件的刑法适用》,载《法律科学》2019 年第 2 期。

此,互联网金融成为了小微企业融资的重要补充手段。在国家尚未制定专门法律或是修订豁免规则的情况下,以形式合法为前提保障符合国家政策方针的个案出罪,通过民事责任或行政责任予以规制违法行为,将最大程度降低刑事处罚给互联网金融创新带来的冲击。

(二)刑法和民法的关系

通过刑民交叉的方式为法定犯划定"罪与非罪"的边界,涉及刑法和民法的关系,也即民法或其他部门法中的概念及法律关系是否可以直接在犯罪的认定过程中得以适用。对于刑法和民法的关系,历来有刑法独立性说与刑法从属性说之争。[①] 刑法独立性说认为当一个法律规范因规定了刑事制裁而成为刑法规范时,它就与其他刑法规范结成一个整体,该规范的适用对象和范围都要随着刑法特有的性质和需要而发生变化;而刑法从属性说认为,刑法不是一个独立的法律部门,刑法只有依附于行政法、民法等其他部门法,并作为其他部门法的补充才可能存在。这两种学说长期存在且针锋相对,部分犯罪行为,如故意伤害罪、盗窃罪等侵害法益具体且明确的犯罪只是民事侵权行为在"量"即程度上的增加,可以认为刑法是其他部门法的补充,也就是通常所说的刑法作为最后一道防线,只有当其他部门法都无法制裁某一违法行为时,才需要动用刑法来进行规制,如果通过任何其他的手段可以达到惩治某一行为的目的,则刑法就没有参与其中的合理性,因此认为刑法应当是民法以及其他部门法的补充法,从而支持刑法从属性说。但这样的主张在另一些犯罪领域却无法站得住脚,现行刑法中规定了许多侵害国家、社会法益的犯罪,而这些犯罪并非民法的规制对象。如《刑法》第 103 条规定的分裂国家罪:"组织、策划、实施分裂国家、破坏国家统一的……"该罪只要着手即为既遂,在构成犯罪之前不存在任何的由量变到质变的过程。此时,刑法独立于其他部门法调节社会关系。诚然,刑法同时具有独立性和补充性的特点,且刑法作为一门独立的法律部门,犯罪行为是刑法特有的规制对象,并不受其他法律规制。刑法通过对特定目的进行评价,从而判断是否对

---

① 参见于改之:《刑民分界论》,中国人民公安大学出版社 2007 年版,第 11 页。

该违法行为给予刑事制裁,而非直接给予刑事制裁。① 这是刑法独立性的重要体现。

笔者认为,关于刑法的性质,刑法理论中所谓的从属性说和独立性说两者并不矛盾,它们同时存在于刑法中,共同体现着刑法的目的和本质,即如《刑法》第1、2条所言,"为了惩治犯罪,保护人民",刑法要"保护国家安全,保卫人民民主专政的政权和社会主义制度,保护国有财产和劳动群众集体所有的财产,保护公民私人所有的财产,保护公民的人身权利、民主权利和其他权利,维护社会秩序、经济秩序,保障社会主义建设事业的顺利进行"。由此可见,刑法的立法目的在于惩治犯罪,因此无论是保护国家、社会制度时所体现出的独立属性,又或者是保护公民人身、财产权利时体现的从属性,其目的都是为了惩治犯罪,即具有严重社会危害性的行为,两者有机统一于刑法中,承载着刑法要实现的任务。其中所谓从属性部分,笔者认为仅仅是刑法与其他部门法在规范对象上的一种巧合,即刑法与其他部门法呈现出一种交叉的关系,而非包含与被包含的关系,该交叉部分即为刑法从属性体现的部分。由于在统一法秩序下,各个部门法以维护社会的公平正义为目的,组成了整个法律体系,因此以国家、社会、集体和个人等为对象的权利保护必然呈现出多种不同法律手段叠加的情形。而在违法性的判断上,各部门法在合法化事由上有着统一的根据。然而由于各部门法之间立法目的和任务的不同,不能说某类违法行为被认定为犯罪只是程度上的简单增加,如《民法典》第1条,认为民事法的立法目的是"为了保护民事主体的合法权益,调整民事关系,维护社会和经济秩序,适应中国特色社会主义发展要求,弘扬社会主义核心价值观",可见我国民法保障民事权益的立法目的与刑法的惩治犯罪存在很大的区别,再如《民法典》第七编"侵权责任",侵权行为经常被拿出来与犯罪行为进行对比,因为二者在行为的构成上具有相当程度的交集。《民法典》第1165条第1款"行为人因过错侵害他人民事权益造成损害的,应当承担侵权责任"规定了过错责任原则,根据通说,侵权行为在要件结构上包括构成要件、违法性及故意或过失(有责

---

① 参见张明楷:《避免将行政违法认定为刑事犯罪:理念、方法与路径》,载《中国法学》2017年第4期。

任),是侵权行为的三层结构。① 这一理论源自绝对权的概念并受刑法理论的影响。德、日现行刑法中所采用并为我国部分刑法学者所提倡的三阶层犯罪论体系,即主张构成要件该当性、违法性、有责性,与传统侵权行为要件结构是保持一致的;另一方面,许多犯罪被认为是侵权行为在程度上的增加,达到了严重的社会危害性的程度,故而被认定为构成犯罪,即认为犯罪行为是程度更重的侵权行为,比如故意伤害罪与侵害身体权。但侵权责任的立法目的如原《侵权责任法》第1条所言:"为保护民事主体的合法权益,明确侵权责任,预防并制裁侵权行为,促进社会和谐稳定……",与《刑法》的"惩治犯罪,保护人民"相比,虽然二者都有惩治(制裁)违法行为的目的,但是却仍旧有很大的不同,从规范的主体来说,刑法的保护范围涵盖国家、集体、公司、个人等几乎所有的对象。从犯罪客体来说,刑法分则的十章,每一章都保护了不同的社会关系,包括了国家安全、财产权利、人身权利、民主权利等,而以侵权责任法为代表的民事法律,作为私法,只是保护了平等民事主体间的人身、财产关系,在规范的主体上民事法相比于刑法要窄得多。同时,适用民事法律的主体之间是平等的,是一种横向的权利义务关系,侵权人和被侵权人之间处于同等地位,而刑法作为典型的公法,无论犯罪人侵犯的对象是谁,都由检察机关代表国家向犯罪人追究责任(除了个别的自诉罪名),究其原因是犯罪人的犯罪行为从表面上看,只是对具体的个体造成了侵害,但本质上是该行为具有的社会危险性达到了对国家造成侵害的程度。

由此可见,由于刑法和民法的立法目的不同,导致保护的社会关系不同,采用的手段和规制路径也不相同。由于我国采用"只严不广"的刑法立法模式,只有当行为达到具有严重社会危害性的程度时方构成犯罪,与德、日"广而不严"的立法模式不同,我国刑法中并没有规定行政犯罪和违警罪。刑法作为法律保护的最后一道防线,一定程度上是由于其他制裁措施力度都不够,才动用刑法手段。换言之,当通过其他部门法的制裁措施,如承担侵权责任、违约责任、行政责任等可以实现有效保护受害人,惩治违法行为的目的时,刑法应"不动如山"。

---

① See Larenz/Canaris, Schuldrecht II/2, S. 362 f. Deutsch, *Unerlaubte Handlung und Schaadensersatz*, S. 6f. 转引自王泽鉴:《侵权行为》,北京大学出版社2009年版,第86页。

作为专门的科学,从古代的刑民不分到今天的刑民分立,刑法有自己的立法目的和规制对象。目前学界对于刑法与民法的关系,通说为刑法独立性说。但是,民法以及其他部门法上的概念可以对刑法中相关犯罪尤其是空白罪状进行填补,刑法应当与民法和其他部门法中相同用语的理解保持一致;刑法可以直接采用民法以及其他部门法中对相同用语的法定解释。实际上,民法以及其他部门法作为刑法的前置法,它们对某一相同用语的法定解释对于刑法具有制约性。倘若刑法与民法和其他部门法对于某个相同法律用语的含义理解不一致,刑法反而应当对此通过法律作出明文规定。① 例如,在信用卡犯罪中,作为构成要件要素的"信用卡"与金融法中的信用卡并不一致,金融法中的信用卡指的是由商业银行发放的具有透支功能的银行卡,其规范概念为《商业银行信用卡业务监督管理办法》第7条所称的"记录持卡人账户相关信息,具备银行授信额度和透支功能,并为持卡人提供相关银行服务的各类介质",区别于不具有透支功能的储蓄卡,该概念为社会一般公众所广泛接受。刑法基于自身打击犯罪和保护法益的目的,将信用卡的范围扩张至包括储蓄卡在内,即不具有透支功能的储蓄卡也属于刑法中的"信用卡",这远远超过了国民的预测可能性,属于类推解释。同样的概念在不同的部门法中有完全不同的理解可能导致一般人的无所适从,为了维护法的稳定性,全国人民代表大会常务委员会在《关于〈中华人民共和国刑法〉有关信用卡规定的解释》中明确规定:"刑法规定的'信用卡',是指由商业银行或者其他金融机构发行的具有消费支付、信用贷款、转账结算、存取现金等全部功能或者部分功能的电子支付卡。"通过立法解释解决了在信用卡这一概念上金融法与刑法不一致的问题。类比可知,金融犯罪中的其他构成要素也可能存在相似的情况,诸如存款、证券、发行、借贷等,如刑法未作出特别规定的话,则作为构成要件要素的理解应与其他部门法保持一致,以维护法秩序的统一,避免法体系内部的激烈冲突。

因此,虽然刑法作为独立的部门法应对犯罪构成要件要素和犯罪事实做独立的判断,但是这种独立判断并非要求完全置其他部门法的规定于不顾,在没有明文规定的情况下,刑法对某个具体要素或事实

---

① 参见陈兴良:《虚拟财产的刑法属性及其保护路径》,载《中国法学》2017年第2期。

的判断,应当与民法或其他部门法保持一致。若将民法上认为是合法的行为认定为违法,势必会导致各个法律部门之间发生矛盾冲突,引起法律秩序内部的逻辑混乱。民法或其他部门法中的事由,均可以直接运用到刑法中,在构成要件该当的情况下,对具体行为发挥出罪功能。在处理刑民关系的时候,判断某一行为是否构成犯罪,应当根据法秩序统一的原则,首先,判断该行为在民法或其他部门法上是否合法,如果合法则不构成犯罪。① 民法调整平等民事主体之间的人身和财产关系,因此民事主体之间基于意思自治建立的单纯的财产关系无需刑法介入,除非该行为违背了其中一方的真实意思表示,或其所产生的恶导致了明显的负外部性,危及第三人或社会秩序时,刑法才可能有适用的空间,且所涉犯罪多为自然犯,例如,严重侵犯他人身体权的行为可能构成故意伤害罪。而行政法则是调整行政主体与行政相对人之间的且以行政职权为核心的行政关系②,行政法调整的对象只是与行使行政职权存在直接或间接关系的社会关系。法律关系双方并非横向平等关系,而是纵向的管理关系,当行政相对人即被管理者的行为违反行政法律规定时需承担行政责任,如该行为达到了法律所规定的程度时,则可能构成犯罪,该类型犯罪多为法定犯。

(三) 通过刑民交叉治理互联网金融的必然性

从理论上看,民法与行政法两者互不干涉,法定犯与自然犯之间也是泾渭分明,然而平等民事主体之间的交易是否可能受到行政法调整,私人关系是否可能受到公权力的制约,则存在疑问。刑法理论将所有犯罪二分为自然犯与法定犯,前者指违背传统伦理道德的犯罪,主观恶性较强,为自然法则所禁止;而后者不具有当然的反道义性,只是因国家治理的需要而将其认定为犯罪,主观恶性较弱。自加罗法洛在犯罪学领域提出自然犯与法定犯的分类以来,这种二分理论早已为大陆法系国家及我国刑法所接受,然而法定犯与自然犯并不是非此即彼的关系,两者不断融合、相互渗透。

我国在私法领域采用民商合一的立法模式,民法是商法的基本

---

① 参见陈兴良:《刑民交叉案件的刑法适用》,载《法律科学》2019 年第 2 期。
② 行政关系包括行政主体与行政相对人、行政法制监督主体发生的各种关系,以及行政主体内部发生的各种关系,本处只讨论与主题相关者。

法,而商法则是民法的特别法,从调整对象看,商法调整商事主体关系和商事行为关系,与民法调整的对象存在区别。与此同时,在我国现有法律体系中,作为独立部门法的经济法长时间都属于行政法的下位概念,虽然目前已成为单独的部门法,但是理论界仍存在较大争议,主要焦点在于经济法所调整的对象是否能够被行政法所囊括,目前学界主流观点认为经济法调整社会生产中形成的经济管理和经营协调关系,由此,其中的经济管理关系与行政法发生重合,而经营协调关系则与民商法存在交叉。商事行为过程中需涉及行政职权,以致商法通过经济法与行政法产生交织,如通说认为《证券法》属于商法,但亦有观点认为其内容广泛涉及证监会与证券公司的关系而属于行政法。在这一层面上,以商事关系为联结,民法与行政法产生联系,由于边界的不确定,某一民事行为是否应受到行政法调整难以判断,进而使得民事不法行为可能构成行政犯。具体以互联网金融为例,互联网金融行为涉及多种业务形态,从本质上看,其是否属于纯粹的民商事行为,根据当事人之间的意思表示即可完成,又或是需要监管部门的介入,需要具体分析其中的基础法律关系。如果互联网金融属于民间金融,则由民商事法律规范即可,因为不存在违反行政法规的情形,亦因缺乏二次违法性而不可能构成法定犯只能成立自然犯;如果互联网金融属于正规金融,则应当由金融法等行政法律规范,进而可能成立法定犯。而行政违法与刑事违法同属公法,可能存在三种关系:首先,某些刑事违法不以行政违法为前提,这类犯罪包括所有的自然犯;其次,某些行政违法行为无论如何都不可能上升为刑事违法,这类行政违法行为无需科处刑罚,没有被刑法类型化为具体犯罪;最后,某些刑事违法以行政违法为前提,这类犯罪即为行政犯。因此,并非所有严重的行政违法行为都属于犯罪。①

据此,研究互联网金融行为"罪与非罪"的边界问题,在刑民交叉的视野下,实际上就是要搞清楚:首先,某个互联网金融行为中主要的法律关系是民商事法律关系还是行政法律关系。由于互联网金融包含多种业务形态如P2P网络借贷、股权众筹、第三方支付、网络理财

---

① 参见张明楷:《避免将行政违法认定为刑事犯罪:理念、方法与路径》,载《中国法学》2017年第4期。

等,虽然各类型的金融业务均可以被包含在互联网金融这个总的概念之下——正如第一章所言"互联网金融",本身就是一个开放性的概念——通过互联网开展有别于传统金融模式的金融业务,但是各个不同业务类型从基础法律关系上来看是有区别的,例如,P2P 网络借贷中的基础法律关系是借款合同关系,而股权众筹的基础法律关系是投融资法律关系,这直接决定了两者受到不同的法律规制。如前文所言,具体分析某个类型的互联网金融行为属于纯粹的民商事行为,根据当事人之间的意思表示即可完成,又或是需要金融监管部门的介入。对于前者,民商事行为产生严重危害社会的结果时,需要考虑的是直接寻找刑法上合适的罪名予以制裁,还是将其纳入行政监管的范畴内,先发挥行政制裁的功能,再进一步将目光投向刑法;而对于后者,行为本身就应当受到行政法或经济法的约束,如果行政手段足以评价该行为,则仅仅是行政违法行为。如果行政手段无论是在"质"还是在"量"上均无法起到相当的制裁效果,则应将其纳入刑法的评价范围中,也就有了行政刑法的适用。其次,根据基础法律关系的不同,不同类型的互联网金融行为在满足相关犯罪形式上构成要件的情况下,是否有实质出罪的可能。互联网金融的类型不尽相同,其基础法律关系亦不相同,并且各种类型的互联网金融业务中并非只有单一的基础法律关系,互联网金融各类型业务中都至少增加了一类参与主体,即互联网金融平台。如果基础法律关系为民商事法律关系,则可能涉及的犯罪应当是民事犯即自然犯,而如果以金融行政监管作为前提条件,则可能涉及的犯罪为行政犯即法定犯。

四、刑民交叉破解互联网金融犯罪认定难题:以民事欺诈与刑事诈骗的界分为例

通过上文的论述发现,在刑民交叉的视野下,优先通过民事或行政的手段解决互联网金融犯罪治理难题,而刑事手段应保持最大程度克制。以上一章中所提到的当下互联网金融犯罪治理存在客观归罪导致集资诈骗罪高发的问题为例,分析如何以重民轻刑的理念为指导,通过刑民交叉的视野界分互联网金融行为中较为常见的民事欺诈与刑事诈骗的问题。

(一) 互联网金融行为中的民事诈骗

互联网金融中的民事欺诈主要情形是项目发起人通过欺诈手段使投资人将金钱转移给自己,例如,借款人在网络借贷平台发布资金需求的时候,对于资金的真实流向有所隐瞒,实际上将资金用于高风险的资本经营但却故意描述为投入其他低风险的项目,使得出借人由于相信风险的可控性而选择出借资金等。虽然在一般的 P2P 网络借贷中,借款人只需依合同约定按期向出借人还本付息,而并不负有告知出借人所借款项用途的义务,但是如因特别原因导致出借人同意出借资金,例如,借款人明确告知所借款项将用于投资某低风险高收益项目,使出借人明确了解该项目的风险性和收益程度,并基于这一信息的确认才愿意出借资金,而实际上借款人是将资金投资于某风险极高的项目,这种情形下的 P2P 网络借贷合同即属于一方当事人受欺诈的合同。目前的互联网金融纠纷中,有相当一部分案件是因为投资人在投资项目、行为主体资质或回报收益等方面存在故意的欺诈行为而产生的,也即所谓的"虚假标"。应当认为,这种欺诈通过民事法律即可以予以规制,而无刑法介入的空间,因为项目发起人发布虚假标的的目的有可能只是为了促使借贷合同的成立,而不是非法占有投资人的财产。而从本质上看,在于民法和刑法中"诈骗"的内涵不同。

(二) 民法和刑法中的诈骗

民法中的诈骗行为通常称为欺诈或诈欺,是指"使人陷于错误而为意思表示的行为"[①]。基于私法自治及当事人自主原则,表意人于其意思形成与意思决定受到不当干涉时,法律应有保护的必要,我国《民法典》第 148 条规定:"一方以欺诈手段,使对方在违背真实意思的情况下实施的民事法律行为,受欺诈方有权请求人民法院或者仲裁机构予以撤销。"

构成民法上的欺诈需满足四个要件,分别是:有欺诈行为;该欺诈行为与表意人陷于错误及为意思表示具有因果关系;行为人主观上有欺诈的故意;实施欺诈行为者为相对人或第三人。所谓欺诈行为,是指对不真实的事实表示其为真实,而使他人陷于错误,加深错误,或保

---

① 王泽鉴:《民法总则》,北京大学出版社 2009 年版,第 308 页。

持错误。由此，意思表示错误的发生应当是由欺诈行为所引起的，表意人为意思表示须因为错误的认识，否则该欺诈行为没有影响意思表示的成立，也就自然不可以撤销，至于表意人是否尽到了交易上必要的注意义务，不影响欺诈行为与错误表意之间的因果关系的成立。

诈骗犯罪作为日常生活中最常见的犯罪之一历史悠久，通说认为诈骗罪是指以为本人或他人获取非法利益为目的，利用欺骗、隐瞒或歪曲事实的手段致使他人产生错误认识，或恶意地增加他人的认识错误，以致决定被诈骗者的行为，使被诈骗者或他人的财产遭受损失的行为。诈骗罪的基本构造需具备五个要件，即欺骗行为、陷入错误认识、处分财产、取得财产和财产损失。与民法上的欺诈相比，刑事诈骗的显著特点是要求财产上的处分。诈骗犯罪主要表现为向受骗者表示虚假的事项或者传递不真实的信息，这种欺骗行为必须是使他人做出与客观真实不相符的行为，即基于认识错误而为的行为，如果行为不具有这种性质，即使客观上使用了欺诈手段，也不是诈骗罪中的欺骗行为。

需要说明的是，在主观上，行为人应当有为自己或者第三人不法所有的意图。例如，以借贷的方式向他人取得财物，必须是行为人自始就有借后不还的不法所有意图，才能成立诈骗罪，如果行为人原有依约定期限还款的意思，而没有假以借贷的方式将所取得的财物据为己有，或使第三人不法所有的意图的话，即使其编造虚假的借贷原因或提供不实的担保，致使出借人陷于错误而交付财物的，仍不构成诈骗罪。

(三) 民事欺诈与刑事诈骗之界分

民事欺诈导致民事责任，针对合同订立进行的欺诈将产生受欺诈一方选择变更、撤销合同的法律后果，而针对他人财产权或人身权进行的欺诈则可能导致侵权责任的产生。而刑事诈骗则构成犯罪，具体罪名因犯罪对象、手段、情形等不同而构成普通诈骗罪或其他特别诈骗罪。两者所造成的法律后果存在很大的差异，然而在行为上却有着极大的相似性。

民法中欺诈的构成，并不以被欺诈人因该行为而遭受财产损害为条件，这一点有别于刑法中的诈骗行为，民法的相关规定并不是为了保护财产,而是为了保护当事人的决定自由。① 而在刑法领域,诈骗罪的成立以受害人财产遭受损害为构成要件,以非法占有为目的。对他人采用诈骗手段若未侵害到他人的财产权利,则构成犯罪未遂。刑法所评价的是该行为是否严重到触犯刑法,须施以刑罚的程度;民法的着眼点则在于合同行为,所评价的是该行为是否与当事人真实的意思表示一致,是否应赋予该行为以私法上的效力。

由此可见,区分民事欺诈与刑事诈骗的关键,在于分辨行为人所为的使表意人产生错误认识,并由于这种错误认识进行的对自身权利的处分的欺骗行为,是针对合同进行的还是通过合同针对财产本身进行的,前者有意思表示而后者没有。简言之,民事欺诈的目的是合同,而刑事诈骗的目的是财产。如果按照缔约手段与缔约结果的划分,刑法关注缔约的结果,但最终落脚点在于缔约的手段是否构成犯罪;民法关注缔约的手段,但最终落脚点则在于缔约的结果是否具有效力。这一主观意志内容上的不同构成了两者根本上的不同。由于合同是双方意思表示一致的行为,统治者不宜直接参与市民行为,对于欺诈的目的是使合同成立的情况,宜由当事人自治,且私力救济的可能性较大,而对于直接侵害他人财产权的行为,若公权力不强制介入,则公民财产权受侵害后难以及时恢复,故通过刑法进行保护。

详言之,在民事欺诈中合同双方均有受合同约束的意思表示,当然其中错误表意人是基于相对人所为的欺诈行为导致的意思表示不自由而非真实意思表示,但作出欺诈行为的相对人同样有受该合同约束的意思存在,若欺诈未被发现或是发现后错误表意人未行使撤销权,则合同自始有效,对这一有效合同,相对人是接受其中的双方约定的,并按该合同条文行使权利、履行义务,在未履约时需承担违约责任,而在对方未支付合同对价时同样可以主张对方的违约责任。"当事人采取欺骗方法,旨在使相对人作出有利于自己的法律行为(即发生、变更和消灭一定的民事法律关系),然后通过双方履行这个法律行为谋取一定的非法利益,其实质是牟利。民事欺诈中欺诈人并无不履行的故意,而只是用欺骗手段或不履行告知义务致使行为违反公平交

---

① Vgl. Larenz/Wolf, aaO., §37 Rn. 12. 转引自韩世远:《合同法总论》,法律出版社2008年版,第158页。

易原则,为自己谋取高于义务之利益"①。这正是黑格尔所说的"它对法自身说来不是什么假象,实际情形是我对他人造成了假象。由于我进行诈欺,对我来说法是一种假象",它在行为的形式中是承认有法的。其"特殊意志虽被重视,而普遍的法却没有被尊重。在诈欺中特殊意志并未受到损害,因为被诈欺者还以为对他所做的是合法的。这样,所要求的法遂被设定为主观和单纯假象的东西,这就构成诈欺"②。

而在刑事诈骗中,就诈骗行为本身而言只是单方行为,自始至终犯罪人都没有受该合同中约定的权利义务约束的意思存在,所签订的形式上的合同只是其为了实现非法占有他人财产目的而采用的手段。与民事欺诈中,虽然行为人以使他人产生错误的意思表示进而成立效力待定的合同,但取得他人的财产是完全通过履行合同义务支付对价等具有法律上依据的方式实现的情况不同,刑事诈骗取得他人财产的行为是完全受到法律否定性评价的行为,其取得财产并没有法律上的依据,在订立合同之初即具有非法占有他人财产的目的,并未履行任何合同义务或只是在形式上履行使他人陷于错误认识的一些所谓履约行为。这种不法行为"无论自在地或对我说来都是不法,因为这时我意图不法,而且也不应用法的假象。我无意使犯罪行为所指向的他方把自在自为地存在的不法看成法",它在形式上不承认有法,无论是法本身或所认为的法都没有被尊重,法的主观方面和客观方面都遭到了破坏。"自由人所实施的作为暴力行为的第一种强制,侵犯了具体意义上的自由的定在,侵犯了作为法的法,这就是犯罪,也就是十足意义的否定的无限判断,因而不但特殊物(使物从属于我的意志)被否定了,而且同时,在'我的东西'这一谓语中的普遍的东西和无限的东西即权利能力,也不经过我的意见的中介(如在诈欺的情形),甚至藐视这种中介,而被否定了。这就是刑法的领域"③。由此可见,刑事诈骗具有主观上非法占有他人财产的故意并实施这种行为存在违法的意志,属于犯罪行为而应由刑罚规制。与之相比,对民事欺诈不规定任

---

① 庄建南主编:《形式案例诉辩审评——集资诈骗罪》,中国检察出版社2014年版,第64页。
② 〔德〕黑格尔:《法哲学原理》,范扬、张企泰译,商务印书馆1961年版,第92—94页。
③ 〔德〕黑格尔:《法哲学原理》,范扬、张企泰译,商务印书馆1961年版,第98页。

何刑罚,因为在这里并无违法的意志存在。

(四) 互联网金融诈骗行为的性质认定

在互联网金融民事欺诈中,当事人通过欺诈的手段签订合同,进而按照合同条款规定正常履约,以实现合同目的。而在刑事诈骗中,犯罪人通过诈骗手段签订合同,此时合同仅仅是一种手段而非目的,其真实的目的是以签订合同为名,行非法占有受害人财物之实。

区分两者的关键在于判断通过互联网实施的欺骗行为,针对的是合同本身还是以合同为手段指向财产。如果当事人实施的某种"欺诈行为"在内容上并非使相对人处分财产,则该行为不成立刑法上的欺骗行为。异化的互联网金融行为无论是构成非法吸收公众存款罪还是集资诈骗罪,都存在着具体的民事合同,但是合同在两者中所处的地位存在着差异。在构成非法吸收公众存款罪的互联网金融行为中,合同双方订立合同的目的在于规范具体法律关系如借贷关系、股权交易关系中的权利义务。投资人承担依约定转移资金的义务,并享有在规定时间获得资金回报的权利,而项目发起人则享有从投资人处依约定获得相应资金的权利,同时负有到期后还本付息的义务。投资人出于使自有财产可以获得保值和增值及其他对自身可能有利的原因选择出借资金,而项目发起人因资金周转需要或生活困难等原因选择发布资金需求,通过网络融资平台的中介信息服务,交易双方协商一致并订立合同表达了自己的真实意思。在合同订立过程中,项目发起人可能基于某些原因以欺诈的方式使投资人产生错误认识,进而做出非自由的意思表示,例如,其所虚构的事实通常表现为夸大自己的履约能力等,但目的在于使自己与合同相对人的民事法律关系成立,而非直接非法占有投资人的资金,由此可见,具体的民事合同在互联网金融行为中是转移资金的原因行为。

而在涉嫌集资诈骗罪的互联网金融行为中,集资人虽然也与投资人签订合同,但是该合同并非双方的真实意思表示。集资人的真实目的在于以合同为手段,通过诈骗的方式规避平台的监管要求,并使投资人陷于错误认识并作出财产处分,进而使自己得以非法占有,"许多投资者在错误地以为他们是投资给了一个只为他人追求财富创造的企业家后,失去了毕生的积蓄、退休金和整个家庭"①。例如,其所捏造的事实经常表现为对于集资款用途的虚假陈述,凭借伪造的文件资料或是以高额收益作为诱惑,虚构经营项目和业务等。此时,合同只是集资人实施犯罪的工具和手段而非目的,在此过程中集资人对于合同不存在任何意思表示。

实务中将一般民事纠纷或是非法吸收公众存款罪中的民事欺诈错误地认定为集资诈骗行为,这在一定程度上抑制了对于私人财产权的保护和社会经济秩序的维护。公权力更应当注意自身的谦抑性,对于尚未涉及公共利益的网络空间内容,应当合理限制公权力的使用。对公权力行使的必要限制有利于节约公共资源,公民的行为也能更加自由。尤其是在涉及公民私人利益的情况下,更应当充分发挥公民自主行使权利、行业更加自律的作用,通过自治实现社会共治。② 因此,对于互联网金融中诈骗行为性质的认定,应当具体分析行为中欺骗的目的和合同存在的地位,不能仅因行为人主观上存在欺骗的情形,客观上不能及时返还款项就认定行为符合集资诈骗罪的犯罪构成。

(五) 金融科技有助于认定互联网金融行为中欺骗的性质

在互联网金融具体行为中存在欺骗时,究竟是属于民事欺诈或刑事诈骗,应当通过判断涉案合同在整个互联网金融行为中所处的地位来加以认定。在民事欺诈中,当事人具有意思表示,其通过欺诈促使合同的签订,进而在合同的条款下合法履行,以达成合同目的。而在刑事诈骗中,犯罪人没有意思表示,其通过诈骗手段成立合同,合同只是其手段而非目的,实则是以签订合同之名行非法占有财物之实。司法实务中,应当通过对具体欺诈行为的判断,来确定互联网金融涉罪行为可能符合的具体罪名,避免出现此罪与彼罪的界限混同。

正如前文所述,在司法实践活动中,存在因具体个案涉及人员数量众多,或是涉案金额较大而将项目发起人通过欺诈完成融资的行为认定为刑事诈骗的情况,这不仅侵犯了公民的私权利,还在一定程度

---

① Melissa S. Baucus & Cheryl R. Mitteness. Crowdfrauding: Avoiding Ponzi entrepreneurs when investing in new venture, *Business Horizons*, 2016, p.38.
② 参见王利明:《论互联网立法的重点问题》,载《法律科学》2016年第5期。

上阻碍了互联网金融的创新发展。互联网金融属于创新金融模式,传统的金融监管模式直接对其加以适用,明显是力不从心的。P2P网络借贷、股权众筹融资等行为,采用的线上方式是受大众欢迎、未受法律禁止的金融新业态,而采用线下方式却因为缺少必要的审批环节被认定为非法的甚至可能会成为犯罪。同一法律行为在虚实不同空间中可能会造成不同的行为后果,这是因为行为的表现形态和社会影响程度发生了根本性的变化,既有的法律概念、规则和原则无法对其进行总结归纳,也无法对其做出及时有效的规制调整。即便通过修改法律条款、扩张性解释或者类比适用的方式,也会遭遇难以想象的穷途困境。21世纪的现代化法律,面对眼下危机,唯有适当适时地采取变革的方式进行重构才能解决信息革命中面临的困境,这需要适时予以变革甚至重构。① 针对互联网金融行为中民事欺诈和刑事诈骗的界分,虽然前文通过分析指出,其区分的关键在于判断行为人主观上对合同地位的认识和运用,但是在实务中,主观因素难以识别,需要通过客观表现进行认定。在传统监管技术和手段难以规制新出现的金融行为时,如何通过运用与时俱进的计算机和互联网技术协助执法人员对犯罪行为加以侦破,以及司法人员对具体行为的定性,是值得进一步思考的问题。大数据、云计算和算法等智能互联网时代的产物对于犯罪行为在一定程度上具有辅助的作用,由此及彼,这些互联网技术是否可以帮助区分互联网金融行为中欺骗性质的认定,以及是否存在互联网法治和计算机伦理方面的争议,将是未来研究的重点。

五、本章小结

对于互联网金融行为"罪与非罪"的界分问题,现有犯罪治理模式以传统刑法学研究范式为基础,产生出诸多的问题且难以解决,导致实践中犯罪圈极度扩张。并且由于该研究范式受我国传统社会重刑轻民理念的影响,刑事制裁成为互联网金融治理的常规手段,这不仅不利于保护公民的合法权益和社会主义市场经济秩序,而且制约了国家治理能力的提升,影响了国家治理现代化的实现。当下实践中的互

---

① 参见马长山:《智能互联网时代的法律变革》,载《法学研究》2018年第4期。

联网金融犯罪普遍具有刑民交叉的特点,应当以《民法典》出台为契机,限制互联网金融犯罪中因重刑轻民理念导致的全面入罪情况的发生。树立重民轻刑的思想,通过刑民交叉的路径,强化行政责任和民事责任在处理互联网金融纠纷中的地位,限缩刑事打击圈。只有在其他部门法无法实现治理目标或者实现成本过高时,才有刑法的适用空间。

第三章 互联网金融行为"罪与非罪"的基本界分：行政要素的刑民解释

前面的章节指出了目前互联网金融犯罪治理模式存在泛罪化的问题，而刑民交叉则是实质界分互联网金融行为"罪与非罪"的正确路径。判断一个行为是否构成犯罪，唯一的依据就是构成要件的符合性上，所谓的"构成要件的符合性"是指案件的客观事实与刑法中规定的具体的犯罪的构成要件相符合。某种事实"符合"构成要件，是指某种事实符合了构成要件所要求的要素及内在联系。换言之，某种事实并不缺少构成要件所要求的内容。① 如果某一行为构成犯罪，则该行为必然需要满足具体犯罪的构成要件，同样，如果一个行为不满足具体犯罪的构成要件，则行为不可能构成该罪。构成要件的符合性是一切犯罪行为的形式要件和必要条件。在互联网金融领域中，某一互联网金融行为究竟构成犯罪与否，首先需要判断其形式上是否符合构成要件。通过之前的章节可以发现，非法吸收公众存款罪是互联网金融涉及最多的罪名，无论是互联网理财、股权众筹或是 P2P 网络借贷，互联网金融自身特点与非法集资犯罪有着天生的契合性。国务院《防范和处置非法集资条例》第 2 条前段"本条例所称非法集资，是指未经国务院金融管理部门依法许可或者违反国家金融管理规定，以许诺还本付息或者给予其他投资回报等方式，向不特定对象吸收资金的行为"的规定与《2010 年司法解释》第 1 条关于非法吸收公众存款罪的行为特征的规定是一致的。由此可见，在我国现有的非法集资犯罪治理体系中，是以非法吸收公众存款罪作为基础罪名，非法集资行为如果不符合其他特别罪名的构成要件，即可以非法吸收公众存款罪的构成要件

---

① 参见张明楷：《刑法学》，法律出版社 2016 年版，第 130 页。

来兜底评价该行为,这使得互联网金融行为有着成立非法吸收公众存款罪的"必然性"。互联网金融犯罪属于行政犯,对其入罪应当满足行政犯基本理论。因此,本章将以非法吸收公众存款罪为例,讨论在整体法秩序下互联网金融行为的构成要件的该当性,从形式标准上界分"罪与非罪"。

一、互联网金融犯罪属于行政犯

互联网金融犯罪作为行政犯,其行政违法性表现为对各类金融法律法规的违反。在具体互联网金融行为未违反金融法规时,即使产生了一定的危害结果或金融风险,也不属于金融犯罪。而如果规制该类具体互联网金融行为的金融法规还处于空白的情况时,对于该类行为是否构成犯罪,应当进行严格的限定解释加以判断。今天刑法的规模与范围急剧扩大,其中的一个重要因素是,行政权力在社会秩序管理中扮演着愈发重要的角色,刑法中以行政不法为前提的行政犯不断增加。破坏金融管理秩序犯罪是具有代表性的行政犯类型。自1997年《刑法》修订至今,立法者通过刑法修正案和单行刑法新增罪名60多个,其中有43个新增罪名是妨害社会管理秩序犯罪和破坏市场经济秩序犯罪,显示出我国刑法对于经济犯罪与破坏社会秩序犯罪的着重管控。

金融犯罪属于行政犯,不同于刑事犯在主观上必然存在严重的恶,行政犯由于违反了国家的法律规定而被认为属于犯罪。行政犯在相当程度上与法定犯属于同一概念[1],"由于法定犯的特性,为了保持法秩序统一原理,不至出现没有违反行政管理法规的行为却违反了刑法,避免在违法位阶上的矛盾,须富有成效地确定法定犯的行政违法性并进而为其刑事违法性的判断提供充足的前提条件"[2]。具体行为

---

[1] 严格来说,法定犯和行政犯是不同的概念,学界关于法定犯的界定也存在不同的观点。本文在具有行政违法前置性的犯罪概念层面上为表述方便,存在混用这两个概念的情形,并非是指两个概念完全相等。实际上,法定犯与行政犯是完全不同的两组概念,法定犯是与自然犯相对应的概念,从是否侵害人类自然形成的道德情感角度,按照犯罪学意义进行划分的,而行政犯是与刑事犯相对应的概念,是从侵害行政秩序及其程度的角度进行划分的。详见李勇:《厘定行政犯与法定犯的界限》,载《检察日报》2020年7月2日第3版。

[2] 刘艳红:《法定犯与罪刑法定原则的坚守》,载《中国刑事法杂志》2018年第6期。

构成犯罪以行为人违反有关行政法规为前提,"与自然犯主要致力于个人法益保护不同,法定犯侧重于对社会秩序即集体法益的维护,大都基于保护秩序的需要而设定。法定犯所规制的行为,没有自然犯传统上所具有的悖德性,行为人只是脱离了国家为实现社会管理功能而进行的控制,因此,成立法定犯的前提是违反国家相关的行政管理法规"。① 行政犯的罪状在刑法中主要表现为空白罪状,条文中没有具体说明该罪的成立条件,但指明了必须参照的其他法律、法令,"之所以采用空白罪状,是因为这些犯罪首先以触犯其他法规为前提,行为内容在其他法规中已有规定,刑法条文又难以作简短表述"②。例如,《刑法》第179条认为构成擅自发行股票、公司、企业债券罪的前提条件是违反《证券法》《公司法》中关于发行股票或企业债券的相关规定。再如《刑法》第176条规定,构成非法吸收公众存款罪的前提是该行为首先违反了以《商业银行法》为代表的金融管理法律法规。因此可以说,行政犯的犯罪构成前提要件是违反行政法规,即行政犯必然存在双重违法性,一是行政违法性的判断,二是在具备行政违法性的基础上进一步作出刑事违法性的判断。

有观点认为,刑法具有独立性,行政犯并不必然需要行政违法性的前置判断,由于行政法和刑法在立法目的和机能上存在显著区别,刑法并非单纯是其他部门法的补充法,对于某个具体行为是否构成犯罪应作出刑法上的独立判断,不以行为具有行政违法性为前提。例如,最高人民法院《关于非法集资刑事案件性质认定问题的通知》规定:"行政部门对于非法集资的性质认定,不是非法集资案件进入刑事程序的必经程序。行政部门未对非法集资作出性质认定的,不影响非法集资刑事案件的审判。"有论者即据此认为非法集资犯罪的认定不需要经过行政违法性的判断。对此笔者认为,判断一个行为构成犯罪的唯一依据是该行为满足刑法规定的构成要件。对于行政犯而言,行政违法性是其构成要件的组成部分,违反行政法规是行政犯形式上的行政要素,以空白罪状的形式体现在刑法条文中,因此如果某一行为没有违反行政法规,则该行为不满足犯罪构成要件,不构成犯罪,"为

---

① 孙国祥:《集体法益的刑法保护及其边界》,载《法学研究》2018年第6期。
② 张明楷:《刑法学》,法律出版社2016年版,第667页。

了充分发挥罪刑法定原则的人权保障机能,考虑到法定犯与自然犯之不同,从法秩序统一性原理出发,强调法定犯构成要件符合性判断应结合行政管理法规而进行,才能全面而充分地判断法定犯构成要件符合性,而这正是法定犯坚持罪刑法定原则的前提"[①]。行政犯构成要件该当性的判断必然包含着对行为是否违反相关行政法规的判断。这也就意味着,行政犯中前置的行政法规发生变化时,可能导致同一行为在刑法没有调整的情况下从有罪变为无罪,或是从无罪变为有罪。以生产、销售、提供假药罪为例,由于《药品管理法》中关于"假药"的认定标准发生了变化,导致了该罪的犯罪圈发生变化,引起社会高度关注的"陆勇案"如发生在《药品管理法》修订后,将无需再通过法益侵害性进行实质出罪,而可以直接通过构成要件的不符合认定行为不构成犯罪。再如虚报注册资本罪,由于《公司法》的修订,导致该罪在实行注册资本认缴制的公司面前被虚置,只能适用于实缴制设立的公司,犯罪圈被大幅度缩小。据此可知,行政要件对于行政犯的认定有着决定性作用。

同时,由于刑法自身的立法目的和法益保护机能,对行为违法性的判断应独立完成,而不以行政部门的判断为前提。在上文所举例子中,其表达的含义具体展开应当是:对非法集资行为是否构成犯罪的认定应当由司法机关依据具体犯罪的构成要件独立作出判断,而不能直接采纳金融监管部门的意见,如行政处罚等作为定罪依据。行政部门认为行为属于非法集资的,司法机关可能认为该行为不构成非法集资犯罪;行政部门认为行为不属于非法集资的,司法机关当然也可能认为该行为构成非法集资犯罪,但需要以行为违反相关金融法律法规为前提。法定犯通常采空白刑法立法模式,即某一特定法定犯的认定需要结合刑法之外的行政法规,这使得刑法一改传统的封闭犯罪构成模式,而具有了一定程度的开放性与不确定性。犯罪构成要件是否满足,需要通过所谓的"附属刑法"加以判断,而我国的各类包含刑法规范的行政法律法规在教义化程度上又远未达到刑法的水准,这一现状导致法定犯在认定的过程中常常存在较大的争议。但是这一现象并非刑法自身的缺陷,而是社会发展过程中不可避免的结果。现代信息

[①] 刘艳红:《法定犯与罪刑法定原则的坚守》,载《中国刑事法杂志》2018年第6期。

社会的复杂性及现代科技的高速发展,都决定了立法者无法对所有领域作出及时的规制,但是行政机关对于行政规范的设定具有高度的便捷性与专业性,通过空白罪状对法定犯进行设置,刑法有效地保护社会集体法益,提升了规制效率。① 这种规范模式并不代表我国的行政犯采用的是附属刑法和刑法典结合的模式。以金融犯罪为例,由于大多数的金融犯罪在银行法、保险法或证券法等金融法律中有指示刑事责任的条款,比如"构成犯罪的,依法追究刑事责任"。因此有观点认为这种立法模式本质上是在其他非刑事法律中规定有关金融犯罪的责任条款,属于附属刑法。然而,虽然附属刑法模式在世界范围内已经广泛存在,但我国的刑事立法并没有出现过如同外国刑法那样直接设立罪名与法定刑的真正意义上的附属刑法规范,金融法中所出现的犯罪相关条款"只是重申了刑法的精神和规定,至多只体现了刑法是其他部门法的保障法之属性,而缺乏附属刑法作为刑法规范的特质"②。因此,实际上我国金融犯罪的立法模式还是刑法典规定型,而非刑法典和附属刑法结合型,其仅仅是以空白罪状的形式将行政要件的判断职责交由金融法律法规去完成。

二、互联网金融犯罪构成要件中行政要素的理解

(一) 行政要素属于规范的构成要件要素

互联网金融犯罪是金融犯罪,而金融犯罪属于行政犯,"大多数金融犯罪均属于刑法理论上的法定犯,而所有的法定犯均是以违反有关金融的经济或行政法律法规为前提的,即作为法定犯的金融犯罪在有关金融法律法规中均应有相应的规定,否则就很难称得上是法定犯"③,因此互联网金融犯罪的犯罪圈划定需要以行政刑法的一般理论为基础。

人们将对于一个可罚举止的要素的法律上的表述,称为犯罪的构成要件,其包含了积极证立举止之可罚的不法的所有要素。犯罪的构成要件必须对可罚举止进行尽可能精确的表述,这样它才能明确地向

---

① 参见孙国祥:《集体法益的刑法保护及其边界》,载《法学研究》2018年第6期。
② 刘艳红主编:《刑法学(上)》,北京大学出版社2014年版,第6页。
③ 刘宪权:《金融犯罪刑法学新论》,上海人民出版社2014年版,第64页。

公民指明每个不法行为。构成要件要素根据不同的标准也有着不同的分类,其中最基本的区分便是描述的构成要件要素和规范的构成要件要素的区分。

描述的构成要件要素与规范的构成要件要素的本质区别是此要素特征是可以通过直接的测算、实证的方式就能确认,还是需要通过社会规范或是法律规范来加以确定。可以通过直接的测算、实证来确定的为描述的构成要件要素,反之则为规范的构成要件要素。现代犯罪论学说的创始人贝林(Ernst Beiling)首次将构成要件作为犯罪论的基本概念,并且将构成要件与违法性及责任相分离而使其具有独立意义。贝林的构成要件概念不是实质意义的,而是形式意义的。在他的构成要件理论中,构成要件具有无价值性与客观性两个特性。它不含有立法者的价值评价、违法性和有责性的判断,因而它成为一个纯粹事实描述性的、无价值性的、客观性的刑法上的行为类型。对于对象的评价属于违法性阶段的事情,构成要件要素不应与违法要素混淆,因而也就不承认规范的构成要件要素。贝林的行为构成要件论随着迈耶(Max Ernst Mayer)发现规范的构成要件要素而受到了质疑。规范的构成要件要素是与描述的构成要件要素相对应的概念,迈耶认为构成要件中包含了描述性的要素和规范性的要素。描述性构成要件要素是指"在外部世界实现,并且其意义能在感觉上被感知理解"[①]的构成要件要素,而规范性要素不能通过对构成要件所描述事物外部特征的把握而被认知。作为与价值相关联的要素,规范性要素具有评价的必要性,需要法官进行价值判断。麦兹格(Edmund Mezger)则认为,规范的构成要件要素是指,立法者并不是记述单纯的事实关系,而是采用极为概括性的表述,因而只是提供了空白评价,法官在适用时需要规范的评价活动、补充的价值判断的要素。麦兹格还进一步肯定了规范的构成要件要素,得出了构成要件是违法性的存在根据的结论。两位学者都是以是否需要法官行使自由裁量权来对两个构成要件要素进行区分。这样的定义受到了质疑,因为这会难以避免构成要件符合性的判断混入法官主观的评价,进而导致法官判断的

---

① M. E. Mayer, *Der Allgemeiner Teil des deutsch strafrechts*, Aufl. 2, Heidelberg, 1923, s.7.转引自刘艳红:《实质刑法观》,中国人民大学出版社2009年版,第155页。

恣意性。威尔泽尔(Hans Welzel)在其早期学术生涯中认为,所有关于生活素材的法律概念都是描述性的概念,被描述、被理解的对象并不是价值中立的对象,而是存在于具体价值关系中的现实。构成要件要素在本质上是一种存在要素。但后来他认识到,构成要件中的行为事情常常是充满了社会意义的生活事实,是在社会生活中具有特别意义与机能的事实关系,而其中充满了两种不同的要素,一种可以凭感觉认识,而另一种凭感觉只能认识其非本质的部分。这两种要素即描述的构成要件要素和规范的构成要件要素,前者是只要通过感觉的理解就可以获得其内容的要素,而后者只有通过精神的理解才能获得其内容。① 与麦兹格侧重于从法官判断的角度得出结论的观点不同,威尔泽尔的观点侧重于从行为人认识的角度得出结论。而恩吉施(Engisch)认为,描述的构成要件要素所描述的是可以感觉到的经验的事实,而规范的构成要件要素是只有与规范世界相关联,才能被想象或理解。两者的区别不在于是否与价值有关,而在于对其认识与理解是否以法律的、伦理的或其他文化领域的规范为逻辑前提。② 这样的观点得到了罗克辛的认同,他认为"作为用语问题,如果要实际区分规范的要素与描述的要素,那么就应当像恩吉施所说的那样,'那些只有以规范作为逻辑前提才能认识、思考'的要素,才具有规范性的特征"③。例如,对一行为是否侵犯了公私财物,需要以民法规范为逻辑前提进行判断,这属于规范的要素。总之,理解规范的要素及判断事实是否符合规范的要素必须以一定的规范作为逻辑前提。当然,这里所说的"规范"并不仅仅是指法律规范,还包括了其他社会规范及社会的一般观念和经验法则等。

虽然对于规范的构成要件要素的本质有不同的理解,但是不可否认的是,相较于贝林不承认规范的构成要件的时代,如今该要素已经得到了普遍承认并且大量存在于现行法律规范中。而贝林也在其晚

---

① 参见张明楷:《犯罪构成体系与构成要件要素》,北京大学出版社2010年版,第188页。
② 参见[德]卡尔·恩吉施:《法律思维导论》,郑永流译,法律出版社2004年版,第134页。
③ Claus Roxin, *Strafrecht Allgemeiner Teil*, Band I, 4. Aufl., C. H. Beck 2006, S. 309. 转引自张明楷:《犯罪构成体系与构成要件要素》,北京大学出版社2010年版,第188页。

年的著作《构成要件论》中修改了他的构成要件理论,认为规范性的构成要件要素是构成要件的组成部分。① 当然,贝林所说的规范性要素是针对违法性判断而使用的概念,与迈耶的是否需要法官价值判断的理解概念并不相同。一旦肯定构成要件是违法性的存在根据,那么构成要件就必然包含了评价要素,而评价要素正是规范的构成要件要素,因此需要在与违法性的关联上理解规范的构成要件要素。在规范性要素的场合中,立法者很难对侵害法益的事实做出具体的客观描述而必须借助价值关系的概念或评价概念。

应当指出的是,描述的构成要件要素和规范的构成要件要素概念是相对的,两者之间并非有绝对的界限,以往被认为是描述性的要素也可能在将来的某一时间成为规范性要素。对此沃尔夫(Erik Wolf)认为,即便是纯粹的描述性概念,其边缘地带也是规范性的,刑法中的构成要件要素都需要借助规范的、价值的判断,即使是描述性的要素也不例外,所有的构成要件要素都需法官的补充判断,而且都含有违法性的判断在内,因此所有的构成要件要素都是规范性的。②

为了有利于理解和判断的目的,学界对规范的构成要件要素进行了分类。张明楷教授认为,规范的构成要件要素分为三类,首先是法律的评价要素,对于这一类要素,法官在判断案件事实是否符合构成要件时,其评价依据是相关的法律、法规;其次是经验法则的评价要素,这类要素的评价应当结合经验法则,由于经验法则不是成文的,因此其判断与认定的难度较大;最后是社会的评价要素,这类要素需要根据社会的一般观念或社会意义做出评价,是规范的构成要件要素中最难以判断和认定的一类。③

罪刑法定原则作为刑法最基本的原则之一要求法律规范具有明确性,这就首先要求构成要件的明确性。因此有观点认为,规范的构成要件的特点就是不够确定,由于规范的构成要件中包含了对价值关

---

① Vgl. Beiling, *Die Lehre vom Verbrechen*, 1930, s. 10. 转引自刘艳红:《实质刑法观》,中国人民大学出版社 2009 年版,第 154 页。

② Vgl. Erik Wolf, *Die Typen der Tatbestandmassigkeit*, 1931, ss. 56—61. 转引自刘艳红:《实质刑法观》,中国人民大学出版社 2009 年版,第 157 页。

③ 参见张明楷:《犯罪构成体系与构成要件要素》,北京大学出版社 2010 年版,第 197—198 页。

系的评价,而具有不同价值观的人对于规范的构成要件要素存在不同的理解,这就导致了每个不同的行为主体对同一法条因解读不同而实施结果迥异的行为。这一方面不利于国民预测自己的行为后果,另一方面将导致法官自由裁量权的无限扩大。这就可能引发与罪刑法定原则的对立:保障国民的预测可能性和限制法官自由裁量权是自由主义的要求,而自由主义正是罪刑法定原则的思想基础。然而,虽然"构成要件的明确性是人们所期望的,因而要求尽可能采用记述的构成要件要素。……但是,要想一语概括不适用规范的构成要件要素是不可能的"①,因为就像前文提到的学者沃尔夫所言,刑法中包括描述性要素在内的所有构成要件要素都需要借助规范的、价值的判断。采用规范的构成要件要素并不违背罪刑法定原则,反而对具体个案中体现罪刑法定原则具有重大的积极意义。当下犯罪成立条件呈现实质化的趋势,这导致了构成要件符合性判断的实质化。因此,由于描述的构成要件只能成立形式标准,且必然包含了不值得处罚的行为甚至是合法的行为,必须借助规范的构成要件来成立实质的标准,以具体评判某一行为是否构成犯罪。描述的构成要件有利于实现一般正义,而规范的要素则有利于实现个别正义。如果不根据实际情况具体分析,将始终变动的生活关系中的特殊性在法律评价过程中予以体现,将成为一种模板化的、僵化的机械行为。而通过规范的构成要件要素,既可以将法律适用于新的事实,又可以适用于新的社会与政治的价值实现。因此,通过对构成要件要素尤其是规范的构成要件要素进行实质解释,有利于协调稳定的成文法体系、尤其是刑法与日新月异的社会发展两者之间的关系,以及在罪刑法定原则的前提下保持刑法适应社会的能力。

(二) 互联网金融犯罪中的行政要素

行政要素属于规范的构成要件要素,具体而言其属于法律的评价要素。德国刑法理论界认为,刑法中一些犯罪的构成要件中存在所谓的空白要素,如果其需要援引其他法律规则(法典、法令、行政处罚),并由这些规则来确定它的内容,那么该要素便是空白要素。在这

---

① 〔日〕町野朔:《刑法总论讲义案Ⅰ》,信山社1995年第2版,第115页。转引自张明楷:《犯罪构成体系与构成要件要素》,北京大学出版社2010年版,第199页。

种情况下,空白要素所涉及的法定规则的要素也属于构成要件的内容。① 在这样的概念内涵下,空白要素与张明楷教授所说的"法律的评价要素"具有一致性。在我国,金融犯罪采空白罪状的立法模式,行政要素是空白要素的典型代表,也是行政犯较之于刑事犯在构成要件要素中最大的不同。行政要素是行政犯的构成要件的基本要素,除行政要素外行政犯的构成要件仅包括一些特别性要件。

1. 互联网金融犯罪中形式上的行政要素

行政要素主要表现为两种形式,包括形式上的行政要素和实质上的行政要素。形式上的行政要素指行政犯所涉及的法律与行政法规等法源性要素,因此其描述性的成分更多,而几乎没有需要进行价值判断的内容。形式上的行政要素是行政犯的成立前提,它主要是有关国家规定的要素,在一定程度上约束行政犯的认定,这也意味着,行政犯如果成立,则该犯罪行为必然首先违反相关的行政法律法规。在构成要件该当性的认定上,不同于刑事犯直接对犯罪行为依据形式上的构成要件加以认定,行政犯在认定时必须要首先通过对形式上的行政要素的确认来判断行为是否符合行政违法要件。"国家规定"是我国刑法中出现最多的形式性行政要素,行政犯的重要特质就是违背其他相关规定,所以准确判断行政犯是否成立,需要正确把握这些形式要素,尤其是相关的行政法律法规。

互联网金融犯罪中形式上的行政要素表现为对国家金融管理相关规定的违反。在涉及的常见罪名中,如《刑法》第176条非法吸收公众存款罪中的"非法";第186条违法发放贷款罪前两款中的"国家规定"和第4款"依照《中华人民共和国商业银行法》和有关金融法规";第190条逃汇罪中的"违反国家规定"等。司法解释中亦随处可见,如《2010年司法解释》第1条规定非法吸收公众存款是"违反国家金融管理法律规定,向社会公众(包括单位和个人)吸收资金的行为"。

而在其他常见互联网金融犯罪罪状中,即使没有明确规定形式上的行政要素,也应当明确其存在的必要性。例如,股权众筹等以证券发行形式进行的互联网金融犯罪触犯的"擅自发行股票、公司、企业债

---

① 参见〔德〕乌尔斯·金德霍伊泽尔:《刑法总论教科书》,蔡桂生译,北京大学出版社2015年版,第71页。

券罪"。《刑法》第179条并未规定行为人要违反"国家规定"等形式上的行政要素,而是要求"未经国家有关主管部门批准"。虽然未经国家有关部门批准和违反国家规定并不相同,主管部门予以批准的依据并不一定属于法律上的"国家规定",存在虽然经过主管部门批准但实质上违反了国家规定,或是虽然未经主管部门批准但并不违反国家规定等情况(详见第四章)。但应当认为,这里的"未经国家有关主管部门批准"属于该罪形式上的行政要素。由于形式上的行政要素本质上是法源性要素,因此,虽然《刑法》第96条明确了"国家规定"的范围,但是并未限定形式上的行政要素必须属于"国家规定",效力上低于行政法规的部门规章等法律性文件,也可能成为法源性要素,而主管部门的批准属于行政许可或准行政许可行为,其作出必须以法律授权为依据,不存在无法律依据的行政许可。因此,第179条规定的"未经国家有关主管部门批准"属于形式上的行政要素。

再如第180条"内幕交易、泄露内幕信息罪",条文中并没有直接明确"违反国家规定",是否就意味着该罪的构成要件不存在形式上的行政要素,该罪是否就不需要经过行政违法性的前置判断了?对此笔者持反对意见,因为行为是否成立行政犯罪,应当以是否违反行政管理法规为前提条件,再结合刑事违法性程度加以判断。在该罪的构成要件中,违反证券或期货相关法律属于内幕交易罪不成文的构成要件要素。一方面,内幕交易行为如果要构成犯罪,仅仅抽象地理解"证券、期货交易内幕信息的知情人员或者非法获取证券、期货交易内幕信息的人员,在涉及证券的发行,证券、期货交易或者其他对证券、期货交易价格有重大影响的信息尚未公开前,买入或者卖出该证券"这一要件而不结合证券、期货管理法规如《证券法》《期货交易管理条例》的有关规定,必然无法准确确定其具体的犯罪构成要件。另一方面,行政犯一般对行为主体都要求有特定的身份。内幕交易罪要求行为主体既包括知晓交易内幕的知情人员,又包括非法获取交易内幕的人员或单位,至于何为"知情人员",刑法没有加以明确,那么作为行政犯的内幕交易罪,其主体的资格限定只能通过《证券法》《期货交易管理条例》等来设立,如在《期货交易管理条例》第81条中体现的接触或者获得内幕信息的人员才是《刑法》第180条的犯罪主体。《证券法》等金融法律法规对证券、期货领域进行实质意义监管,意味着刑法作为所有部门法的保障法,也是内幕交易二次违法的对象,《刑法》应当依照现有行政法律法规,对证券交易行为进行规制。因此,形式上的构成要件要素可能以不成文的要素的形式出现在行政犯的构成要件中。[1] 这些形式上的行政要素由于具有形式性,因此似乎简单清晰,不会产生理解上的偏差,然而在实践中却往往被误读。作为法定犯法源的法律法规等形式上的行政要素是法定犯是否成立的重要前提,因此该类型构成要件要素需要严格把握。

然而笔者在调研中发现,司法机关对于这一问题的判断并未呈现出与刑事犯的明显区别,无论是侦查机关、检察机关或是审判机关,在判断行为是否违反了相关的国家规定时,与金融监管部门的联系和协调并不多,对于专业性极强的金融业务往往通过自身作出形式审查,而几乎没有征求过金融监管部门的意见或判断,一如前文最高院所出台解释中的取向。这导致符合国家政策要求的互联网金融创新行为由于未经行政机关对行政违法性的实质判断,从而在具有相对滞后性的法条和司法解释面前必然构成犯罪,行政犯所要求的行政违法性前置判断要件形同虚设。

以非法吸收公众存款罪为例,最高院通过司法解释强调了本罪的成立需具备"违反国家金融管理法律规定"这一要件。根据《刑法》第96条的规范内容,刑法中的"国家规定"只包括了全国人大及其常委会出台的法律性文件和国务院制定的行政法规等规范性文件,地方性法规、规章以及部门规章则并不属于"国家规定"。我国目前关于互联网金融相关法律规定很少,只有如国务院办公厅印发的《互联网金融风险专项整治工作实施方案》等个别规范性文件,主要还是通过部门规章的形式对这一领域进行调整。[2] 这也意味着,对于互联网金融违法行为应主要通过行政手段加以监管,同时谨慎入罪。然而,在《关于办理非法集资刑事案件若干问题的意见》中却规定,关于非法集资犯

---

[1] 参见刘艳红:《法定犯不成文构成要件要素之实践展开——以串通投标罪"违反招投标法"为例的分析》,载《清华法学》2019年第3期。

[2] 根据最高人民法院《关于准确理解和适用刑法中"国家规定"的有关问题的通知》规定,"以国务院办公厅名义制发的文件,符合以下条件的,亦应视为刑法中的'国家规定':(1)有明确的法律依据或者同相关行政法规不相抵触;(2)经国务院常务会议讨论通过或者经国务院批准;(3)在国务院公报上公开发布"。

罪"非法性"的认定"可以根据法律规定的精神并参考中国人民银行、中国银行保险监督管理委员会、中国证券监督管理委员会等行政主管部门依照国家金融管理法律法规制定的部门规章或者国家有关金融管理的规定、办法、实施细则等规范性文件的规定予以认定"。通过该规定,将金融监管部门制定的规章也纳入到了认定非法集资犯罪是否满足形式上的行政要素的范围中,不当地扩大了该罪的犯罪圈。由于规制互联网金融的法律法规极少,因此对于具体互联网金融行为是否违反了刑法中的国家规定,是否应当纳入刑法调整的范围等,刑法应持审慎态度。然而国家最高司法机关不当地扩大行政要素的范围,导致了互联网金融犯罪与互联网金融违法在界限上的模糊,刑法成为了遏制互联网金融发展的"急先锋"。

2. 互联网金融犯罪中实质上的行政要素

行政犯构成要件中的实质上的行政要素指的是行政犯构成要件中规范性的评价要素规定。在行为具备了形式上的行政要素时,最终是否成立犯罪则取决于实质上的行政要素的认定。与形式上的行政要素相比,"这些实质性的行政要素,概念内涵广、含义张力大,如果不严格恪守限缩解释,而是盲目进行扩张解释,那么对于先天欠缺法益侵害性的法定犯而言,无异于雪上加霜,入罪行为的数量将会日益增加,法定犯的'口袋化'也将不可避免"[1]。在互联网金融行为涉及的罪名中,存在大量实质上的行政要素需要进行规范性评价,其中既包括了主体或对象要素如存款、股票、债券、金融机构等,也包括了行为要素,如经营、吸收、集资等。前者具有较为明确的行政法特质,自身内涵明确、外延清晰,在解释论上本应争议不大,但实务中司法机关可能采用不恰当的扩大解释,更有甚者采用类推解释,以此利用刑法追求社会治理效果,而不顾国家法律与行政法规的规定。后者因其刑法特质更为突出,规范性评价更为重要,因此一般在解释论上有更大的空间。[2] 例如,在入罪思维的主导下,将受到《民法典》保护的涉众型

---

[1] 刘艳红:《"法益性的欠缺"与法定犯的出罪——以行政要素的双重限缩解释为路径》,载《比较法研究》2019年第1期。

[2] 参见刘艳红:《"法益性的欠缺"与法定犯的出罪——以行政要素的双重限缩解释为路径》,载《比较法研究》2019年第1期。

民间借贷行为解释为非法吸收公众存款,将《证券法》尚未回应的股权众筹行为解释为擅自发行股票等,这些存在争议的互联网金融犯罪行为引起关注的主要问题,就是如何解释实质上的行政要素的问题。为防止行政犯的"口袋化",对于行政要素的解释,必须坚持限缩解释,避免采用扩大解释甚至是类推解释。行政犯构成要件的核心为行政要素,尤其是实质上的行政要素。因此可以认为,作为行政犯的互联网金融行为,其"罪与非罪"的基本界分,就在于对行政要素的解释上。行政犯自身法益由于具有抽象性和不确定性等特质,使得刑法极易基于管理者的现实需求而"行政法化",进而突破罪刑法定的底线要求。对于互联网金融行为"罪与非罪"的准确界分,必须要对行政要素进行实质解释,包括行政犯中形式的以及实质的行政要素,据此将虽然违反了行政法规,但是在刑法层面不具备构成要件符合性的行为排除在犯罪圈外。

三、刑民交叉视野下的互联网金融犯罪行政要素之解释

构成要件中这些行政要素及其他规范的构成要件要素,由于需要规范性的评价,因此牵涉刑法解释的价值取向。目前在实务中亦确实如此,以扩张为导向的刑法客观解释导致"客观解释等同于扩张解释",形成了网络时代刑事治理的入罪化思维与导向,造成了法律公权力对技术性网络领域自由的伤害,以及对网络时代公民自由权利的忽视。由于我国目前缺乏专门的网络犯罪刑事立法,为了回应网络时代的特点与犯罪认定及治理目标,则又是以传统刑法概念进行客观解释为主,"刑法解释学的任务并不是探究立法本意,而是要揭示刑法的真实含义。只要不违反罪刑法定原则,就完全可以通过解释刑法的方式来应对新类型的网络犯罪"[①]。法律的解释应当跟随社会生活的变化而变化,从而弥补法律的滞后性与应对社会生活的多样性与变化性。刑事古典学派所主张的是主观解释论,首先法官不需要也不应该对法律规范进行解释;其次,即使需要解释,也要从立法者的立法目的角度进行解释,这样的主观解释论无法满足现实之需要,应将法律规

---

① 张明楷:《网络时代的刑事立法》,载《法律科学》2017年第3期。

范作出合乎生活现实需要的解释。例如,近年来司法解释和实务中出现的将寻衅滋事罪中的"公共场所"范围涵盖至网络虚拟空间,将盗窃网络游戏装备认定为盗窃罪等,均是客观解释的"代表作"。

优先采用客观解释方法是我国刑法应对互联网领域中不断衍生的新型犯罪的必然需求。通过客观解释来重新演绎刑法概念与规则体系,以有效应对网络空间的刑事治理。运用客观解释是走出传统刑法应对网络犯罪困境的最优出路。客观解释本身既可以是对刑法条文的限缩解释,又可以是扩大解释,前者导致的结果往往是出罪,而后者则往往导致入罪。然而由于网络犯罪的严峻现实,国家立法的目标需要,司法部门的有效治理及刑法理论的适时推波助澜,造成了扩大化与入罪化成为网络时代刑法客观解释的演进方向。这种以法律解释之名进行的类推适用对罪刑法定原则造成了极大的冲击,与传统社会不同的是,网络时代罪刑法定原则受到刑法解释更大冲击,因为传统社会中的犯罪对象和犯罪行为都是可以感知的,一般人的预测可能性是比较明确的;而网络社会中的犯罪对象和犯罪行为缺乏直观性,一般人的预测可能性也是模糊的。①

目前较为常见的互联网金融与传统金融相比在法律属性上并无二致,只是前者以互联网作为行为工具和活动空间,利用先进的通信技术降低金融交易成本,消除信息不对称从而满足了长尾客户的需求。然而根据种种司法解释来看,现有的互联网金融创新无一不涉嫌构成犯罪,虽然在实务中司法机关并没有对所有的互联网金融企业予以刑事制裁而是对部分企业持观望态度,以此贯彻落实党中央"鼓励创新,支持互联网金融稳步发展"的要求,但这并不影响现行法律制度下,该类互联网创新行为满足犯罪构成要件。一旦互联网金融企业发生资不抵债或资金链断裂以致大量投资人报案等情况,则随时有被认定为犯罪的可能,具体犯罪的成立与否,从构成要件的满足转向了现实危害结果的发生。

笔者认为,对于互联网金融涉罪行为中的行政要素及其他规范的构成要件要素,应采主观的客观解释。由于主观解释无法适应现实生活的变化,而客观解释无视法律原义,甚至可以说是不承认有法律原

---

① 参见欧阳本祺:《论网络时代刑法解释的限度》,载《中国法学》2017年第3期。

义。无视法律原义就等于无视罪刑法定,导致目前网络时代犯罪圈的扩大化。在这种情况下,应通过主观的客观解释论来对具体行为加以认定。"现代互联网社会实质上是人的自由的扩展秩序,因此,不是刑法谦抑价值已经在互联网时代日渐式微,恰恰相反,互联网时代比历史上以往任何时代都应当更加旗帜鲜明地捍卫和追逐刑法的谦抑价值"[①]。当下网络时代刑法客观解释等同于扩大与入罪解释,这意味着客观解释可能正在被过度甚至不当使用,也意味着不仅要重新度量坚持"立法意图"和刑法条文原意的主观解释论的价值,还需要重新厘清客观解释论的方法。

主观的客观解释论由刘艳红教授提出,主张以客观解释为基本解释方法,在客观解释论的使用中贯彻主观解释论对"刑法条文之语言原意解释"之要求,以之作为客观解释之限定。最终的目标是探寻符合立法者的价值取向与刑法条文应有之义的范围内对于现实生活的规范意义,客观解释论既不得违背立法者的意图,又不得超出刑法条文应有之义。针对网络时代刑法治理客观解释的扩大化入罪趋势,"主观的客观解释论"有利于树立以刑法谦抑为中心的网络时代刑法理念,有利于在使用客观解释时从立法本意出发探索法条文义,从而充分实现罪刑法定原则。现有的刑法规制多诞生于前网络时代,因此与其对网络新型违法犯罪行为动辄入刑,莫如审慎观察,得其要义,然后再动用刑法,以免刑法的随意介入扼杀了网络领域的自由与健康发展。[②]

互联网金融犯罪涉及最多的罪名为非法吸收公众存款罪,无论是P2P网络借贷还是股权众筹,只要行为针对不特定对象归集资金,实务中即有可能构成犯罪。非法吸收公众存款罪属于行政犯,在犯罪构成要件中,"存款"和"公众"均属于实质上的行政要素中的对象要素。

1995年5月10日审议通过的《商业银行法》是非法吸收公众存款罪作为行政犯在审查行政违法性时的主要前置行政法规,历经2003年和2015年两次修订。该法于2003年修订前在第11条第2款规定:

---

① 徐剑锋:《互联网时代刑法参与观的基本思考》,载《法律科学》2017年第3期。
② 参见刘艳红:《网络时代刑法客观解释新塑造:"主观的客观解释论"》,载《法律科学》2017年第3期。

"未经国务院银行业监督管理机构批准,任何单位和个人不得从事吸收公众存款等商业银行业务……",第 79 条第 1 款规定:"未经中国人民银行批准,擅自设立商业银行,或者非法吸收公众存款、变相吸收公众存款的,依法追究刑事责任,并由中国人民银行予以取缔。"后由于国务院机构调整,中国人民银行的部分监督管理职责由银监会履行,因此第 11 条第 2 款在 2003 年被修订为"未经国务院银行业监督管理机构批准,任何单位和个人不得从事吸收公众存款等商业银行业务……",而第 79 条改为第 81 条,第 1 款修改为:"未经国务院银行业监督管理机构批准,擅自设立商业银行,或者非法吸收公众存款、变相吸收公众存款,构成犯罪的,依法追究刑事责任;并由国务院银行业监督管理机构予以取缔。"除监管主体发生变化外,立法者还认识到,并非所有非法吸收公众存款的行为都构成犯罪,亦可能存在只构成行政违法的情况。《商业银行法》中设立非法吸收公众存款的相关条款的理由在于"如果任何单位和个人都不经中国人民银行批准,不按照法律规定的统一的银行经营原则,擅自经营商业银行业务,必将造成极不规范的、具有欺诈性的、盲目的经营行为的大量出现。一旦这些非法的经营行为充斥金融市场,必将严重损害商业银行客户及其他债权人的合法利益,造成金融秩序的紊乱,破坏资金流通体制,扰乱经济秩序"①。同一时期的第八届全国人大常委会第十四次会议审议通过了《关于惩治破坏金融秩序犯罪的决定》,该决定首次创设了非法吸收公众存款罪,第 7 条第 1 款规定:"非法吸收公众存款或者变相吸收公众存款,扰乱金融秩序的,处三年以下有期徒刑或者拘役,并处或者单处二万元以上二十万元以下罚金;数额巨大或者有其他严重情节的,处三年以上十年以下有期徒刑,并处五万元以上五十万元以下罚金。"至此,非法集资犯罪基本行为的行政和刑事双重违法性认定有了法律依据。

对于设立该罪的立法理由,全国人大常委会法工委刑法室指出:"一些企业、个人为筹集资金,违反国家的有关规定,不择手段去吸收资金。一是企业采用发行债券、内部股票、投资入股等形式吸收社会

---

① 中国人民银行条法司:《〈中华人民共和国商业银行法〉释义》,中国金融出版社 1996 年版,第 49 页。

的存款;二是有的银行和金融机构,也采用竞相提高利率等非法的方式吸收公众的存款,致使国家的金融秩序处于一种失控的状态……"。广义的非法吸收公众存款,包括两种情况:一是行为人不具有吸收存款的主体资格而吸收公众存款的,如近年来,一些地方的个人、单位和企业违反法律、法规的有关规定,非法成立金融机构,从事吸收公众存款的业务,严重破坏金融秩序。二是行为人虽然具有吸收存款的主体资格,但是,其吸收公众存款所采用的方法是违法的。[①] 据此可以认为,非法吸收公众存款罪"刑法条文之语言原意解释"包括了行为人具备以及不具备吸收存款主体资格两种情形,而本文所讨论的互联网金融业务中行为主体均为不具备吸收存款主体资格的互联网企业或个人,因此诸如P2P网络借贷、股权众筹、第三方支付以及互联网理财等互联网金融业务,在现实中的吸收公众资金行为是否可以基于"维护国家金融秩序"的目的,而被解释为"非法吸收公众存款",应当检视该行为是否包含在立法者的价值取向和刑法条文的原意解释内。"企业采用发行债券、内部股票、投资入股等形式吸收社会的存款"是该罪的治理内容之一。但是首先,立法者在解释中一再强调"银行和金融机构",可见其认识到金融中介的存在及存款行为的间接融资属性;其次,我国《证券法》于1998年颁布,晚于该决定,诸如企业采用发行债券的形式吸收社会存款的行为,在今天看来显然属于《证券法》的规范内容,即如果其构成犯罪,也应是"擅自发行股票、公司、企业债券罪"。1995年"为了打击这种具有社会危害性的行为,维护我国的金融秩序,保障我国经济体制改革的顺利进行,第八届全国人大常委会第十三次会议通过的《商业银行法》规定,对非法吸收公众存款、变相吸收公众存款的,应当依法追究刑事责任。《关于惩治破坏金融秩序犯罪的决定》第七条进一步对非法吸收公众存款罪或者变相吸收公众存款罪的状况及其处罚,作了明确具体的规定"的历史条件由于《证券法》的出台已经不再具备。因此在互联网时代,对于严重破坏国家金融管理秩序的新型融资行为,只有当集资人的行为属于间接融资时,该行为才有可能被解释为构成非法吸收公众存款罪。通过主观的

[①] 参见朗胜主编:《〈关于惩治破坏金融秩序犯罪的决定〉释义》,中国计划出版社1995年版。

客观解释论,限缩非法集资犯罪的入罪范围,为互联网金融的创新与健康发展提供良好的法律环境。

我国现有的法律法规未对"存款"的概念给出定义,由于司法解释将非法吸收公众存款的行为解释为非法吸收不特定多数人资金,导致实务中吸收资金行为与吸收存款行为两者被画上等号,由于《商业银行法》将吸收存款作为金融业务划入商业银行独占的可行行为,以此可以进一步得出吸收资金的行为就是从事存款业务的行为,这是典型的客观解释同时也是扩张解释。由于非金融机构归集资金的行为具有一定的社会危害性,导致了相当程度的金融风险,因此存在治理的必要性和紧迫性。通过将"存款"扩张解释为"资金",可以将一切未经批准向社会不特定多数人归集资金的行为均纳入非法吸收公众存款罪的犯罪圈内,达到治理目标。然而"资金"只是一般的社会概念,对其从不同的角度解读可能存在不同的意思表达,但共同点均是认为"资金"是一种货币表现,以资金为对象产生法律行为的双方主体并不限定于法律规定的单位而是一般人,任何行为主体所产生的基于资金的真实意思表示都是合法有效的。从范围上看"存款"远远小于"资金"的概念,进一步说明即"存款"包含于"资金",而"资金"不一定属于"存款",两者不能画上等号。因此,应当对"存款"这一行政要素作出主观的客观解释,以合理划定犯罪边界,作出"罪与非罪"的区分,避免基于客观需要而不当改变犯罪构成。

《商业银行法》对于存款业务做出了具体规范,在其第 3 条将"吸收公众存款"作为商业银行可以经营的第一种业务,通过第 11 条第 2 款规定"未经国务院银行业监督管理机构批准,任何单位和个人不得从事吸收公众存款等商业银行业务",将存款业务作为商业银行特有的金融业务,但并未在该法中对"存款"作出解释。而储蓄存款一般指公众为积蓄货币和取得利息收入而办理的存款,《储蓄管理条例》在第 3 条第 1 款规定:"本条例所称储蓄是指个人将属于其所有的人民币或者外币存入储蓄机构,储蓄机构开具存折或者存单作为凭证,个人凭存折或者存单可以支取存款本金和利息,储蓄机构依照规定支付存款本金和利息的活动。"由此可见"存款"只发生于存款人与经过批准允许进行存款业务的金融机构之间。除此之外,包括《保险法》《担保法》《物权法》《票据法》《证券法》在内的多部法律法规也有提到"存款",但都没有对其定义予以明确。然而这并不代表不存在立法意图和条文原意,作为国家金融监管机构和《商业银行法》的起草者,中国人民银行将《商业银行法》中的"存款"解释为商业银行接受企业、事业单位和个人的现金及(或)票据,或经转账而负即期或定期偿付义务的受信行为,同时指出"吸收公众存款"包括各种存款类型,如活期存款、储蓄存款和定期存款,主要强调其公众性,存款是商业银行传统意义上的核心业务。① 非法吸收公众存款罪的罪名设立者全国人大常委会法制工作委员会则指出"通常所说的'存款',是指存款人将资金存入银行或者其他金融机构,银行或者其他金融机构向存款人支付利息,使其得到收益的一种经济活动"②。据此可以发现"存款"与"资金"两者并不相同,根据主观的客观解释可以发现,目前互联网金融中涉嫌构成非法吸收公众存款罪的绝大多数行为,如通过P2P网络平台销售理财产品归集资金,通过股权众筹项目归集资金等均不满足立法者关于存款的定义与特征,司法解释认为该行为具有社会危害性而将其纳入非法吸收公众存款罪的犯罪圈,属于一种不当的扩张解释。

此外,在互联网金融"罪与非罪"问题的探讨中,使行政要素起到关键作用的还有诸如擅自发行公司、股票、企业债券罪中的"发行""债券",非法经营罪中的"经营"等,厘清这些行政要素的法律内核,对于界分互联网金融行为的"罪与非罪"有着重要意义。

四、本章小结

互联网金融犯罪属于行政犯,其"罪与非罪"的基本界分应围绕构成要件中的行政要素进行,以刑民交叉的解释为具体方式展开。由于互联网金融犯罪的自身特点,在罪刑法定原则的保障下,形式上的行政要素的认定成为实际上界分互联网金融行为"罪与非罪"的核心,也是较之于其他行政犯在出罪路径上的不同:普通行政犯罪与非罪在犯罪构成要件该当的判断上,强调对于实质上的行政要素的解释,而互联网金融由于相关配套法律规定并不完善,形式上的行政要素成为判

---

① 参见中国人民银行条法司:《〈中华人民共和国商业银行法〉释义》,中国金融出版社1996年版,第29—30页。
② 郎胜主编:《〈中华人民共和国刑法〉释解》,群众出版社1997年版,第215页。

断具体行为是否构成犯罪的关键,这也成为了互联网金融行为出罪的重要路径选择。由于实质上的行政要素要求进行实质评价,但介于解释方法选择上的不同,在对相同的实质上的行政要素进行解释时,可能得到不同的评价结果。换言之,实质上的行政要素的把握存在不确定性,而形式上的行政要素相较于前者更具客观性,故而也更为确定,易于把握。因此,在以行政要素作为互联网金融行为"罪与非罪"基本界分的基础上,进一步的分析认为,互联网金融犯罪的"非法性"评价需要专门的针对性研究。

第四章　互联网金融行为"非法性"的双重检验标准之提倡：以非法吸收公众存款罪为例

一、互联网金融行为"非法性"判断的意义

非法集资犯罪与具有泛在互联特点的互联网相结合，犯罪数量通过所谓互联网金融的名义急剧增加，不仅给国家金融秩序造成危害，还侵犯了社会公众的财产利益。在这样的背景下，非法吸收公众存款罪作为非法集资犯罪的基础罪名，在刑法规定的基础上，最高司法机关通过出台的多个司法解释，试图将一切非法集资行为均纳入该罪的规制范围内，以防范化解重大风险为目标，对相关违法行为予以规制。与此同时，党和国家领导人又深刻认识到民营企业在国家社会经济发展中的重要作用，认为"对一些民营企业历史上曾经有过的一些不规范行为，要以发展的眼光看问题，按照罪刑法定、疑罪从无的原则处理，让企业家卸下思想包袱，轻装前进"①。因此应当严格区分正常融资与非法集资的边界。然而在实务中，由于相关司法解释未能解决根本性问题，使非法吸收公众存款罪日渐成为"口袋罪"，虽然在一定程度上对具有社会危害性的行为起到了遏制作用，但是更多的情况是以违反罪刑法定原则为代价不当地侵犯行为人的自由，阻碍了金融创新发展。

通过上一章分析发现，由于互联网金融犯罪均为行政犯，互联网金融行为"罪与非罪"的基本界分就在于对犯罪构成要件中行政要素该当性的判断上。行政要素分为形式上的行政要素和实质上的行政

---

① 习近平：《在民营企业座谈会上的讲话》，载《人民日报》2018年11月2日，第2版。

要素两类。后者由于少有描述性,多为规范性,因此需要规范性的评价。通过主观的客观解释可以避免实质上的行政要素被犯罪化适用。而对于形式上的行政要素,由于多为描述性,因此不容易产生理解上的偏差,但实践中却存在着诸多问题。以非法吸收公众存款罪为例,"非法性"要件不仅是《刑法》第176条所规定非法吸收公众存款罪的构成要件要素,还是《2010年司法解释》第1条规定的该罪的四个特征之一。为了弥补简单罪状难以被实质把握的缺陷,司法解释认为吸收资金行为只要同时满足非法性、社会性、公开性、有偿性,即可认定为非法吸收公众存款罪。但相较于其他三个方面,"非法性"要素无论是在理论上还是在实务上均不太受重视。然而笔者认为,"非法性"可以在实质上起到区分正常融资和非法集资的作用,尤其是面对互联网背景下的真假金融创新,因此对其展开分析具有重要的现实意义。

《刑法》第176条并未像其他法定犯那样规定"违反……规定",而是仅表述为"非法",导致在实务中就是否要根据有关行政法规范认定犯罪的成立存在争议。非法吸收公众存款罪包括两种行为方式,分别为非法吸收公众存款和变相吸收公众存款。前者以"非法"作为犯罪的构成要件,当然需要以行政违法性判断为前提,毫无疑问属于法定犯。而后者究竟属于法定犯还是自然犯,似乎存在一些疑问。有观点认为,《刑法》第176条属于自然犯与法定犯一体化的立法体例。笔者认为,无论是非法吸收公众存款还是变相吸收公众存款都属于法定犯,两种行为模式均需要作行政违法性的判断。本章将以互联网金融犯罪中触及最多的罪名即非法吸收公众存款罪为例,分析讨论互联网金融行为"罪与非罪"认定中处于核心位置的"非法性"评价及其检验标准,力图从形式层面界分互联网金融行为的"罪与非罪"。

二、互联网金融行为"非法性"评价缺失

(一) 互联网金融犯罪缺乏有效的"非法性"检验

根据《刑法》第176条,非法吸收公众存款罪的罪状为"非法吸收公众存款或者变相吸收公众存款,扰乱金融秩序的"。语义的重复无法得出其具体的构成要件,为了便于司法实务操作,最高人民法院在

《2010年司法解释》第1条中对其作出了具体的规定,即"违反国家金融管理法律规定,向社会公众(包括单位和个人)吸收资金的行为",且需要同时满足非法性、公开性、有偿性和社会性四个特征。因此,认定违反国家金融管理法律规定是认定一行为构成非法吸收公众存款罪的前提,即需要证明该行为是"非法的"。然而根据笔者在中国裁判文书网的搜索结果,在以"互联网金融"为检索词的形式犯非法吸收公众存款罪的案件中,裁判文书中明确对"非法性"要件进行审查的只有3个案件,包括:(1)杨某、吴某非法吸收公众存款案中,法院通过《商业银行法》和《十部委意见》论证行为人的行为具有非法性[1];(2)李某、钟某等非法吸收公众存款案,法院通过《证券投资基金法》《私募投资基金监督管理暂行办法》和《合伙企业法》论证行为人的行为具有非法性[2];(3)游某非法吸收公众存款案中,法院通过《非金融机构支付服务管理办法》《十部委意见》以及《支付结算办法》论证行为人的行为具有非法性。[3] 而在其余裁判文书中,均未看到检察机关或是审判机关对行为具有"非法性"进行说理,而多以"违反国家规定""未经有关部门批准"为由简单带过。即使在被告或辩护人提出行为并不违法的意见时,也未见任何回应,例如,在李某非法吸收公众存款一案中,针对辩护人提出行为人的行为"不属于非法吸收公众存款和变相吸收公众存款,无须银行业金融监管部门批准"的观点,法院的回复是涉案行为没有获得《金融许可证》,违反了国家有关规定,但并未说明为何涉案行为需要获得行政许可,具体违反了哪一法律规定。[4] 由此可见,实务中对非法吸收公众存款罪"非法性"要件的判断是缺失的,这违反了罪刑法定原则和法定犯的基本理论,导致该罪适用范围的极大扩张。

(二)现有法律制度下"非法性"检验缺失的必然性

非法吸收公众存款罪的成立需要满足"非法性"要件,但从前文可知,在实务中的绝大多数情况下,司法机关对这一要件或是简单带

---

[1] 参见(2017)浙0104刑初133号刑事判决书。
[2] 参见(2016)川0191刑初113号刑事判决书。
[3] 参见(2016)黔0203刑初1号刑事判决书。
[4] 参见(2017)粤05刑终160号刑事判决书。

过,或是视而不见,即使在行为人提出反对意见时,亦没有作出有说服力的回应,造成这一现象的原因在于相关司法解释对这一要件的证成作出了某种程度上的"豁免"。虽然最高人民法院《2010年司法解释》要求行为需违反国家金融管理法律规定,但是《2014年司法解释》又规定,非法集资刑事案件进入刑事诉讼程序,不以行政部门对于非法集资行为的性质认定为前提条件,对非法集资刑事案件的侦查、起诉和审判也不受行政部门对非法集资的性质认定的影响。有部分司法人员据此认为,非法吸收公众存款罪无需先行判断行为的行政违法性——司法机关根据犯罪构成要件对行为性质作出独立判断,如果行为人未经批准向社会不特定公众吸收资金,则构成犯罪,也必然具有非法性要素了。这种观点在本质上来源于"违法多元论",认为在法秩序统一性之下,各部门法有自己的立法目的,刑法当然可以对行为是否构成犯罪作出自己的独立判断。一行为在行政法或者民法层面合法,并不代表在刑法层面也必然具有合法性,相反某一行为违反了民法或行政法,也可能不构成犯罪。司法机关一方面不要求行政部门对非法集资的性质作出认定;另一方面由于金融行为专业性强的特点,自身也淡化了对这一要件的判断而转向其他要件符合性的论证,导致了"非法性"要件的虚化,丧失了出罪的功能。

三、刑民交叉视野下的互联网金融犯罪"非法性"评价

(一)行政违法性是互联网金融行为构成犯罪的前提条件

根据行为所侵犯法益的不同,犯罪分为自然犯和法定犯。非法吸收公众存款罪属于法定犯,不同于自然犯在主观上必然存在严重的恶,法定犯由于违反了国家的法律规定而被立法者认为属于犯罪。"由于法定犯的特性,为了保持法秩序统一原理,不至出现没有违反行政管理法规的行为却违反了刑法,避免在违法位阶上的矛盾,须富有成效地确定法定犯的行政违法性并进而为其刑事违法性的判断提供充足的前提条件"①。对法定犯而言,具体行为构成犯罪以行为人违反有关行政法规为前提,"与自然犯主要致力于个人法益保护不同,法

---

① 刘艳红:《法定犯与罪刑法定原则的坚守》,载《中国刑事法杂志》2018年第6期。

定犯侧重于对社会秩序即集体法益的维护,大都基于保护秩序的需要而设定。法定犯所规制的行为,没有自然犯传统上所具有的悖德性,行为人只是脱离于国家为实现社会管理功能而进行的控制,因此,成立法定犯的前提是违反国家相关的行政管理法规"①。因此,不存在没有违反行政法规即构成犯罪的法定犯。"基于法秩序统一性之要求,违法判断的相对性虽承认各自法域对于违法判断的自主性,但是强调整体法秩序自身所存在的正义理念能够统合各自法域的自主判断。因而,应在法秩序统一性的视野下,以违法统一性为基础进行违法的相对性判断"②。法定犯必然具有双重违法性,即"法定犯的违法性=行政违法性+刑事违法性",首先,需对行为的行政违法性作出判断,在此基础上进一步分析其刑事违法性。行政违法性是刑事违法性的判断前提,如果不具有行政违法性,即使该行为有强烈的社会危害性,也不再需要判断行为是否具有刑事违法性,而可径直认为该行为不构成犯罪;如果行为具有行政违法性,是否构成犯罪还需进行刑事违法性的判断,只有当该行为同时具备刑事违法性的情况下,才可能构成犯罪。在统一法秩序的要求下,前一种情况体现的是刑法的补充性和保障性,刑法禁止的是一般部门法不足以控制危害的行为,受其他法律调整的社会关系与保护的法益,最终都依赖于刑法的保护;后一种情况体现的则是刑法的独立性,行为即使在其他部门法评价中具有一般违法性,但是否具有刑事违法性,刑法要依据自身的立法原则和目的作独立判断。基于此,对非法吸收公众存款罪"非法性"的判断,应首先明确具体的危害行为具有行政违法性,其次该行为达到了刑事可罚的程度。

非法吸收公众存款罪以"非法"作为构成要件,因此需要明确行为所违之"法",即行为的形式性行政要素。形式性行政要素是法定犯的主体,应当遵循法律或者行政法规等法源性要素,是法定犯的成立前提,起到约束法定犯认定的作用。这也意味着如果法定犯成立,则该犯罪行为必然首先违反了相关的行政法律法规,在构成要件该当性的认定上,不同于自然犯直接对犯罪行为依据形式上的构成要件加以认

---

① 孙国祥:《集体法益的刑法保护及其边界》,载《法学研究》2018年第6期。
② 王昭武:《法秩序统一性视野下违法判断的相对性》,载《中外法学》2015年第1期。

定——在自然犯的构成要件中,可能存在全部为描述的构成要件要素情形——行政犯在认定时必须要首先通过对形式性行政要素的确认来判断行为是否符合行政违法要件。

(二) 整体法秩序下前置行政违法依据难以自洽

传统观点认为《商业银行法》是非法吸收公众存款罪作为法定犯在审查行政违法性时的主要前置行政法规。该法 1995 年版第 11 条第 2 款规定:"未经中国人民银行批准,任何单位和个人不得从事吸收公众存款等商业银行业务……",第 79 条第 1 款规定:"未经中国人民银行批准,擅自设立商业银行,或者非法吸收公众存款、变相吸收公众存款的,依法追究刑事责任;并由中国人民银行予以取缔。"后由于国务院机构调整,由银监会履行原由中国人民银行履行的监督管理职责,因此 2003 年《商业银行法》进行修订,第 11 条第 2 款修订为"未经国务院银行业监督管理机构批准,任何单位和个人不得从事吸收公众存款等商业银行业务……",而第 79 条改为第 81 条,第 1 款修改为:"未经国务院银行业监督管理机构批准,擅自设立商业银行,或者非法吸收公众存款、变相吸收公众存款,构成犯罪的,依法追究刑事责任;并由国务院银行业监督管理机构予以取缔。"除监管主体发生变化外,立法者还认识到,并非所有非法吸收公众存款的行为都构成犯罪,亦可能存在只构成行政违法的情况。根据《商业银行法》的上述规定,吸收公众存款行为必须经过银监会批准。而国务院《非法金融取缔办法》第 4 条第 2 款则规定:"前款所称非法吸收公众存款,是指未经中国人民银行批准,向社会不特定对象吸收资金,出具凭证,承诺在一定期限内还本付息的活动;所称变相吸收公众存款,是指未经中国人民银行批准,不以吸收公众存款的名义,向社会不特定对象吸收资金,但承诺履行的义务与吸收公众存款性质相同的活动。"据此可见,吸收公众存款行为应当由中国人民银行批准。监管主体不同的原因在于《非法金融取缔办法》制定于 1998 年,当时国务院尚未设置银监会,由中国人民银行负责银行业金融机构的监督管理。后《非法金融取缔办法》未根据上位法的修改及时进行相应调整,造成了依据《商业银行法》和《非法金融取缔办法》得出吸收存款业务监管主体不同的结果。这种情况直到 2021 年 5 月,国务院《防范和处置非法集资条例》实施,其中第 2 条第 3 款规定:"本条例所称国务院金融管理部门,是指中国人民银行、国务院金融监督管理机构和国务院外汇管理部门。"以"金融管理部门"取代了之前一直采用的明确具体监管主体的做法,不至于再出现不同法律法规间存在矛盾的情况。

彼时,由于《商业银行法》既是上位法,又是新法,相关法条与《非法金融取缔办法》存在冲突时应以《商业银行法》规定为准。因此,似乎认为开展吸收公众存款业务应当经过银监会批准,《商业银行法》是非法吸收公众存款罪"非法性"的判断依据。此外,大量司法机关在非法吸收公众存款罪的审理中,仍以《非法金融取缔办法》作为"非法性"的判断依据,例如,最高人民法院公报案例"陕西省渭南市人民检察院诉渭南市尤湖塔园有限责任公司、惠庆祥、陈创、冯振达非法吸收公众存款,惠庆祥挪用资金二审案"中,一审法院援引《非法金融取缔办法》第 4 条规定,认为被告单位尤湖塔园公司未经中国人民银行批准,非法吸收公众存款,数额巨大,严重扰乱金融秩序,其行为已构成非法吸收公众存款罪。二审法院对此予以了确认,指出根据取缔办法的规定,非法吸收公众存款,是指未经中国人民银行批准,向社会不特定对象吸收资金,出具凭证,承诺在一定期限内还本付息的活动……上诉人尤湖塔园公司未经金融主管机关批准,采取向社会公众销售投资型塔位,承诺到期退单兑付和向社会公众高息借款的手段,变相吸收公众存款,数额巨大,后果严重,严重扰乱了金融秩序和社会秩序,其行为已构成非法吸收公众存款罪,依法应予惩处。[①] 由此可见,非法吸收公众存款罪"非法性"的行政法律依据并不明确,通过无讼数据库对《商业银行法》2003 年修订以来的 6111 份非法吸收公众存款刑事案件裁判文书进行分析,援引《非法金融取缔办法》的共 24份,援引《商业银行法》的共 11 份,有一份存在交叉援引的情况,即同时援引了二者,系辩护人主张"根据《商业银行法》和《商业银行个人理财业务管理暂行办法》,保底并承诺固定收益的委托理财行为与吸收公众存款是两种截然不同的金融行为。证券公司违规开展保底并承诺固定收益的理财行为,是与银行的委托理财业务雷同,并不是与银行吸收存款业务雷同,因此不能扩大解释成变相吸收公众存款……

---

① 参见《最高人民法院公报》2008 年第 6 期。

即使根据国务院《非法金融机构和非法金融业务活动取缔办法》,西北证券承诺保底和固定收益的委托理财行为也不是非法或者变相吸收公众存款行为"①。从数据情况看,即使认识到需要判断行为行政违法性的司法人员,对于犯罪构成中的形式性行政要素也存在不同看法,存在"非法性"判断依据适用混乱的现象。

根据新法优于旧法、上位法优于下位法的基本法理,应当承认《商业银行法》是非法吸收公众存款行为"非法性"的判断依据,但《2010年司法解释》规定的"违反国家金融管理法律规定……未经有关部门依法批准"要件仍旧与《商业银行法》无法衔接。非法吸收公众存款罪的成立以违反《商业银行法》规定为前提,也即行为未经银监会批准,也就是说,即使经过了其他部门的批准,只要未经银监会批准,都属于违反《商业银行法》的行为。在司法解释中,除了《商业银行法》所说的狭义的非法吸收公众存款这一行为可能构成犯罪以外,其他行为如委托理财、投资入股、发售基金和销售保险等募集资金行为都可能构成非法吸收公众存款罪,而这些金融业务并非由《商业银行法》而是由《证券法》《保险法》《公司法》等法律调整。如果承认《商业银行法》是非法吸收公众存款罪构成要件中的行政要素,那么结果就是无论行为是否经过证监会、保监会等其他金融监管部门的批准,募集资金的行为都构成非法吸收公众存款罪,因为这些业务未经银监会批准,且面向社会公众募集资金。如果认为除了《商业银行法》以外,证券法等其他金融法也是非法吸收公众存款罪的行政违法性判断依据的话,则缺乏法律依据——虽然其他金融法中规定了诸如委托理财、投资入股需要经过各自监管主体批准,但并未规定未经批准的行为属于非法吸收公众存款违法行为。也就是说,无论采取这两者中的哪一个观点,都无法解释未规定于这些金融监管法中的行为可能构成非法吸收公众存款罪。例如,目前的股权众筹等互联网金融业务形态,由于法律的滞后性,法律监管必然落后于金融创新的速度,对于这些监管空白的地方,司法机关选择径直以行为符合非法吸收公众存款的行为要件来认定犯罪,在实质上使该罪由法定犯转变为自然犯,略过了"非法性"的前置判断。而《商业银行法》中的"非法吸收公众存

---

① 参见(2007)银刑初字第115号刑事裁定书。

款"所保护的国家货币存储秩序也与经过司法解释演变的《刑法》中的"非法吸收公众存款"呈现"同名不同质"的结果。非法吸收公众存款罪实质上处罚一切未经监管部门批准向公众募集资金的行为,这一方面保护了那些由其他监管部门批准的合法金融行为,造成了实际上不同金融监管部门间权责不分的情况;另一方面使国民丧失了预测可能性,普通民众无法清楚地知道自己的行为是否需要监管部门批准,应向谁提出申请,造成了对公民自由的过度侵害。例如,在"刘某、袁某、李某、远前海融资租赁(天津)有限公司非法吸收公众存款罪"一案中,虽然辩护人提出"被告人刘某的行为不构成非法吸收公众存款罪。涉及的车贷等业务真实存在,用于转让的114万元债权真实存在,属正常经营,不构成非法吸收公众存款罪",虽然银监会出具了"银监会尚未出台对有关开设网络贷款平台(P2P)的监管规定,贷帮公司开展的相关业务不需要经过银监部门审批或许可;前海融资租赁(天津)有限公司以债权流转方式吸收网贷平台会员资金不需要经过银监部门审批或许可,建议向其他政府主管部门咨询;银监会尚未对网贷平台投资者资金的监管作出规定"的意见,但法院仍旧以"行政主管部门是否对涉案行为性质作出认定并非是否认定犯罪的先决条件,行政主管部门事先认定之阙如,不得影响法院径行依法裁判。国家所鼓励的金融创新必须且应在法律、法规许可的范围之内,任何以创新为名而行侵害刑法所保护的法益之实的行为,都不阻断其刑事违法性的成立。综上,涉案业务虽貌似债权流转,然实则借用合法经营的形式吸收资金,应定性为变相吸收公众存款"为由,认定行为人构成非法吸收公众存款罪。[①] 类似判决使"非法性"的判断形同虚设,在实质上突破了罪刑法定的要求。

(三) 变相吸收公众存款行为的"非法性"检验

我国当下的金融创新处于活跃期,基于互联网泛在互联、扁平化和去中心化等特点,充分发挥了共享经济的优势,以海量的碎片化资本弥补传统正规金融存在的不足。应运而生的多种金融创新模式如P2P网络借贷、股权众筹、互联网理财等,或是缺乏有效的行政监

---

① 参见(2016)粤0304刑初518号刑事判决书。

管——不知该由谁批准,或是缺乏有效的监管依据——没有明确的国家规定。这些缺乏有效规范的互联网金融一方面由于行为结构上与非法集资犯罪具有天然契合性,另一方面在实践中又存在诸多金融风险,因此已然成为打击金融犯罪的重点领域。非法吸收公众存款在入罪时存在行政违法性的前置检验要求,因此,从形式上无需检验具有"非法性"的变相吸收公众存款似乎就成为了将互联网金融行为纳入非法吸收公众存款罪犯罪圈内的便捷途径。

根据《刑法》第 176 条规定,非法吸收公众存款罪的成立包括两种行为方式,即非法吸收公众存款和变相吸收公众存款,其中不直接以存款的名义而是通过其他形式,如承诺到期退单与承诺收益的投资销售等形式吸收公众资金的行为是变相吸收公众存款。变相吸收公众存款不要求行为"非法",但这并不代表该罪存在自然犯与法定犯一体化立法的问题。这里需要讨论的是,变相吸收公众存款行为是否需要行政违法性的前置判断?如果不需要的话,司法机关当然可以依据该罪形式上的构成要件直接认定变相吸收公众存款的行为是否构成犯罪,而无需再对"非法性"作出审查——实践中司法机关大多也是这样做的。

笔者认为,变相吸收公众存款同非法吸收公众存款一样属于行政犯,认定犯罪成立与否,需要对行为的行政违法性作出前置判断,同时,"违反相关的金融法规"亦属于变相吸收公众存款型非法吸收公众存款罪的构成要件要素。

刑法中,自然犯不存在也不需要"违反国家规定",只有法定犯需要这一行政要素,有的直接表述为"违反国家规定",有的则表述为违反某个具体的国家规定。然而,并非所有的法定犯都规定了这一要素,"由于法律漏洞的存在,也可能由于法定犯立法简略性使然,有的法定犯并没有在刑法条文中规定概括性的或具体的'违反国家规定'这一构成要件要素,《刑法》第 223 条规定串通投标罪即为示例。然而,这不意味着本罪不需要'违反招投标法';'违反招投标法'应该是串通投标罪不成文的构成要件要素"①。除了刘艳红教授所指的串通

---

① 刘艳红:《法定犯不成文构成要件要素之实践展开——以串通投标罪"违反招投标法"为例的分析》,载《清华法学》2019 年第 3 期,第 44 页。

投标罪外,笔者认为,非法吸收公众存款罪中变相吸收公众存款行为方式是法定犯不成文构成要件要素的另一例证。

非法吸收公众存款罪侵犯的法益是国家金融管理秩序,无论是哪一种具体的行为方式,其之所以构成犯罪,均是因为在实质上侵犯了金融秩序。变相吸收公众存款的行为方式并不意味着刑法对非法吸收公众存款罪采取了自然犯与法定犯一体化的立法模式,变相吸收公众存款同样侵犯的是法律所保护的秩序而非伦理道德。刑法之所以不仅规定了非法吸收公众存款行为,还规定了变相吸收公众存款的行为亦构成犯罪,原因在于,随着犯罪手段的不断进步,实践中越来越多的犯罪分子通过合法经营的形式掩盖非法吸收资金的事实,从法益侵害性上看,后者与前者一样,实质上仍然是侵犯了国家的金融管理秩序。因此,变相吸收公众存款行为模式的确立,起到了弥补非法吸收公众存款规制漏洞的作用。然而,由于似乎变相吸收公众存款行为不需要判断其行政违法性,因为其本身就属于"以合法经营的形式",因此不存在行政违法前置的问题,导致了实践中犯罪圈的无限扩大。

变相吸收公众存款突破了吸收资金行为"非法"的限制,将一切吸收资金的行为均以属于"以合法经营的形式"为由纳入犯罪圈中,极大地扩张了犯罪构成。因此,应当对变相吸收公众存款进行严格的限缩解释,也即,不仅在实质上要求变相吸收公众存款侵犯了国家金融管理秩序,具有跟非法吸收公众存款行为相当的社会危害性,而且在形式上也应当与非法吸收公众存款行为具有同类性。并非一切面向社会公众吸收资金的行为都构成非法集资犯罪,与非法吸收公众存款行为直接突破金融监管部门"依法批准"且违反国家金融法规这一要件相比,变相吸收公众存款行为是利用合法经营的形式绕开了这些部门的"依法批准",两种行为均是对吸收存款这一金融业务必须经过监管部门审批要求的违背。换言之,如果某一向社会不特定多数人归集资金的行为根本无需金融监管部门的批准(非金融类的经营行为均属于此),那么该行为就不可能构成以变相吸收公众存款的方式进行的非法集资犯罪。

四、双重行政违法性检验标准之提倡

非法吸收公众存款罪属于行政犯,如果行为构成犯罪,则必然满足前置的行政违法要求,这一点前文已论述。笔者进一步认为,对于该罪,需要进行双重行政违法检验。在《2010年司法解释》中,非法吸收公众存款行为的认定被解构为"违反国家金融管理法律规定……未经有关部门依法批准或者借用合法经营的形式吸收资金……",借鉴了《刑法》第225条第3项的立法模式,对于非法吸收公众存款罪与非法经营罪在银行领域发生竞合的情况在法律制度上保持了一致。关于其中"借用合法经营的形式吸收资金",前文已论述如采扩大解释的方法进行理解,将导致所有募集资金的行为,无论其基础法律关系为交易关系、信托关系或是借贷关系,都有可能构成非法吸收公众存款罪,"非法性"判断由于虚化而无法起到界分"罪与非罪"的作用,突破了罪刑法定原则明确性的要求。具体分析"未经有关部门依法批准"和"违反国家金融管理法律规定"的关系,两者在实践中往往被画上等号,未经有关部门依法批准是否就意味着该行为必然违反国家金融管理法律规定?其实不然。笔者认为,这一入罪结构意味着非法吸收公众存款行为的"非法性"需要经过二次判断,也即存在双重行政违法检验标准:首先判断行为是否经过有关部门批准,其次判断行为是否违反国家规定,只有当两者都满足时,吸收公众存款的行为才具有"非法性"。虽然在实践中,"违反国家规定"往往表现为"未经有关部门批准",但是两者仍存在显著差异,可能存在经过批准但违反国家规定的情况,也可能出现未经批准但不违反国家规定的情形,两者系交叉关系而非简单重复。实践中往往忽略了两者的差异,导致吸收公众存款的行为在不具有"非法性"的情况下被认定为犯罪。

(一)行为经过有关部门批准但违反国家规定

可能存在经过有关部门批准但违反国家规定的情况,多为获得特许经营资格后违法开展业务。例如,在"李某、钟某等非法吸收公众存款罪"中,被告人钟某具有私募基金的从业资格,且证据显示其所在公司已登记为私募投资基金管理人,是经中国证券投资基金业协会批准开展私募证券投资等私募基金业务的金融机构。法院认为钟宇通过公司发行的私募基金产品对外非法集资,违反了《合伙企业法》《证券投资基金法》以及《私募投资基金监督管理暂行办法》的相关规定,构成非法吸收公众存款罪。① 虽然在本案中,法院认为"澳信公司于2014年5月在中国基金业协会进行私募基金管理人登记,但其从业合法性未经相关主管部门同意",但应当认为,登记行为在性质上属于相关部门的批准行为。根据《证券投资基金法》,公开募集投资基金业务的基金管理人采准入制,而私募投资基金则采登记制,由中国证券投资基金业协会负责非公开募集基金的登记和备案。因此,涉案公司经过了私募基金管理人登记的行为可以证明其从业合法性已经主管部门同意,也即经过相关部门批准,但发行销售基金产品的行为本身违反了国家规定。我国的金融业务属于特许经营业务,经过批准仅代表行为人获得准入资格,但在具体开展业务的过程中是否合法,应根据相关国家规定进行判断,"违反国家规定"的认定标准不能被替换为"未经批准登记"。

同样的问题存在于商业银行等具有吸收公众存款资格的金融机构是否一定被排除在非法吸收公众存款罪的行为主体范围之外的争议中。立法机关曾指出,"广义的非法吸收公众存款,包含两种情况:一是行为人不具有吸收存款的主体资格而吸收公众存款破坏金融秩序的行为。二是行为人具有吸收存款的主体资格,但是,其吸收公众存款所采用的方法是违法的。如有的银行和其他金融机构为争揽储户,违反中国人民银行关于利率的规定,采用擅自提高利率的方式吸收存款,进行恶意竞争,破坏了国家的利率政策,扰乱金融秩序的行为。对后一种情况,商业银行法已具体规定了行政处罚,一般不宜作为犯罪处理"②。虽然立法者认为商业银行通过违法行为吸收公众存款不宜作为犯罪处理,但是并不能因为行为已受行政处罚即认为不构成刑事犯罪,"不宜"作为犯罪处理也隐含着"成立犯罪"的含义;且非法吸收公众存款罪作为法定犯,必然存在前置的行政违法,不具有吸收存款主体资格者,吸收公众存款构成犯罪的也应承担行政责任,因此,商业银行法中已规定行政处罚并不能得出商业银行非法吸收公众存款不构成犯罪的结论。张明楷教授认为,"行为人完全可能骗取有

---

① 参见(2016)川0191刑初113号刑事判决书。
② 全国人大常委会法制工作委员会刑法室:《〈中华人民共和国刑法〉条文说明、立法理由及相关规定》,北京大学出版社2009年版,第319页。

关部门的批准进而实施吸收公众存款的行为。在这种场合,也可谓经过了有关部门依法批准,但不可能排除非法吸收公众存款罪的成立。如果将非法限定为未经有关部门依法批准,就意味着仅考虑了程序上的非法性,而忽视了实体上的非法性……经营范围包括存贷款业务的金融机构,因为存贷款业务获得了主管机关批准,一般难以成立前述第一种情形(狭义的'非法吸收公众存款')的犯罪,但如果以擅自提高利率等不法方式吸收存款的,因为严重扰乱了金融秩序,应以本罪论处"①。对此,笔者有不同意见,以商业银行为代表的存款类金融机构不能成为非法吸收公众存款罪的犯罪主体,商业银行违法吸收公众存款的行为不构成非法吸收公众存款罪。如前所述,行为构成非法吸收公众存款罪,需要在构成要件上满足双重的行政要素,一是"违反国家金融管理法律规定",二是"未经有关部门批准"。吸收存款是商业银行的核心业务,正式的商业银行必然具备吸收存款的资格,属于"已经有关部门批准",不存在吸收存款业务未经批准的商业银行,因此,即使某商业银行违反国家规定吸收公众存款,但由于不具有构成要件中"未经有关部门批准"的行政要素,因此不构成非法吸收公众存款罪。

(二)行为符合国家规定但未经有关部门批准

可能存在未经有关部门批准但未违反国家规定的情况,此类情形多发生于金融创新领域,存在公权力是否需要介入市场经济行为及监管依据的疑问。以李某非法吸收公众存款案为例,法院认为李某通过互联网游戏平台,利用网络游戏理财的方式变相吸收公众存款,违反国家有关规定,其行为构成非法吸收公众存款罪。李某主张自己的行为不属于非法吸收公众存款和变相吸收公众存款,无须银行业金融监管部门批准,对此法院以"中国银行业监督管理委员会汕头监管分局出具的《复函》,证明该局没有向自由国际网络理财游戏平台发放过经营金融业务的《金融许可证》"为由论证涉案行为未经批准,但并未对李某销售网络理财产品的行为究竟违反何种"国家有关规定"作出说明。② 根据中国人民银行等四部门联合发布的《关于规范金融机构资

---

① 张明楷:《刑法学》,法律出版社2016年版,第778—780页。
② 参见(2017)粤05刑终160号刑事判决书。

产管理业务的指导意见》第 9 条规定,金融机构尽管是代理销售其他机构发行的资产管理产品,也需要具备金融监管部门规定的资质条件,否则任何非金融机构和个人都不得代理销售此类产品。由于李某不具有金融机构的身份,因此根据该条文,其不能代理销售资产管理产品,也即所谓的理财产品,法院所认为的"违反国家有关规定"应是指《关于规范金融机构资产管理业务的指导意见》。

然而该意见并不属于《2010 年司法解释》所要求的"国家金融管理法律规定"。《刑法》第 96 条规定:"本法所称违反国家规定,是指违反全国人民代表大会及其常务委员会制定的法律和决定,国务院制定的行政法规、规定的行政措施、发布的决定和命令。"对于该条文的理解,最高人民法院《关于准确理解和适用刑法中"国家规定"的有关问题的通知》指出,国务院通常以行政法规或者国务院制发文件的方式决定"国务院规定的行政措施"。以国务院办公厅名义制发的文件,符合如下条件的,也应当视作"国家规定":(1)有明确的法律依据或者同相关行政法规不相抵触;(2)经国务院常务会议讨论通过或者经国务院批准;(3)在国务院公报上公开发布。所以"国家规定"仅有两种类型,分别是全国人大及其常委会出台的法律和决定,以及国务院制定的行政法规等规范性文件,地方性法规、规章以及部门规章均不在此列。国家金融管理法律规定指国家规定中与金融管理相关的规定,其范围应小于国家规定,因此不属于国家规定者,必然不是非法吸收公众存款罪中行政要素所要求的国家金融管理法律规定。《关于规范金融机构资产管理业务的指导意见》由中国人民银行等四部门制定并发布,属于联合规章而非"国家规定",因此法院以行为人违反《关于规范金融机构资产管理业务的指导意见》为由论证其"违反国家规定"进而构成犯罪,属于对"国家规定"的错误理解。

(三)通过双重检验标准限缩互联网金融犯罪圈

通过前文的分析,应当认为,在互联网金融犯罪中,"未经国家有关部门批准"和"违反国家法律规定"均属于认定行为构成犯罪的行政违法性判断要求,也是行为具备刑事违法性的前提,且两者需检验的内容并不相同,无法相互替代或包含。因此,基于罪刑法定的要求和行政犯的基本原理,笔者认为,互联网金融犯罪的"非法性"需要经过"未经批准"和"违反国家规定"的双重检验,以严格限制该罪名的适用,只有当行为不仅未经国家有关部门批准,还违反了国家规定的时候,才可能构成犯罪,仅满足双重检验标准中部分的不构成犯罪,避免将虽具有社会危害性但不具刑事违法性的行为类推解释为犯罪,使非法吸收公众存款罪的形式概念和实质概念实现有机统一。

第五章 互联网金融行为"罪与非罪"的实质判断:法益侵害的识别

一、互联网背景下"法益侵害"的教义学地位

构成要件是刑法所规定的,行为成立犯罪所必须符合的规范类型,该当构成要件的要求避免了仅依据刑法基本原则甚至主观上认为行为具有社会危害性即施之以刑罚的恣意。一般情况下,每一分则条款均有其保护的特定法益,受制于罪刑法定原则和严格的起诉法定主义,不能以刑法的谦抑性为理由,在构成要件之外补充行为的社会意义,从而实现具体案件的非犯罪化、非刑罚化。① 因此判断行为构成犯罪的基础是满足形式上的构成要件,进而具备形式上的违法性。但是,行为仅仅满足形式上的构成要件还不足以将该行为入罪,由于"规范通过犯罪构成所作的违法性事实推定,是一种类型性的推定,尽管具有价值判断的普遍意义,但价值判断始终具有相对性和特殊性。现实社会的复杂性,导致高度抽象的违法类型无法实现规范事实与具体发生的事实完全对接和还原"②。法律尤其是刑法在面对高速发展的社会时存在严重的滞后性,无法周详地考虑到所有可能的情况,因此在行为具备形式违法性的基础上,要进一步确认其实质违法性,只有当满足构成要件的行为实际上侵害了条文所保护的法益时,才可以将其入罪。对于互联网金融而言,既

---

① 参见简爱:《一个标签理论的现实化进路:刑法谦抑性的司法适用》,载《法制与社会发展》2017 年第 3 期。

② 孙国祥:《经济刑法适用中的超规范出罪事由研究》,载《南大法学》2020 年第 1 期。

然属于金融创新行为,那么必然存在着以过去的传统法律规范来评价互联网时代新出现事物的情况。因此,在尚未作出及时回应的法律制度面前,具体的互联网金融行为即使具备"非法性"等行政要件,满足形式上的犯罪构成要件,也仍需要从实质上判断是否侵害了刑法条文所具体保护的法益。

犯罪的本质是对法益的侵害,判断某一行为构成犯罪与否,不仅要从形式上看其是否满足犯罪构成要件的符合性,还要从实质层面考察该行为是否对刑法所保护法益具有侵害性。通过对具体行为违法性的实质判断,将那些虽然在形式上符合犯罪构成要件但实质上未侵害到刑法所保护法益的行为排除在犯罪圈之外,从形式和实质两个侧面平衡刑法的法益保护和自由保障机能。因此,判断某个具体的互联网金融行为是否构成犯罪,不仅要判断该行为是否与现行刑法中的某个具体犯罪在构成要件上该当,还要判断该行为是否侵犯了法益。简言之,在构成要件满足的基础上,如果具体行为侵害了法益,则构成罪,如果行为实际上未侵害法益,则不构成犯罪。互联网金融是通过互联网开展的金融行为,包括了所谓的传统金融互联网化和互联网金融创新。传统金融与互联网金融本质上都属于金融范畴,互联网金融犯罪也当然是金融犯罪的下位概念,因此在法益上,互联网金融犯罪与金融犯罪具有一致性。

二、互联网金融犯罪认定中的"法益"本体

(一)互联网金融犯罪侵犯的法益是金融秩序

我国刑法中的金融犯罪包括四类:最狭义的金融犯罪、狭义的金融犯罪、广义的金融犯罪和最广义的金融犯罪。一是刑法分则第三章"破坏金融市场经济秩序罪"的第四节"破坏金融管理秩序罪"和第五节"金融诈骗罪",这是最狭义的金融犯罪;二是在最狭义的金融犯罪的基础上增加了第三章中走私假币罪、欺诈发行股票、债券罪等直接侵害金融秩序的犯罪,即狭义的金融犯罪;三是广义的金融犯罪,在前述犯罪以外,还包括了金融机构工作人员在履行职责时所实施的与金融秩序密切相关的犯罪如挪用资金罪、非法经营罪等;四是最广义的金融犯罪,除了前三种类型的所有犯罪外,还包括以金融机构为侵

害对象的盗窃罪、抢劫罪及其他以金融机构资金安全和正常活动为侵害目标的犯罪。[①] 本书所称"金融犯罪"为狭义的金融犯罪,即刑法分则第三章"破坏社会主义市场经济秩序罪"中的第四节"破坏金融管理秩序罪"和第五节"金融诈骗罪",以及其他若干直接侵害金融秩序的犯罪。正如前文所述,互联网金融犯罪是金融犯罪的下位概念,其典型特征是犯罪行为对金融秩序这一法益的侵害,对金融犯罪的界定,不再是以行业为标准,而是以金融领域为标准,金融犯罪可能发生在传统金融领域,也可能发生在互联网金融领域,其犯罪方式可能是传统方式,也可能是运用互联网的创新方式。[②] 因此通过互联网实施的破坏金融管理秩序罪和金融诈骗罪,以及其他若干受到刑法规制的行为如非法经营证券、期货、保险业务等,都因侵犯了金融秩序而属于本文所讨论的互联网金融犯罪。

虽然金融诈骗和破坏金融管理秩序的犯罪行为都扰乱了社会主义市场经济秩序,侵犯了社会主义市场经济秩序这一法益,但两者存在明显差异。通说认为,破坏金融管理秩序犯罪侵害的客体为简单客体,即金融秩序;而金融诈骗罪侵害的客体则是复杂客体,金融诈骗罪属于诈骗罪的特殊罪名,既侵犯了国家金融秩序,又侵犯了诈骗罪的共同法益即公私财产权。对于未侵害金融秩序法益的互联网犯罪,虽然可能属于广义上的金融犯罪,如盗窃罪、诈骗罪等,通过数据库"互联网金融"等关键词搜索也发现案件被列入其中,但是该类犯罪不属于本书所讨论的内容。

(二)"金融管理秩序说"面临的挑战

金融管理秩序是目前通说所认为的金融犯罪所共同侵犯的法益,然而究竟什么是金融管理秩序,该如何把握和理解这一法益,学界对此有较大争议。金融犯罪属于法定犯,即单纯的不服从法律,而一行为单纯的不服从法律并不意味着一定具有违法性,因为该行为不一定侵害了刑法所保护的法益。虽然有学者(包括笔者在下文中也采用了这种做法)从法定犯在刑法典中的章节位置来确立其所要保护的

[①] 参见曲新久:《金融与金融犯罪》,中信出版社2003年版,第65—66页。
[②] 参见王勇:《互联网时代的金融犯罪变迁与刑法规制转向》,载《当代法学》2018年第3期。

法益,但是在具体条文中,对于这些具体法益的描述正是反映出法定犯的本质并非直接侵害或威胁了具体法益,而是体现为对国家行政法规的不服从。因此,甚至有学者认为,法定犯先天是欠缺法益性的:一方面法定犯没有侵害法益,只有对国家行政法规的单纯不服从;另一方面即便根据通说认为法定犯侵害了法益,但是在证成上也存在着理论和逻辑上的不足,更像是基于福利国家行政目的及刑事政策的需要,而对法益理论作出的修改,是传统刑法理论向社会现实需求妥协的结果。① 由此可见,即使是在金融犯罪是否侵犯法益这一问题上都存在着争议。本研究遵循传统刑法理论,赞成一切犯罪均是侵犯了法益的行为这一观点。但是在金融犯罪具体侵犯了何种法益的问题上,学界同样有不同看法。由于法益的确定直接影响行为违法性的认定,对个罪构成要件的解释亦具有指导作用,因此需要加以厘清。

传统刑法理论认为金融犯罪侵犯的法益是金融管理秩序,该观点认为金融秩序具体表现为国家对金融行为的管控。金融是国家经济的命脉,预防和控制系统性金融风险是金融监管的主要任务之一,在这一意义上,当然需要对危害金融管理秩序的行为予以否定性评价。然而,探究金融管理秩序的最终目的,在于确保金融交易的安全,从手段上保护交易双方的财产权,"集体法益本身不是目的,而只是保护个人法益的手段"②。我国现行金融刑法规制模式产生于计划经济时代,基于财政金融一体化的目标而形成的秩序法益观是该立法体系的基本立场。随着时代的变迁和社会的进步,我国金融体系逐步健全,已成为社会主义市场经济制度不可或缺的重要组成部分。金融与经济的关系正如习近平总书记所言,"金融活,经济活;金融稳,经济稳。经济兴,金融兴;经济强,金融强。经济是肌体,金融是血脉,两者共生共荣。我们要深化对金融本质和规律的认识,立足中国实际,走出中国特色金融发展之路"③。因此,继续以计划经济时代对金融秩序的理解来套用到当下互联网时代的市场经济发展中,必然会对我国

---

① 参见刘艳红:《"法益性的欠缺"与法定犯的出罪——以行政要素的双重限缩解释为路径》,载《比较法研究》2019年第1期。
② 孙国祥:《集体法益的刑法保护及其边界》,载《法学研究》2018年第6期。
③ 《深化金融供给侧结构性改革增强金融服务实体经济能力》,载《人民日报》2019年2月24日,第1版。

社会主义市场经济发展和金融市场进步产生消极作用,"金融管理秩序说"已经难以适应我国当下的社会经济发展需要。有学者指出,"金融管理秩序说"过分夸大了金融秩序维护对刑法的依赖功能,可能会导致刑法中对于金融秩序保护的条文成为金融准入和维护内外部金融秩序的工具,现行金融刑法的立法建构与我国当下金融法制体系的转型方向不一致,造成了法益定位导向上的严重缺陷。① 亦有观点指出,金融管理秩序说"整个论证过程是建立在'金融管理法律法规等同于金融秩序'这一预设的前提之上。该前提在计划经济时期以及市场经济初期勉强成立,但是在市场决定资源配置的今天明显不合时宜"②。以金融管理秩序作为金融犯罪的法益,导致具体互联网金融行为"罪与非罪"判断模糊化、抽象化和象征化等问题凸显。基于此,"利益说"应运而生。"利益说"将金融犯罪所侵害法益由金融秩序转变为金融信用,此观点构建于现代金融的信用基础之上。③ 该观点从保护金融活动参与人的利益出发,理解金融犯罪的保护法益,较之于金融管理秩序说而言,利益说在处罚范围上的利益概念比秩序概念更为具体,有利于判断具体行为是否侵犯了金融消费者的利益;在处罚正当性上,利益作为个人法益比秩序的超个人法益更易掌握和衡量。

但旨在重构金融刑法的"利益说"也存在多个方面的问题,使其无法替代金融秩序成为金融犯罪新的法益。首先,信用概念本身不够明确,模糊性的问题无法得到很好的解决,金融制度信用本身也是一种金融秩序,仅仅在侧重点上有所区别,而在内涵上并无二致;其次,利益说将金融犯罪的法益聚焦在信用上,不当地限缩了其他方面的金融利益,包括较为抽象的超个人法益和不属于信用的个人法益。金融法律关系包括金融交易关系、金融组织关系、金融管理关系和金融调控关系等,利益说由金融交易关系推导而来,必然导致刑法在面对破坏

---

① 参见魏昌东:《中国金融刑法法益之理论辨正与定位革新》,载《法学评论》2017年第6期。
② 蓝学友:《互联网环境中金融犯罪的秩序法益:从主体性法益观到主体间性法益观》,载《中国法律评论》2020年第2期。
③ 参见钱小平:《中国金融刑法立法的应然转向:从"秩序法益观"到"利益法益观"》,载《政治与法律》2017年第5期。

金融监管关系和金融调控关系的危害行为时存在真空地带。

还有观点认为,金融犯罪所侵害的法益是"金融交易秩序",金融交易秩序说的着重点在于资金供求双方之间是一种金融交易关系,因此,金融犯罪侵犯的法益是金融交易的秩序。可以看出,此观点认为金融交易秩序与金融管理秩序不同,但是实际上,金融交易秩序本身是离不开管理的。没有管理也就不存在有条理、不混乱、符合社会规范化的状态也即秩序的实现。任何金融活动都是在管理之下达到某种秩序的,金融的交易秩序也不例外,所以金融交易秩序说所坚持的金融交易秩序,也应当是金融交易管理秩序,其与金融管理秩序并不是同一层面的概念。金融交易管理秩序无论在范围还是在内容上均大于金融交易秩序,两者是包容关系而非并列关系,如果行为一旦侵害了金融交易秩序,必然意味着金融管理秩序也受到了侵害。①

(三) 互联网金融犯罪侵犯的法益:金融管理秩序之解构

金融法是金融犯罪的前置法,影响着金融犯罪法益的确定。在金融的创新发展过程中,衍生出了新的金融交易客体并且从金融活动参与者中分离出了金融消费者主体。金融消费者主体与金融机构之间的交易关系往往是不平等的,金融法律关系也因此重构。传统的金融法律关系包括传统金融交易关系、金融组织关系、金融管理关系,除此之外又拓展出基于不平等交易关系的金融服务关系。金融交易、金融管理等关系的内容也受到了金融服务关系诞生而带来的影响,整体金融法律关系随之重构。金融消费者与金融机构之间的不平等的金融交易关系在金融法律关系中所占的比重越来越大,是因为金融投资产品及理财咨询、代理等服务的复杂性决定了金融消费者的专业知识局限、信息不对称,因此金融机构在与金融消费者的交易中占有不平等地位。重构金融法律关系的目的就是要调整金融消费者与金融机构之间的不平等金融交易关系。② 金融法律关系的重构直接影响着金融犯罪法益的变化,刑法是金融法的保障法。目前金融法学界关于金融秩序的内容及金融法律关系类型的讨论还在继续,在尚未得出明确结论的情况下,金融刑法关于法益的讨论不应贸然走在金融法的前

---

① 参见刘宪权:《金融犯罪刑法学新论》,上海人民出版社 2014 年版,第 11—12 页。
② 参见杨东:《金融服务统合法论》,法律出版社 2013 年版,第 200 页。

面,激进地直接否定金融管理秩序而以信用利益或是其他利益代替之,以保持刑法的稳定性和谦抑性。

金融刑法属于刑法与金融法交叉形成的学科,其以金融法作为前置行政违法性判断依据而形成的二次违法性特征,使其应归属于行政刑法范畴。二战以后,法学界对于行政刑法的讨论已经达成了一定的共识,即行政刑法虽然在法律上兼具行政法与刑法的双重性,但是,在学科上具有独立性,即应将行政刑法作为一门专门用以研究行政法与刑法之间的交叉、互动和协调关系的独立的交叉学科。[①] 金融刑法既应当遵循金融法的基本理论和发展方向,同时也应保持刑法自身的品格,尤其是在我国采取刑事立法一体化的模式下,所有犯罪行为均通过统一的刑法典予以规制,而没有专门进行诸如"经济刑法"或"行政刑法"的立法。因此,虽然金融犯罪具有金融违法性的特点并区别于传统的刑事犯,但较之于金融法,金融刑法更应保持与刑法的密切联系,刑法的基本原则、基础理论及刑事政策都应当得到较好的贯彻。虽然金融刑法应当与前置的金融法保持维护法益的一致性,但是无需随之波动,完全可以待金融法学界的讨论形成统一意见后,再以刑法理论为基础,确立金融犯罪的法益该转向何处。因此,笔者认为,现阶段金融犯罪的法益仍应坚持秩序论。

诚然,正如批评者所言,以金融管理秩序作为金融犯罪法益的观点产生于计划经济时代,其浓重的行政管理色彩对我国的金融业发展产生了消极影响,陈旧的管理理念跟不上日新月异的金融创新,一定程度上阻碍了发展,且司法实践中存在秩序模糊化、抽象化和象征化等问题。但这些不应成为摒弃金融管理秩序作为法益的理由。首先,以金融管理秩序作为金融犯罪法益符合党中央的金融安全观。金融秩序的内涵较为抽象且并非固定不变,与国家的宏观政策尤其是金融政策有着密切的关联性,同时金融秩序又是市场经济秩序的重要组成,一如经济与金融二者共生共荣。党和国家高度重视金融安全,近年来习近平总书记在各种公开场合多次发表重要讲话谈及金融安全的问题,认为金融安全是国家安全的重要组成部分,是经济平稳健康发展的重要基础。维护金融安全,是一件带有战略性、根本性的大

---

① 参见刘艳红、周佑勇:《行政刑法的一般理论》,北京大学出版社2020年版,第29页。

事,关系我国经济社会发展全局,明确指出了准确判断风险隐患是保障金融安全的前提,要守住不发生系统性金融风险的底线。而维护金融安全、避免发生金融风险正是意味着一种由管理者主导的良好的秩序。尤其是近年来,囿于国际形势的复杂多变,国内稳定的金融安全更加凸显了金融管理秩序的重要性。党和国家领导人的金融观,以及因此出台的多项金融政策,均说明金融管理秩序与金融安全的密切联系,后者的稳定状态是以前者的实现为基础的。因此,以金融管理秩序作为金融犯罪法益,符合当下党和国家的金融安全观。

其次,以金融管理秩序为法益是立法的明确规定。金融管理秩序是市场经济秩序的下位概念,后者是指"由市场经济活动所必须遵循的经济准则与行为规范所调整的模式、结构及有序状态"[1]。据此可知,市场经济秩序在本质上是一种有序状态,除金融管理秩序外,还包括了诸如正当竞争秩序、市场活动秩序、税收征管秩序等。以秩序作为法益并非金融犯罪独有,秩序法益广泛地分布在刑法的各章节中,除分则第三章犯罪外,典型者还有第六章妨害社会管理秩序罪。金融犯罪的法益是金融管理秩序,由刑法第三章第四节的类罪名所明确规定下来。从体系解释的角度看,金融管理秩序与该章其他七节所规定的法益一起,共同组成了社会主义市场经济秩序。罪刑法定是刑法最基本、最不可被突破的原则,无视刑法的这一明文规定,试图以金融交易秩序、利益、风险等代替之,是看似美好的"空中楼阁",如站在立法论的角度看或有一定道理,但却不具有现实可操作性。

最后,金融管理秩序法益比利益、金融交易秩序等更为合理。反对论者在批评金融管理秩序说的同时,提出了利益说、金融交易秩序说等金融犯罪法益的不同观点。笔者认为,这些观点均过于狭隘。金融安全是国家安全的重要组成,其重要性可见一斑,良好的金融管理秩序使得金融风险发生的概率降低。浓重的行政管理色彩固然可能会阻碍金融创新发展,但金融行为从来都不是封闭的私主体行为,其中涉及多种私主体与公主体间、公主体相互之间的法律关系。我国的社会主义市场经济制度不同于西方国家的完全自由市场经济制度——后者的缺陷通过近年来的国际金融危机已经被放大检视——

---

[1] 张明楷:《刑法学》,法律出版社2015年版,第734页。

而是宏观调控下的市场经济制度,这也意味着政府的调控、管理尤为重要,当"自由"与"秩序"这两个法所追求的基本价值发生冲突时,金融法毫无疑问应当选择后者。金融管理秩序作为一种集体法益,当与个人利益发生冲突时,例如,当事各方均基于真实意思表示而发生的非法集资行为,利益说和金融交易秩序说难以解释对该类行为进行刑事规制的合法性,这时以金融管理秩序作为金融犯罪法益的优势则更为凸显。

因此,应当坚持金融犯罪所侵害的法益是金融管理秩序。与此同时,也应当对其予以一定程度的修正,以顺应社会主义市场经济尤其是金融市场的变化,更好回应金融法学界关于重构金融关系的核心在于解决金融消费者与金融机构之间不平等交易关系的调整问题的观点。金融管理秩序属于集体法益,又称为超个人法益,不同于个人法益犯罪在违法性上较为明确,要对涉及集体法益的犯罪是否侵害了法益作出准确的判断具有较大难度。刑法对超个人法益保护的强调,同时使危险犯在刑法中的比重日渐增加。互联网金融犯罪发生于网络空间,由于其扁平化、泛在互联、快速传播的特点,导致了金融行为进一步的复杂性和不确定性,形成了新的社会风险,同时兼顾个人自由和社会秩序成为一项颇具挑战的任务。一般情况下,集体法益最终都可以还原到个人法益,即集体法益是多个个人法益的集合,因为"个人法益与集体法益都是以人的利益、人的自由为依归,因此,个人法益与集体法益具有相通性,集体法益的保护是对传统刑法个人法益保护的一种延伸"[①]。然而目前在我国刑法中,也大量存在集体法益与个人法益冲突的情形,例如,在非法集资犯罪中,个人自由处分财产的权利就和金融管理秩序之间存在紧张关系。集体法益与个人法益冲突的现象在金融犯罪中尤为突出。

三、互联网金融语境中超个人法益的保护限度

(一)金融犯罪不同于金融违法行为

金融违法行为和金融犯罪所侵害的法益均为金融管理秩序,但在

[①] 孙国祥:《集体法益的刑法保护及其边界》,载《法学研究》2018年第6期。

具体案件中的涵盖内容则应有所区分。金融违法行为受金融法规制,而金融犯罪则受刑法规制,"行政处罚的目的是维护行政管理秩序(《行政处罚法》第3条),侧重的是行政不法行为客观上的危害性,而刑罚的目的建立在报应与预防的基础上,主观上的'恶'(故意或者过失)历来是施加刑罚的前提之一"①。刑法并非社会管理法,行政犯也不是简单的行政违法在量上的增加。② 因此,一般违反行政法律规范的行为,虽然因具有行政违法性而应受到行政处罚,但是并不意味着该行为必然属于刑法所规定的犯罪。"对于超个人法益的界定必须落实到具体利益,抽象的法益只应成为行政法等社会管理法的法益,而非刑法上的法益,两种法律在社会功能治理上存在着天然的差别。我国当前刑法中规定的一些所谓超个人法益的经济犯罪罪名,在很大程度上都打着保护经济秩序之名而行刑法干预经济活动之实,通过扩张刑罚权加大对经济领域的打击力度,泛化刑法功能,从而侵害正常交易主体的合法权益"③。现行金融犯罪治理模式下,以金融管理秩序这一集体法益作为判断行为是否构成犯罪的依据,同时,以金融法作为金融犯罪行政违法性的判断依据,实务中则将金融管理秩序的破坏与金融法规的违反两者画上等号,简单认为违反金融法规的行为就是破坏了刑法意义上的金融管理秩序。

"尽管下位的行政法规和部门规章都会宣称自己是根据上位法制定的,但是出于行政管理便利的需要,下位的行政法规和部门规章中实际上掺杂了大量的管理性规定。严格来讲,违反这部分管理性规定的行为至多只能算是行政违法行为,但是,由于管理性规定和实体性规定混合立法,司法者往往难以辨别和区分。此时,如果单纯以违反金融管理法律、法规和部门规章为由认定涉案行为扰乱金融秩序,那么就不可避免地会把一部分单纯违反管理性规则的行政违法行为当

---

① 孙国祥:《行政犯违法性判断的从属性和独立性研究》,载《法学家》2017年第1期。
② 关于行政犯和行政违法的"质""量"关系的分析,详见孙国祥:《行政犯违法性判断的从属性和独立性研究》,载《法学家》2017年第1期;张明楷:《避免将行政违法认定为刑事犯罪:理念、方法与路径》,载《中国法学》2017年第4期。
③ 时方:《我国经济犯罪超个人法益属性辨析、类型划分及评述》,载《当代法学》2018年第2期。

作犯罪处理"①。在罪刑法定原则下,如果某个行政违法行为在刑法上亦有专门罪名予以规范,则在判断其是否构成犯罪的问题上,不仅需要分析其行政违法性以满足犯罪构成要件,还要进一步判断该行为是否侵犯了刑法上的法益,而不能将这两者混同。回到金融犯罪的问题上,某一行为可能因行政违法而在一定程度上破坏了金融管理秩序,但应具体分析该金融管理秩序的侵犯是否属于刑法上对于金融管理秩序法益的侵害。包括《商业银行法》《证券法》在内的金融法规因在性质上属于行政法,偏重对制度和秩序的建立与维护,以及对国家公共利益的保护。而金融刑法所保护的"金融管理秩序"虽然也表现为对国家金融制度的保护,但是由于立法目的和功能的不同,刑法中的集体利益是个人法益的集合,故仍然是个人法益,与个人法益只有量的不同,没有质的界限。

  经济秩序是为了维系相应的经济格局,同时也是社会经济利益的直接或间接表现,所以,但凡经济利益有任何调整与变动,都会引起经济秩序产生变化,因此,可以认为,破坏市场经济秩序犯罪最终侵犯的是国家、社会与市场主体的经济利益,作为经济秩序下位概念的金融秩序亦是如此。② 换言之,刑法中的金融秩序应当可以还原为个人法益。"行为仅侵害行政管理秩序时,即使在行政法上被认为侵害了公法益,但如果没有最终侵害个人法益的,就只是行政违法行为,而不可能成为犯罪行为"③。对集体法益的侵害最终应当能够具体化为对不特定的个人法益的侵害,而非是抽象的对某种秩序的侵害,又或是对某些特定个人、群体自身利益因受到不平等的特别保护而为的侵害,例如,将商业银行利用吸储的垄断地位产生的金融利益等价为金融秩序,该种秩序的内涵究竟为何至关重要,"如果所谓的集体法益并不是建立在共同体主体成员所共享的基础上,而明显是由特定的个人(或者单位)所享有,则不是真正需要由刑法保护的集体法益,即使被

---

  ① 蓝学友:《互联网环境中金融犯罪的秩序法益:从主体性法益观到主体间性法益观》,载《中国法律评论》2020年第2期。
  ② 参加张明楷:《刑法学》,法律出版社2015年版,第734页。
  ③ 张明楷:《避免将行政违法认定为刑事犯罪:理念、方法与路径》,载《中国法学》2017年第4期。

冠以集体法益之名,也只能是伪集体法益"①。当下,我国金融刑法所保护的法益正面临这一窘境。由于金融管理秩序概念有着抽象和模糊的特点,导致这些罪名在实务中已成为保护金融垄断的利器。很显然,市场经济领域内的商业银行和其他非银行类金融机构利益难以最终落实为个人利益,两者之间甚至存在某些方面天然的冲突。

(二)互联网金融犯罪中的金融管理秩序:金融消费者的资金安全

金融刑法保护的法益包括了公私财产权和国家金融秩序,但正如司法实务人员所指出的那样,"司法实践应更重视破坏金融管理秩序罪社会危害性中,损害社会公众财产利益的一面,注重保护个体的财产性利益,从而有利于化解社会矛盾,维护社会稳定"②。正是因为存在各自保护内容上的偏重,立法目的的不同,因而刑法不能径自使用行政法中对于金融秩序的理解。自由经济秩序这些抽象、观念性的法益,作为科处行政制裁的前提是妥当的,但作为刑法保护的法益,不能仅是观念性的事物。刑法保护的法益应以个人的利益为中心,因为互联网金融犯罪的被害人会扩展到不具有特定对象的社会公众,每个社会一般人成为真正被害人和财产犯罪中的特定被害人之间并没有本质上的差异。

1. 金融安全作为法益过于抽象

金融安全确有维护的必要,但最终应落脚于保护投资者利益。由于秩序作为法益具有抽象的特点,因此,仅仅是秩序受到侵犯,而不具有任何侵害公众财产权的法益,则意味着该行为没有达到值得处罚的法益侵害性。例如,互联网金融行为最容易触及的非法吸收公众存款罪,虽然《2010年司法解释》第3条从三个方面明确了该罪的立案标准,分别是,吸收存款的数额、吸收存款的人数以及造成经济损失的数额。因此,即使没有侵害公私财产权,集资人的行为也可能构成犯罪,该罪所侵犯的法益似乎只有金融管理秩序而不包括社会公众的财产,但是正如立法者所言,虽然"金融管理秩序"通常被认为是本罪保

---

① 孙国祥:《集体法益的刑法保护及其边界》,载《法学研究》2018年第6期。
② 参见吴卫军主编:《刑事案例诉辩审评——破坏金融管理秩序罪》,中国检察出版社2014年版,第20页。

护的法益,但是它仍然蕴含着对"投资者资金"和"公民、法人以及其他组织财产"的保护。① 因此,在投资者利益没有被侵害或不具有被侵害的危险时,即便行为在形式上符合犯罪构成,市场秩序存在被侵害的危险,也不宜一概定罪,因为违反经济秩序的行为并不必然具有达到刑法要求的社会危害性。如果刑法亦以保护经济行政秩序为目的,将会使自身蜕变为执行经济行政法的强力手段,以致丧失其独立的部门法属性和基本立场,形成对行政法的附属地位。② 因此,对于金融犯罪成立与否,应严格以刑法所保护的法益是否受到侵害为判断依据,当金融秩序法益最终可以具化为个人法益时,才有可能构成犯罪,如果仅仅是抽象的金融秩序受到破坏,而没有个人法益受损时,则该行为应只属于行政违法,而难以被评价为犯罪。

2. 互联网金融犯罪的法益具有复杂性

由于上位概念的金融犯罪法益因应时代的发展作出了调整,互联网金融犯罪侵害的法益也应随之发生变化,在坚持金融管理秩序说的同时,对"秩序"概念予以解构,认为互联网金融犯罪侵犯的法益是金融安全和金融消费者的资金安全。其中,金融消费者的资金安全是核心法益,而金融安全则是附随法益。"金融管理秩序 = 金融安全 + 金融消费者资金安全"的观点并非笔者新提出的观点,而是与立法者的观点不谋而合。以非法吸收公众存款罪为例,主观解释认为本罪侵犯的客体是国家的金融管理秩序……这种行为,既不利于国家集中有限资金用于大规模急需项目的建设,又破坏了利率的统一,严重妨碍了国家利用这些手段进行宏观调控的作用与效果,并可能诱发通货膨胀,影响金融安全。同时,非法吸收公众存款行为缺乏监管机制,行为人的风险承担能力亦缺乏保障,无法确保投资者的资金安全。③ 立法者认为金融管理秩序本质上就是金融安全和投资者资金安全。金融管理秩序是金融管理过程中一种有序的状态,而这种有序的状态,依

---

① 参见全国人大常委会法制工作委员会刑法室:《中华人民共和国刑法条文说明、立法理由及相关规定》,北京大学出版社2009年版,第321页。

② 参见何荣功:《经济自由与刑法理性:经济刑法的范围界定》,载《法律科学》2014年第3期。

③ 参见全国人大常委会法制工作委员会刑法室:《中华人民共和国刑法条文说明、立法理由及相关规定》,北京大学出版社2009年版,第321页。

赖于金融领域的安全稳定。如前文所述,金融安全是当下我国社会一切金融行为所追求的目标,"维护金融安全,要坚持底线思维,坚持问题导向,在全面做好金融工作基础上,着力深化金融改革,加强金融监管,科学防范风险,强化安全能力建设"①。因此,金融安全是包括金融刑法在内的所有金融相关法律应坚持的底线和应保护的法益。金融安全一方面是金融交易的安全,另一方面要确保金融系统的安全。金融法的目标是维护金融业的安全与稳定,要实现该目标,必须要加强金融监管,防范金融风险。② 互联网金融作为金融领域的创新模式,必须同样坚持这一底线思维,将维护金融安全、防止发生系统性金融风险作为互联网金融工作的永恒主题。党和国家多份政策性文件一再强调的"加强互联网金融监管",这一目标也正是金融安全。据此,互联网金融犯罪所侵害的金融管理秩序,其内涵当然地指向了金融安全。但是,金融安全并非是互联网金融犯罪侵犯唯一的法益。由于互联网金融犯罪具有违法二重性,不仅是违反金融法律法规的行为,更是犯罪行为,因此,金融安全仅仅是第一层违法性上的法益,并且由于金融刑法学科属性中金融法与刑法侧重性的不同,金融安全仅是附随法益。之所以不能以金融安全作为金融犯罪的核心法益,是因为金融法治除追求金融安全外,同样追求金融效率。金融法治规范金融交易活动的同时,鼓励、促进金融创新,努力实现金融市场资源配置的帕累托最优③和金融效益的最大化。传统的金融法治理论认为,金融法治要努力找寻金融安全和金融效率的平衡点,但是金融安全和金融效率之间存在着先天的矛盾,若对金融市场严加管制,必定会提升金融安全,但是会增加金融成本,金融市场准入门槛提升,金融市场缺乏活力,必然导致金融市场效率降低;同样的是若强调金融效率,必然要降低金融市场的准入门槛,缺乏对于金融交易的有效监管,导致市场失灵,危及金融市场安全和稳定。④ 因此,当互联网金融行为仅违反

---

① 《金融活经济活金融稳经济稳 做好金融工作维护金融安全》,载《人民日报》2017年4月27日,第1版。
② 参见张忠军:《论金融法的安全观》,载《中国法学》2003年第4期。
③ 帕累托最优(Pareto Optimality),资源分配的一种理想状态。
④ 参见冯果、袁康:《社会变迁视野下的金融法理论与实践》,北京大学出版社2013年版,第18页。

金融法规并危害金融安全时，不能据此认为其构成犯罪。过分强调金融安全将使其与金融效率之间出现失衡，这违背了金融法的基础理论。

互联网金融犯罪的核心法益是金融消费者的资金安全。现代金融法除了追求金融安全外，同样强调对金融消费者权益的保护。例如，《商业银行法》第1条规定："为了保护商业银行、存款人和其他客户的合法权益，规范商业银行的行为，提高信贷资产质量，加强监督管理，保障商业银行的稳健运行，维护金融秩序，促进社会主义市场经济的发展，制定本法。"这明确规定了制定该法的目的包括保护商业银行、存款人和其他客户的合法权益。再如《证券法》第1条规定："为了规范证券发行和交易行为，保护投资者的合法权益，维护社会经济秩序和社会公共利益，促进社会主义市场经济的发展，制定本法。"这明确指出立法目的包括保护投资者的合法权益。对金融消费者的保护是现代金融法的核心目标，如果具体行为没有侵害金融消费者的合法权益，或者投资人与融资人之间并无显示公平，合同双方具有平等的民事主体地位，当投资人不具备金融消费者的身份时，两者之间发生的法律关系通过民法调整即可，而无需金融法的介入，更无需金融刑法的介入，因合同行为产生的纠纷亦只属于一般民事纠纷。因此，金融消费者的权益是互联网金融犯罪的第二层法益，也是核心法益。互联网金融犯罪所侵犯的法益是金融安全和金融消费者的资金安全。在传统金融时代，两者在大部分情况下是趋于一致的，金融安全具化为金融消费者的资金安全，而金融消费者的资金安全抽象化地形成了金融安全。而在互联网金融时代，两者时常会出现不一致甚至是矛盾的情况，金融消费者在资金安全得到保障的情况下，更愿意追求金融效率，由此与金融安全的价值追求相左。当金融安全与金融消费者资金安全这两种法益发生冲突时，需要进行价值衡量，考察作为集体法益的金融安全是否可以被还原为金融消费者的资金安全这一个人法益，当无法还原时，金融安全作为附随法益应该让位于作为核心法益的金融消费者资金安全。

（三）抽象的金融秩序不是互联网金融犯罪的法益

对于互联网金融行为是否侵犯刑法所保护的法益，即金融安全与金融消费者的资金安全,应当加以具体分析。互联网金融业务在国内的开展不过数年,经历了初始阶段的野蛮生长和市场自身的淘汰时期。政府对互联网金融存在的风险亦有了较为充分的认识。从早先的鼓励和促进互联网金融发展到后来的规范互联网金融的发展,充分表明了国家决策机构对互联网金融的态度。2018年在严监管态势下,众多P2P网络借贷平台的集体"爆雷"就是重要例证,这只是金融安全与金融效率这两种金融法所追求价值之间的博弈在互联网金融领域的缩影。在现实需求下,特别是投资人因投资合同纠纷而通过各种非法律途径进行维权,社会秩序的稳定在一定程度上受到影响时,司法机关有通过刑法去规制互联网金融违规行为的强烈冲动,这就导致了对互联网金融创新的不当压抑。在我国现有的法律制度中,有关互联网金融的法律文件存在着规范内容少、效力层级低的特点。表现为一方面缺乏专门规范互联网金融的法律,另一方面已有的法律性文件多为部门规章或是政策性文件,在面对个案时司法机关难以直接援引。具体的互联网金融行为是否构成犯罪、构成何罪,在形式上已经符合犯罪构成要件的前提下,对于违法性的实质判断应当落脚于该行为对金融秩序的侵害是否能被还原为个人法益,即在产生金融异化风险的基础之上,该互联网金融行为是否侵害了金融消费者的资金安全。

以非法吸收公众存款罪为例分析该罪所侵犯的金融秩序。在"杨某等人非法吸收公众存款"一案中,犯罪人杨某等人实际控制的望洲集团通过互联网金融平台,以提供信息中介服务为名向社会不特定多数人销售理财产品,归集资金共计64.19亿元。检察机关认为望洲集团非法吸收公众存款,扰乱金融秩序,数额巨大,构成非法吸收公众存款罪。辩护人则认为,本案属于民事调整范畴,没有违反刑事法律,杨某等人苦心经营望洲集团,且在开展互联网金融业务之前,具有自有房地产等经营积累的资产,主观上不具有非法吸收公众存款的犯罪故意,资金无法归还是由于实体投资尚未到回报期,如果允许望洲集团按照国务院相关部委的意见进行整改的话,仍有可能正常有序经营。而被害人之间亦存在不同观点,有部分被害人认为望洲集团在P2P业务中存在的问题属于行政整改内容而非刑事犯罪,同时本案属债权债务转让合同纠纷,应通过仲裁或民事诉讼途径解决,而不是刑事处罚,希望法院宣告被告无罪;另有部分被害人则认为行为人主观上具有非法占有目的,应构成集资诈骗罪。最终法院支持了检察机关的意见,判定行为人构成非法吸收公众存款罪。① 在该案中,检察机关和审判机关均认为望洲集团的行为构成了犯罪,但笔者有不同看法。就形式上的构成要件而言,之前的章节指出,判断互联网金融行为"罪与非罪"的基本界分是构成要件该当性,由于互联网金融犯罪的行政犯属性,构成要件中的行政要件尤其是"非法性"成为关键之所在。望洲集团从事的P2P网络借贷行为是否满足"非法性"要件,司法机关未作具体说理,形式构成要件符合性上存在疑问。即或由于司法解释属于有权解释,司法机关必须以之作为审判依据,从而不去批判司法解释中不合理的内容。望洲集团通过网贷平台向社会不特定多数人销售理财产品归集资金的行为,具有"非法性""公开性""社会性""有偿性"四个特征,符合《2010年司法解释》第1条的规定,从而符合该当非法吸收公众存款罪的形式构成要件。但也不能据此认为行为构成犯罪,因为行为人的具体行为并未侵犯法益,缺乏实质违法性。非法吸收公众存款罪所侵犯的法益为金融管理秩序,具体而言是我国商业银行的吸储存款秩序。就该案而言,行为人通过互联网金融平台向社会不特定多数人销售理财产品归集资金的行为,虽然违反了《商业银行法》和《非法金融取缔办法》等金融领域法律法规关于吸收存款的金融管理规定,侵犯了国家的金融管理秩序,应当受到相应的行政处罚,但是在刑事评价部分,行为人的相关行为没有产生金融风险,更没有因为对金融管理秩序的违反导致个人法益被侵害。首先,行为人与所谓受害人,即借款人之间形成的是一种借款合同关系,该关系由民法所调整,因借款行为所引起的纠纷也应通过民法解决,"交易双方之间是一种债权模式,债权是金融契约,任何契约交易都隐含着违约风险,这是投资者应该知道的常识。因此,一般情况下交易违约风险不会破坏金融信用或者社会成员对金融制度的信赖,只有那些非正常的异化的风险才会破坏金融信用、损害对金融制度的信赖,只有在有可

---

① 参见(2017)浙0104刑初133号判决书。

能产生此种非正常风险时,刑法才可介入"①。行为人未能完全履约或按时履约的行为属于一般民事纠纷,该种纠纷所引起合同相对方财产暂时受损的结果与金融风险属不同性质,刑法不能通过类推解释的方法以维护金融秩序的名义,维护少部分特定主体的民事权利。其次,从前文所主张金融管理秩序是金融安全和金融消费者资金安全的观点看,本案行为人的行为没有对金融安全造成实质威胁,不存在产生系统性金融风险的可能而只是存在多个债权债务纠纷,同时亦没有侵犯金融消费者资金安全,因为该案中的出借人不具有金融消费者的身份,其与望洲集团之间并不存在明显的不平等主体地位。出借人因追求高额回报而进行非理性投资是资金受损的重要原因,按照市场经济下的风险自负原则,其受到的损失更多应由民法调整而非刑法,而望洲集团亦未扮演金融机构的角色。法律禁止非法吸收公众存款,并非禁止公民、企业和组织吸收资金,而是禁止公民和其他组织未经批准从事金融业务,像金融机构那样用所吸收的资金去发放贷款,进行资本和货币经营。② 望洲集团将所借款项用于生产经营,资金无法归还是由于实体投资尚未到回报期,显然涉案资金并未流向资本运营。因此本案中没有金融消费者的资金安全受到侵害。综上,望洲集团向社会公众募集资金的行为虽然符合了非法吸收公众存款罪形式上的构成要件,但是由于实质上未侵害该罪法益,即金融安全和金融消费者的资金安全,因而不构成犯罪。

四、本章小结

犯罪的本质是法益侵害,行为是否构成犯罪,在构成要件该当的基础上,还需判断其是否侵害了具体犯罪的法益。作为法定犯,互联网金融犯罪属于金融犯罪,其法益为金融管理秩序。然而该法益为集体法益,具有模糊化、抽象化和象征化的特点,难以把握其内涵,虽然可以作为行政违法的判断依据,但是必须能够还原为侵犯了个人法益

---

① 江海洋:《金融脱实向虚背景下非法吸收公众存款罪法益的重新定位》,载《政治与法律》2019年第2期。
② 参见贺电、陈祥民、姜万国等:《涉众经济犯罪研究》,中国人民公安大学出版社2012年版,第148页。

时方可认为具有刑事违法性。互联网金融较之于传统金融,在金融安全和金融效率两端更加强调后者的价值,因此,应将金融管理秩序法益解构为金融安全与金融消费者的资金安全,其中,前者为附随法益、超个人法益,后者为核心法益、个人法益,互联网金融"罪与非罪"的判断应落脚于后者。只有这样理解互联网金融犯罪的法益,才能够在罪刑法定的原则之下,更好地体现出互联网金融犯罪金融违法和刑事犯罪的双重属性,以呼应当下金融法律关系的重构方向,妥善处理刑事领域金融安全和金融效率两种价值追求的平衡。

第六章 互联网金融涉罪行为的出罪：民法免责事由

一、互联网金融领域民法免责事由阻却犯罪的司法空间

(一) 形式入罪和实质出罪

犯罪是该当构成要件的法益侵害行为，我国《刑法》第13条规定："一切危害国家主权、领土完整和安全，分裂国家、颠覆人民民主专政的政权和推翻社会主义制度，破坏社会秩序和经济秩序，侵犯国有财产或者劳动群众集体所有的财产，侵犯公民私人所有的财产，侵犯公民的人身权利、民主权利和其他权利，以及其他危害社会的行为，依照法律应当受刑罚处罚的，都是犯罪，但是情节显著轻微危害不大的，不认为是犯罪。"由此可见，我国采用了混合的犯罪概念，包括了形式和实质两个侧面，"既揭示了犯罪对各种社会关系所造成的严重社会危害性之本质特征，也强调了犯罪所具有的依法应当受刑罚处罚这一法律特征"[1]。因而某一行为只要符合犯罪构成要件，侵害了对应的法益，即认为该行为具有违法性，构成犯罪。即使存在责任阻却事由，也仅意味着行为人对犯罪行为不用承担刑事责任，"没有罪责就没有刑罚"，而行为本身在刑法上的否定性评价并不受影响。在前面的章节里，已对互联网金融行为不满足构成要件，以及虽然满足形式上的要件，但是未侵犯法益不具有实质违法性这两种情况进行了分析，为互联网金融行为"罪与非罪"的判断提供了形式和实质两条路径。因此，某个具体的互联网金融行为如果满足了具体犯罪的构成要件，且

---

[1] 贾宇主编：《刑法学（上册·总论）》，高等教育出版社2019年版，第85页。

破坏了金融管理秩序,对金融安全和消费者的资金安全造成了实际侵害,则该行为应当成立犯罪。

然而,文本正义未必是案件面貌的真实呈现,现实案件也不可能完全被浓缩为法条描述。同时,一份有罪或无罪判决的生成,不仅受控诉方与辩护方博弈的影响,还有赖于审判方的价值判断。因此,各国刑法基本都采用"形式入罪+实质出罪"的二元评价模式,即并非所有符合构成要件的行为都是犯罪,对其中社会危害性或违法性低的行为可以不作为犯罪处理。入罪须合法,出罪要合理,将形式上符合犯罪构成,但实质上不具备处罚合理性与必要性的行为予以出罪,所彰显的正是现代法治国形式正义与实质正义的统一性。[1] 出罪事由在《刑法》第 13 条即有体现,"情节显著轻微危害不大的,不认为是犯罪"意味着行为即使形式上符合犯罪构成且侵害了法益,但同时满足情节显著轻微和危害不大这两个条件的,不构成犯罪。

以"但书"作为出罪事由的情况在我国的司法实践中大量存在,除此以外,法定的出罪事由还包括正当防卫和紧急避险。一般认为,行为人的行为该当犯罪构成并侵害了法益以后,法秩序必须坚持制裁侵害法益的行为,除非有法定的出罪事由存在。"如果某个行为实现了某个犯罪的构成要件(或者至少力图实现之),而同时又没有正当化事由,那么,该行为在刑法的意义上就是违法的。而在各种特定条件下允许犯罪的构成要件实现的诸个规范,则是正当化事由。正当化事由规定了(例外地)容许符合构成要件的举止的各种情形"[2]。由此,正当化事由成为那些符合构成要件且具备法益侵害性的行为出罪的路径。

(二)通过超规范的出罪事由实现个案正义

本章主要探讨具体互联网金融涉罪行为的出罪路径。因为刑法中出罪事由的稀缺,为了最大程度维护实质的公正与处罚的妥当,理论大多主张,与入罪规范的封闭性不同,刑法中的出罪事由具有开放

---

[1] 参见刘艳红:《形式入罪实质出罪:无罪判决样本的刑事出罪机制研究》,载《政治与法律》2020 年第 8 期。

[2] 〔德〕乌尔斯·金德霍伊泽尔:《刑法总论教科书》,北京大学出版社 2015 年版,第 152 页。

性。人们可以从刑法规范之外寻找出罪的依据。其中,基于法秩序的统一性原则,非刑法规范中的正当化事由无疑是刑法中出罪事由的重要资源。① 法定的出罪事由在现行刑法中只有"但书"、正当防卫和紧急避险,它们均难以承担互联网金融涉罪行为出罪之重任。具体而言,涉罪的互联网金融行为往往在"量"上远远超过司法解释的立案标准,难谓情节轻微,在"质"上引起了相当程度的社会不稳定,难谓危害程度不大,因此,通过"但书"出罪的路径难以适用;正当防卫和紧急避险成立的要求过高,且不法侵害或危险行为主要针对人身、财产安全,鲜有针对金融管理秩序等超个人法益的犯罪适用正当防卫或紧急避险的先例。因此,互联网金融涉罪行为的出罪需要在其他法律规范中寻找正当化事由,即超规范的出罪事由并加以适用。

当下的出罪机制主要包括两种理论模式:一是从刑法教义学角度出发,通过对构成要件该当性、违法性、有责性的实质解释,将不具备处罚合理性的行为予以出罪;二是从刑事政策学角度出发,通过对公众诉求或者刑事判决社会效果的合理引入,将不具备处罚必要性的行为予以出罪。② 前面章节关于互联网金融行为"罪与非罪"界分构成要件和法益侵害的讨论,可以归为第一种以刑法教义为支点的规范正义模式,这也是司法实践中较为常见的模式。与此同时,互联网金融犯罪较之传统犯罪存在特殊性。首先,互联网金融作为金融创新产物先于法律规制的产生,导致刑法教义在实质解释时受制于成文法。成文法主义认为只要严格遵守刑法规定,就能够做到合理的定罪量刑。因此,在大多数情况下,判断某种行为是否构成犯罪,在于立法者是否将这种行为规定为犯罪。然而,这也是成文法主义最大的缺陷所在,因为,其总是滞后于社会变迁,不仅不可能囊括所有危害社会的行为,还可能进一步陷入形式主义脱离现实基础的尴尬境地。如前文所述,与互联网金融一体两面的非法集资犯罪的现行治理模式产生于传统刑法时代,彼时互联网金融尚不存在,关于互联网金融犯罪的刑事

---

① 参见孙国祥:《民法免责事由与刑法出罪事由的互动关系研究》,载《现代法学》2020年第4期。
② 参见刘艳红:《形式入罪实质出罪:无罪判决样本的刑事出罪机制研究》,载《政治与法律》2020年第8期。

法律制度明显滞后于社会的发展,以旧观念应对新事物,自然会导致互联网金融行为"罪与非罪"的判断基于形式主义而作出,缺乏现实基础。其次,金融犯罪中构成要件的违法类型与违法实质之间的冲突较为突出。上一章具体分析了互联网金融犯罪的法益,因为金融犯罪侵犯的法益是金融管理秩序,其性质是集体法益。法益具有时代性和流变性,这在集体法益领域尤为突出。通过对金融管理秩序的解构,前文分析指出互联网金融犯罪所侵害的金融管理秩序,实质上是金融安全和金融消费者的资金安全。金融犯罪变化迅速,其间又充斥着大量模糊不清、互相冲突且具可变性的规范。一些原来具有法益侵害性的行为,随着时代的变迁而丧失了法益侵害性或者法益侵害性变小,应从刑法保护法益的名录中除去。但立法的滞后使得规范与实践发生冲突在现实经济生活中屡见不鲜。这就造成了在刑事司法中,常常遇到满足构成要件该当性却缺乏法益侵害性的行为应出罪而不能的矛盾情况。由于这些原因的存在,为了解决条文规范导致正义局限于文本规定的情况,避免评价因缺乏法益侵害性而出现的不当罚行为,应当跳出文本以矫正正义,而政策则是最佳方法。本书前面的章节详细讨论了关于互联网金融的各项政策,总体上呈现出政策积极而法律法规消极的态势,因此,为了解决成文法主义对互联网金融行为的入罪态度,以及互联网金融监管在法律层面的缺失现状,应主要通过刑事政策和超法规事由来对互联网金融行为进行出罪。

(三)互联网金融行为出罪需要依赖民法免责事由

1. 民法免责事由属于超规范的出罪事由

民法中的正当化事由在刑法出罪的超法规事由中扮演着重要的角色。民刑不分的时代早已远期,民法和刑法是重要且独立的部门法,都有着悠久的历史,已经形成了各自的话语体系和理论架构,根据不同的立法目的和价值功能追求自身社会治理的目标。而作为整个法律体系的组成部分,民法和刑法并非是完全分割的,在法秩序统一的要求下,刑法和民法都是为维护国家整体法秩序服务,其规范指引方向需保持一致。学界普遍认同的是,在入罪环节,民法在刑法构成要件要素的解释中具有重要地位,尤其是在空白罪状的情况下,对刑法用语的理解应当参照民法及其他部门法的规定。① 而在出罪阶段,民法同样可以提供丰富的正当化依据,符合具体犯罪构成要件的行为在民法容许的场合,刑法也应当承认其正当性。

就行为规范的要求而言,不同法律的违法性评价也应该是统一的。民法上免责的合法行为不应成为刑罚的对象,否则公民在国家法规范面前将无所适从。只是从裁判规范而言,不同的法律承担着不同的任务,国家针对不同的违法行为的性质、程度,规定了不同的处置模式,有的作为共同规制的对象,有的仅仅作为某一法律的规制对象。从这个角度看,刑法和民法有所区别。与此同时,正当化事由应根据法秩序的统一性确定。刑法中的合法化事由也应当是从整体的法秩序中归纳出来的。无论是公法还是私法中的合法化事由,均可以直接运用到刑法领域。在刑民关系中,刑法上的责任不可能比民法上的责任走得更远。在民法中被许可的,不允许在刑法上予以禁止。在民法中被禁止的,在刑法上也可能不被处罚。就此角度看,民法起到了对刑事责任加以限制的出罪功能。基于国家行为规范统一性,依据民法中的正当化事由而进行的出罪,虽然被称为是超法规事由,但同时也可以称之为广义上的法定出罪事由。② 民法上的正当化事由除正当防卫和紧急避险与刑法上的法定出罪事由一致外③,其他免责事由如被害人同意、自甘风险、私力救济等也为理论上所认可。其中,以被害人同意和自甘风险为代表的受害人过错是民法上行为人免责的重要事由。

2. 民法免责事由是互联网金融犯罪的重要出罪依据

在现有治理模式下,互联网金融与非法集资犯罪呈现出"一体两面"的情况,一定程度上存在着入罪的必然性。而在非法集资犯罪中,每一个具体的投融资行为在民事法律关系上又可能属于合法借款,两者界限模糊。由此,互联网金融涉罪案件中必然存在刑民实体关系交织的情况。在目前的法律法规和司法解释下,借款人可能构成

---

① 参见陈兴良:《虚拟财产的刑法属性及其保护路径》,载《中国法学》2017年第2期。
② 参见孙国祥:《民法免责事由与刑法出罪事由的互动关系研究》,载《现代法学》2020年第4期。
③ 民法与刑法中的正当防卫以及紧急避险在认定标准等多个方面还是存在差异的,此处所说的一致,指的是两种合法化事由在理论基础和价值追求上保持一致性。

犯罪。作为法定犯，其不同于传统犯罪中加害人对受害人施以侵害时具有强烈的主观恶性，互联网金融涉罪行为中加害人的主观恶性并不明显，而对于犯罪行为的完成，并不仅仅是由加害人即集资人单方面完成的，其中受害人也就是投资人起到了相当程度的"推波助澜"的作用。因而甚至有观点认为，"非法吸收公众存款的犯罪与其他犯罪不一样，其实质是存款人和吸储人共同合作完成的犯罪"①。虽然这样的观点夸大了非法集资犯罪中投资人的作用，但其中却有值得思考的地方：在互联网金融犯罪中，作为受害人的投资人是否存在过错，如存在民法中被害人同意或自甘风险等免责事由，是否可以作为刑法上的出罪事由。

二、互联网金融出罪中民法免责事由的基本法理：以受害人过错为例

（一）互联网金融涉罪行为中受害人存在过错

在当下国际社会整体经济下行的大环境下，我国的经济发展势头也遇到了相当程度的阻力，中国人民银行多次施行"双降"即下调金融机构人民币贷款和存款基准利率、降低金融机构的存款准备金率以将更多的资金释放到市场中去促进民间资本的消费和投资，以努力达成国家制定的年度经济增长目标。在这样的背景下，商业银行的存款业务风险极小但利率也极低，而股市的收益很高却具有极不确定的风险性。因而，基于理性、自利的人性特点，社会公众向往那些收益高而风险小的投资渠道。由此，以 P2P 网络借贷、股权众筹、网络理财为代表的互联网金融进入了亟须投资的碎片化民间资本的视野中来。以 P2P 网络借贷为例，P2P 网络借贷本质上属于民间借贷，传统的民间借贷多发生于熟识的亲友之间，而如今这一类型的借贷在民间借贷中所占比例已经非常小。近年来大部分"爆雷"的 P2P 网络借贷主要涉及的都是非法集资犯罪，该类案件中受害人选择向集资人借钱的行为，绝大多数是因为集资人承诺的借款利息远高于银行或者正规金融产品中可以获得的收益。为了获取更大的收益，民间资本多选择出借

---

① 王君悦等：《非法吸收公众存款罪的理论和实践之困惑和思考》，载《长三角法学论坛》2013 年卷，第 327 页。

资金,进而为互联网金融犯罪的产生奠定了基础。

互联网金融导致的非法集资刑事案件中,投资人往往是为了谋取高额的利益,同时清楚地知晓其所获得的收益和将要承担的风险均明显高于传统金融机构提供的金融产品。在形式上,投融资行为是双方自愿进行的平等民事行为,但是在承担风险方面则完全不对等。实践中,若投资人按约定获取了收益则不会产生纠纷,即使该收益远超法律所保护的范围,而如果有资金损失,则向政府举报以期追究融资人的刑事责任,这对于融资一方显失公平。① 如有的民间借贷犯罪案件,一些受害群众因看到无法挽回自己的损失,要求严惩犯罪者;而有的案件中,受害群众因损失不大或认为尚有偿还可能期待,则要求政府、司法机关对犯罪者轻缓处理;还有的同一案件出现相互矛盾的诉求,由于损失的程度大小不同,损失大无望偿还或偿还难以到位的受害者要求严惩,损失小的则要求轻缓。② 这样的处理方式在司法实务当中大量存在,明显违背了罪刑法定原则和主客观相统一原则。根据最高人民法院《关于审理民间借贷案件适用法律若干问题的规定》(以下简称《民间借贷案件规定》)第 25 条第 1 款:"出借人请求借款人按照合同约定利率支付利息的,人民法院应予支持,但是双方约定的利率超过合同成立时一年期贷款市场报价利率四倍的除外。"可见我国对民间借贷行为施行分段保护,对于那些以互联网金融为名进行的融资行为,融资人向其承诺的收益远超过合理区间,在目前央行频繁实行"双降"政策的情况下,各类金融机构理财产品的收益都大幅降低,非法集资活动中普遍存在的高回报显然不合理。由此应当认为,互联网金融涉罪案件中,投资人对于高回报中存在的风险具有一定程度的认识,在其财产利益最终受损的过程中存在一定的过错。

(二) 现行法律体系对受害人过错的评价

《民法典》第 592 条第 2 款规定:"当事人一方违约造成对方损失,对方对损失的发生有过错的,可以减少相应的损失赔偿额。"此条

---

① 参见王君悦等:《非法吸收公众存款罪的理论和实践之困惑和思考》,载《长三角法学论坛》2013 年卷,第 325 页。

② 参见方晓林等:《集资类犯罪刑事政策研究》,载《长三角法学论坛》2013 年卷,第 50 页。

系关于与有过失的规定。在不同案件中无论受害人对于风险认识的大小及可能受损的心理预期如何,也不管受害人是具备专业金融理财知识,或是对此一窍不通只是盲目跟风追求高额利润而罔顾其他可能影响收益及本金的信息,当投资的利息或本金在约定期限届满无法从借款人处收回时,绝大多数出借人会要求公安机关立案,或是以受害人身份去当地政府信访,而很少通过民事诉讼的途径解决。这种受害人"只赚不亏"的处理模式在很大程度上是由目前治理非法集资犯罪的法律制度所决定的。在现有的法律框架内,司法机关和执法机关一方面严厉打击非法集资犯罪中的融资人和互联网金融平台,努力将其纳入刑罚制裁范围;另一方面却给予投融资关系的另一方当事人即投资人毫无底线的宽容和保护。例如,国务院办公厅在《关于依法惩处非法集资有关问题的通知》中,一方面要求"地方各级人民政府、有关部门务必统一思想,提高认识,共同做好工作",对犯罪分子严肃查处,另一方面则是要求银监会牵头"加强舆论引导和法制宣传,提高公众对非法集资的识别能力",这体现出国家在打击非法集资犯罪中对存在过错的双方采取了不合理的双重标准,使得在各类型互联网金融业务的一开始双方当事人就处于不对等的地位,一方只需出借资金即可,而不用考虑其他任何事情,也无需履行正规金融行为中投资人的审慎注意义务,只等到期拿钱,将自身的收益完全建立在他人的努力之上,若对方违约或存在其他任何风险,即通过法律或政府等多种途径寻求保护,而融资人对于所归集资金不仅要承担经营风险,还要承担随时可能越界的法律风险。

三、互联网金融犯罪认定中被害人过错理论的适用

(一) 自甘风险属于民法免责事由

所谓"自甘风险",是指"明知某具体危险状态的存在,而甘愿冒险为之"①。自甘风险的成立需要有合乎法律规定的基础法律关系,虽然该理论主要适用于过失侵权行为,但是其基础法律关系既可以是合同关系,也可以是非合同关系。但无论是何种关系,都必须要

---

① 王泽鉴:《侵权行为》,北京大学出版社2009年版,第227页。

符合法律和公序良俗。双方都应当遵循基础法律关系中所衍生的权利义务,在此基础上,自甘风险才有成为抗辩事由的可能。

自甘风险理论源自英美法,在美国法中自甘风险主要分为三种,即明示的自甘风险、主要的默示自甘风险和次要的默示自甘风险。其中,明示的自甘风险是指原告以契约明示的方式在从事某项活动时,明白表示愿意承担该活动所生损害之危险。明示的自甘风险得以排除被告责任的基础,非来自于侵权行为法,而是来自于契约法。在尊重个人意思自由的前提下,基于当事人之意愿,而排除他人之侵权责任。通说认为,被害人的允诺可以阻却加害人行为的违法性。[1] 而主要的默示自甘风险是指"被告对于原告未负有注意义务,或未违反注意义务而无过失,且因原告自愿参与被告隐含危险之行为或活动,而被推定承诺免除被告之责任"。在美国法,主要的默示自甘风险理论主要适用于运动伤害及娱乐活动运动的案件。[2] 至于次要的默示自甘风险,是指被告违反法律上义务而致生损害,但原告有意识且故意选择面对该危险,而承担被告引发之损害危险。在次要的默示自甘风险的情况下,被告对于原告负有注意义务,且违反该注意义务而引发损害,但原告知悉且愿意面对系争损害之危险。[3] 换言之,被告所引发的危险为原告所知悉,原告评估该损害后,自愿面对该危险,但关于该危险,被告并未免除注意义务。

对于这三种类型的自甘风险应当加以区分。明示的自甘风险属于被害人允诺的情形,即被害人对于可能发生的危险及该危险对自身可能造成的后果有明确的认识并愿意承担之。允诺阻却违法是各国公认的基本原则,表现为个人主义的精神,使个人有自由决定如何处理其身体或财产等权益,唯该承诺不得违背强制或禁止规定,亦不得违背公序良俗,例如,对于让渡"生命权"的承诺,违反者不得阻却违法,仍旧构成故意杀人行为。除此之外的情形下,被害人允诺可以阻却违法。在我国,对于明示的自甘风险中的受害人承诺性质的免责条

---

[1] 参见史尚宽:《债法总论》,自版1983年版,第123页。

[2] Scott v. Pacific West Mountain Resort, Supreme Court of Washington, 1992(119 Wash. 2d 484, 834 P. 2d 6). See *Robert Keeton, supra note* 16, at 335.

[3] Griffin Toronjo Pivateau, Tackling the Competitive Sports Doctrine: A New Proposal For Sports Injuries in Texas, *9 TEX. REV. ENT. & SPORTS L.* 85, 93 (2007).

款亦有法律明文,《民法典》第 506 条规定:"合同中的下列免责条款无效:(一)造成对方人身损害的;(二)因故意或者重大过失造成对方财产损失的。"根据该条规定可以看出,除通说认为的生命权不可放弃外,我国立法者也认为身体权和健康权是不可放弃的,由于"那些构成我的人格的最秘密的财富和我的自我意识的普遍本质的福利,或者更确切些说,实体性的规定,是不可转让的"①,因此受害人对这类人格权做出的免责承诺也是无效的。

有学者认为,"所谓自甘冒险不应定性为被害者的允诺,作为违法阻却的问题,而应将其纳入与有过失的范畴"②。在这一分类下,明示的自甘风险被纳入被害者允诺的范围内,而狭义的自甘风险只包括主要的和次要的默示自甘风险。然而基于这一划分标准,自甘风险也并非必然纳入与有过失范畴,"主要的默示自甘冒险所探求者,并非在于原告承担危险之行为,而在于被告是否具有注意义务"③。主要和次要的默示自甘风险两者的区别在于:首先,在次要的自甘风险案例中,行为人负有注意义务且违反注意义务而有过失责任;但在主要的自甘冒险案例中,行为人对于权利人并无注意义务,或未违反注意义务而无须负损害赔偿责任。其次,在次要的自甘冒险案例中,权利人对于决定面对危险具有可归责性;但在主要的自甘冒险案例中,权利人对于参与危险行为或活动,并无不合理的决定,而无可归责性。由此,某一具体案件究竟应归属于主要的或次要的默示自甘风险,关键在于行为人在系争案件中,对于权利人是否具有注意义务。关于行为人注意义务是否存在,通常应探讨行为人是否预见损害存在、权利人与行为人的关系是否紧密关联,以及课予行为人注意义务是否合理公平而符合正义要求。④ 美国学界普遍认为,次要的默示自甘风险已不再适用自甘风险理论,而排除行为人的赔偿责任。在这种情况下,行为人对于权利人具有注意义务,且违反注意义务而构成侵权责任。行为人不得仅因权利人知悉危险且自愿承担可能发生之损害,而免除所

---

① 〔德〕黑格尔:《法哲学原理》,范扬、张启泰译,商务印书馆 1961 年版,第 73 页。
② 王泽鉴:《侵权行为》,北京大学出版社 2009 年版,第 228 页。
③ Perez v. McConkey, 872 S. W. 2d 897 (Tenn. 1994)。转引自陈聪富:《自甘冒险与运动伤害》,载《台北大学法学论丛》第 73 期。
④ 参见陈聪富:《侵权归责原则与损害赔偿》,元照出版有限公司 2000 年版,第 17 页。

有责任。唯因权利人未尽合理的注意义务而愿意承担损害之危险,具有可归责性。多数法院乃认为,此等案例应适用"与有过失"原则,减轻被告之损害赔偿责任,但并不排除原告全部的损害赔偿请求权。① 即次要的默示自甘风险已融入与有过失理论,但主要的默示自甘风险不受与有过失理论影响,仍可阻却权利人的损害赔偿请求权。我国民法中虽未明确规定自甘风险原则,但肯定了与有过失理论,例如,前文提到的《民法典》第592条规定。

(二)危险接受理论对自甘风险的吸纳

刑法上的"危险接受理论"将传统刑法中以加害人作为单一分析视角发展到以加害人和受害人进行分析的双重视角,指"被害人意识到危险并且自己积极地走进危险,或者被害人单纯被动地意识到危险,从而在被害人和行为人的共同作用下产生了法益侵害的结果"②。通说认为危险接受包括三种类型,分别是:狭义的自发的自己危险,即被害人在认识到自己的行为对自身法益具有危险的情况下,仍然实施该行为,进而给自己造成了实害。在这种场合,只有被害人实施了与其法益遭受侵害具有因果关系的行为,因此这一类型的行为不具有刑法上的评价意义,本书不作讨论。自己危险化的参与,指被害人意识到并实施了危险的行为而且遭受了实害结果,但加害人的参与行为与被害人的实害结果之间具有物理的或者心理的因果性,简言之,被告人参与了被害人的自发危险化。基于合意的他者危险化,即虽然给被害人造成实害结果的是他人(被告人)的行为,但是被害人认识到并且同意被告人行为给自己带来的危险。③ 后两种类型的危险接受在构成要件适当性与违法性上存在区别。张明楷教授认为,"被害人自己支配了实害结果的发生时,被告人的行为属于自己危险化的参与;被告人的行为支配了实害结果发生时,则是基于合意的他者危险化"④。这里所讨论的危险接受主要是第三种,即基于合

---

① 参见陈聪富:《自甘冒险与运动伤害》,载《台北大学法学论丛》第73期。
② 江溯:《日本刑法上的被害人危险接受理论及其借鉴》,载《甘肃政法学院学报》2012年第6期。
③ 参见张明楷:《刑法学中危险接受的法理》,载《法学研究》2012年第5期。
④ 张明楷:《刑法学中危险接受的法理》,载《法学研究》2012年第5期。

意的他者危险化。

与民法理论相似,刑法上也认为应严格区分受害人承诺与受害人危险接受理论,虽然两者都是受害人对自身权利在一定程度上的出让,但是却并不相同。以生命权为例,某自然人为自身便利节省时间,横穿高速公路,可以认为其对于自身行为可能的危险性,即很有可能被高速行驶的机动车撞到的危险有所认识,却并不能因此认为其对于自己被机动车撞到的结果是认可或同意的。受害人承诺和危险接受存在明显的区别:首先,危险接受基本上是就过失犯罪而言;被害人承诺虽然也适用于过失犯,但是主要是就故意犯罪而言。其次,危险接受时,被害人只对行为的危险有所认识,却并没有承诺实害结果的发生,更未放弃自己的法益;而在被害人承诺中,被害人同意了实害结果的发生,对自己的法益选择了放弃。① 即对于承诺而言,其"必须总是带有结果。不管是在故意犯,还是在过失犯的场合,都可能发生承诺问题"②。而在危险接受的情况下,危险接受只适用过失犯罪,且被害人只是对于行为的危险性有所认识,却并不希望或放任危险结果的发生,对于结果持排斥和反对的态度,被害人在主观上与《刑法》第15条规定的"过于自信的过失"③有相似性。过于自信的过失是指"行为人虽已预见到自己的行为可能发生危害社会的结果,但轻信能够避免,以致发生这种结果的心理态度"④。该过失的构成要件在于"应当预见",即行为人应具备预见义务和预见可能性。从整体上看,过于自信的过失认识到了行为的危险性,但没有认识到结果会发生,它只存在于过失犯罪中,与危险接受理论是以受害人为视角不同,过于自信的过失是以加害人为视角。因此,在危险接受的场合认定被害人承诺了实害结果是不符合事实的,在现实生活中"冒险"的人不都是愿意接受实害结果的人。如果借用对过失犯的表述,在危险接受的场合,被害人主观上只有"过于自信的过失",亦即虽然认识到危险,但是误以

---

① 参见张明楷:《刑法学中危险接受的法理》,载《法学研究》2012年第5期。
② 〔德〕乌尔斯·金德霍伊泽尔:《刑法总论教科书》,蔡桂生译,北京大学出版社2015年版,第118页。
③ 我国《刑法》第15条第1款:"应当预见自己的行为可能发生危害社会的结果,因为疏忽大意而没有预见,或者已经预见而轻信能够避免,以致发生这种结果的,是过失犯罪。"
④ 刘艳红主编:《刑法学(上)》,北京大学出版社2014年版,第149页。

为危险不会现实化。所以,危险接受案件不同于被害人承诺案件,如果某一行为能评价为被害人承诺的,就不应再依照危险接受的法理来处理。

(三) 被害人过错理论可以在互联网金融犯罪中适用

从现实情况看,绝大多数互联网金融犯罪得以顺利进行离不开投资人的积极参与和支持,部分非法集资活动演化为涉众型经济犯罪也是因集资参与人自身存在过错所致。在市场经济大潮中,一些人看到他人发财时便心理失衡,加之受当下社会贫富严重分化的刺激,导致这种心理上的失衡日益严重,于是就产生了赌博心理。在投资"高额回报,见效快""钱生钱,利滚利"等诸多利诱之下,投资人企图以投机方式获取高额回报。此时,他们往往将理性投资的意识抛之脑后,甘冒风险积极参与融资人实施的非法集资活动。可见非法集资犯罪的频发与集资参与人自身的过错有密不可分的关系。正如有学者所言,当被害人知道从事某项活动是危险的,并使自己承担了这样的危险,那么当危险发生时被害人就不能因此而获得赔偿,也即"自愿招致损害者不构成侵害"①。在大多数互联网金融引发的非法集资案中,被害人均是以集资参与人的身份参与集资,并且他们是在暴利的驱动下甘冒风险故意实施相关行为,从而直接或间接地促成了非法集资案件的发生。根据主客观相统一原则,当被害人对犯罪行为的发生存在较大过错时,应减轻对行为人主观恶性和人身危险性的负面评价,并以过错程度作为减轻行为人刑事责任的依据。从某种意义上讲,非法集资行为最终演化为犯罪,必然离不开被害人自身的过错行为。② 显然,我们应当根据被害人自身存在过错这一事实来调整对行为人主观恶性和人身危险性的负面评价,否则将有违主客观相统一原则。

目前学界关于互联网金融犯罪中受害人过错的分析较少,现实中也缺乏相应的判决支持,讨论互联网金融犯罪中受害人过错问题的关键在于现有受害人过错理论是否可以适用。以 P2P 网络借贷为例,近年来大量爆雷的 P2P 网贷平台几乎全部涉及非法吸收公众存款罪。

---

① 初红漫:《论被害人过错影响刑事责任之正当依据》,载《犯罪研究》2011 年第 3 期。
② 参见刘宪权:《刑法严惩非法集资行为之反思》,载《法商研究》2012 年第 4 期。

整体分析可以发现,这些案件大都存在量变到质变的过程,即借款人经历了从合法的网络借贷到构成非法吸收公众存款罪的过程,有部分投资人在行为达到非法吸收公众存款罪的标准之后,可能进一步产生非法占有集资款的目的从而构成集资诈骗罪。由于行为上具有连续性且刑民交叉情况显著,因此本文以时间顺序进行分阶段讨论。

首先,是行为的第一个阶段即合法的网络借贷阶段,在这一阶段,借款人在网贷平台上所发布的借款信息完全符合监管要求和平台规范,将借款对象限定在符合要求的人数和资质内,同时可以做到充分披露相关信息。在这一阶段受害人承诺理论并不适用。如前文所述,受害人承诺理论需要受害人不仅对于行为可能面临的风险,还应对行为可能带来的结果具有充分的认识并同意时,才构成承诺的意思表示,如果只是接受行为的风险而并不接受行为可能的结果,则不成立受害人承诺,这正是受害人承诺与自甘风险的最大区别。司法实践中,如果借款人与出借人达成的借贷合同中有明确的免责条款,例如,"出借人承诺对出借给借款人的资金可能产生的不归还的结果免除借款人的责任"等,这样的约定是否适用受害人承诺理论,笔者持否定观点。第一,诚然在民间借贷合同尤其是具有投资性质的借贷合同中存在相当的风险性,因为风险是必然伴随着投资行为的,但"契约因当事人互相表示意思一致而成立,一方当事人自己受该契约拘束,并同时因此而拘束他方当事人",该契约自由原则作为私法的基本原则乃是私法自治最重要的内容,由于"个人是自己利益最佳的维护者,契约既因当事人自由意思的合致而订立,其内容的妥当性原则上固可因此而获得保障"[①]。因此,即使借贷双方在合同中设置了免责条款,也是由双方合意达成的对自己可自由支配的利益的出让,是自由意志的体现,并不存在合同一方主体具备所谓"受害人"的身份,借款人基于合同约定不存在返还金钱的义务,因此也就不存在对出借人利益侵犯的说法,这里的承诺不是行为正当化的事由或是违法阻却事由,而是契约内容。第二,所谓借贷合同,是指当事人一方转移金钱或其他代替物之所有权于他方,而约定他方以种类、品质、数量相同之物返还之

---

① 王泽鉴:《债法原理》,北京大学出版社2013年版,第109、110页。

契约①。我国《民法典》中没有规定"借贷合同",与之相似的是第667条关于"借款合同"的定义:"借款合同是借款人向贷款人借款,到期返还借款并支付利息的合同。"可以看出借款合同中借款人负有返还借款的义务,如果从结果上借款人不再担负返还借款的义务的话,那么P2P网络借贷发生的法律基本关系就发生了改变,双方当事人之间将不再是借贷关系,而更接近赠与关系。也就是说,在借贷关系中,出借人允诺借款人对自己出借财产可能造成的危害结果将导致借贷关系不复存在。第三,除契约自由原则外,民法中尚有所谓"契约正义原则",它强调一方的给付与他方的对待给付之间应具有等值原则。《民法典》第506条规定,因故意或者重大过失造成对方财产损失的免责条款无效,因此在民间借贷中,如果借款人因重大过错导致对出借人资金造成损失,则该约定本身就是无效的。这一强行性规定也体现出了契约正义原则。本书认为,在合法的网络借贷中,受害人不仅认识到行为风险,还更认可行为结果的受害人承诺理论并不适用。

关于在这一阶段中自甘风险理论是否适用的问题,笔者持赞同的态度。虽然现有对于自甘风险的讨论大多集中于侵权法领域中,但是并不代表该理论不可以适用于契约法中,这是因为契约法中蕴含着自甘风险理论是"不言自明"的。正如前文对契约自由原则的论述所言,任何双方权利义务关系的形成均存在风险,契约为主体间意思表达自由的真实体现。当合同生效之时,即视为合同双方当然地对合同中可能存在风险有明确的认识并愿意承担这种风险。在民间借贷关系中,出借人在签订合同时显然是认识到借款人可能会存在不返还本金和利息的情况,因此在合同中约定违约责任,当借款人到期确实不履行还款义务之时,出借人可径行主张相对人违约并依据合同条款要求赔偿。问题在于出借人对于风险可能有不同的认识,并且基于主观上不同的认识而自甘承担这一客观上"定量"的风险,因此有学者提出以掌握专业知识多少的不同将出借人区分为一般公众和专业投资人。② 对于不同的主体,自甘风险理论的适用空间并不一致。因此,自

---

① 参见我国台湾地区"民法"第474条第1款。
② 参见彭冰:《非法集资行为的界定——评最高人民法院关于非法集资的司法解释》,载《法学家》2011年第6期,第48页。

甘风险理论可以在网络借贷中得到适用,但是该风险仅限于可能发生的违约风险,在基于合意产生的借贷关系中,出借人并不存在任何的"与有过失"。由于互联网自身的扩散性特点,加上非法集资治理仍沿用传统模式,有严格的人数和金额要求,借款人越来越多地选择跳过第一阶段即合法网络借贷阶段,而是从一开始就进入第二阶段,也就是非法集资阶段,借款人通过网贷平台向不特定多数的网民发布借款需求以筹集资金。正如前面的章节所指出的,现时的互联网金融与非法集资间直接的界限已相当模糊,呈现出一体两面的情况。也正因为如此,自2018年以来,无论是"两办"(互联网金融风险专项整治工作领导小组办公室、P2P网络借贷风险专项整治工作领导小组办公室)还是银保监会均出台多个文件要求严厉整治P2P网络借贷行业,网贷平台由于合法性的问题已名存实亡。

在P2P网络借贷引起的非法集资犯罪的第二阶段,当借款人①因为生产规模扩大或其他相关原因而对资金的需求不断增加的时候,往往通过各种手段摆脱平台的监管要求将借款的目标由之前特定的主体转向不特定的社会公众,合法的借贷关系逐渐转变为非法集资行为。根据实践反映,第二个阶段往往又可以分为两个阶段,一是必然存在的非法吸收公众存款阶段,二是可能会出现的集资诈骗阶段。在非法吸收公众存款阶段,虽然借贷双方的意思表示真实,不存在任何隐瞒真相或其他欺骗的情况,但是由于吸收公众资金行为破坏了金融管理秩序而可能构成犯罪,其法律关系由之前的纯粹的民事法律关系转变为刑、民法律关系并存,借款人需同时承担借贷违约的民事责任和非法集资的刑事责任。而在集资诈骗阶段,借款人出于非法占有的目的隐瞒真相,借助P2P网络借贷的合法形式达到骗取他人财产的目的,受害人基于错误认识做出不真实的意思表示,借款人当然需要承担可能产生的违约责任或者缔约过失责任,同时需要承担诈骗行为所产生的刑事责任。在这一阶段,笔者认为受害人承诺理论依旧不具有

---

① 这里的"借款人"除狭义上的借款人外,还在一定程度上包括了网贷平台。实践中网贷平台经常同时扮演信息中介和借款人的双重身份,通过平台进行自筹。网贷平台自筹是金融监管部门禁止的行为,然虽系属行政违法,但并不必然导致犯罪后果,也可能是合法的民事法律关系。

适用的空间,其原因在于受害人承诺的特点是受害人对于危害的结果持希望或放任的态度。而在非法集资中,虽然有部分出借人在面对集资人承诺给付的高额回报时对出借的风险有所认识,并在侥幸和趋利的心理下依旧选择了出借资金,但是这并不意味着出借人做出了愿意承受无法得到利息和本金的结果的允诺。在《2010年司法解释》中,利诱性作为非法集资行为的一个特点,被表述为"还本付息或给付回报"。从个人行为角度分析,将个人资产用于投资并希望获得高额回报是非法集资活动中被害人的心理特征,允诺集资人可以不用承担还本付息义务违反了理性人趋利避害的自利特点,缺乏任何的合理性支撑。当然,亦不能排除有乐善好施者将自有财产转让他人,但这一行为属于赠与行为,与本书所讨论的借贷法律关系不同。而可能见于有些案例中出借人在出借资金时所言"等有钱了再还"的用语,也并不能认为是其对于自己财产权利受损的允诺,而更应看作是对在规定期间内无法得到还本付息的风险的承认。因此,本书认为P2P网络借贷引起的非法集资犯罪中不存在受害人允诺的情形。

自甘风险理论和危险接受理论在互联网金融犯罪阶段可以得到适用。诚如前述,在非法集资活动中,面对集资人给付回报的承诺,出借人可能因自身专业能力、信息不对称等多方面因素的差异而有不同认识。界定非法集资"公开性"的最为重要的标准之一,就是投资者的身份和资质。富有经验的投资者一般被认为能够自己保护自己免受侵害,因而无需法律给予特别保护。[1] 对于不同的受害人,其法律责任应分情况讨论。有学者认为应合理界定非法集资中的"社会公众",因为"有些集资人往往利用信息不对称的优势使投资者在不了解相关信息和潜在风险的情况下盲目进行投资,以致一旦血本无归往往会认为遭受欺诈而极力追讨,从而影响社会稳定。如果集资的对象特定,如仅针对亲友和单位内部员工实施集资,由于信息来源比较对称,特定的投资者对于相关信息和潜在的风险往往都有充分的了解,即使最终投资亏本也会认为那是正常的投资风险,因而不会影响社会稳定"[2]。

---

[1] 参见彭冰:《非法集资行为的界定——评最高人民法院关于非法集资的司法解释》,载《法学家》2011年第6期。

[2] 刘宪权:《刑法严惩非法集资行为之反思》,载《法商研究》2012年第4期。

非法集资中出借人与借款人之间的借贷合同是否具有投资合同的性质,在认定受害人过错时具有重要的意义。我国最高人民法院认为,"禁止非法集资的重要目的在于保护公众投资者的利益"①。因而在非法集资中,投资人的身份和资质成为对契约中风险注意义务分配的重要判断依据,大部分国家通过限定投资者的资质来界定私募中的交易范围。从各国经验来看,该资质标准大体包括:"(1)投资经验:主要是金融机构和机构投资者;(2)特殊关系:例如,集资者的高级管理人员或者亲友;(3)财富标准:有钱人。机构投资者有丰富的投资经验,显然不需要法律的保护;集资者的高级管理人员和亲友基于与集资者的关系,熟悉集资者的情况,有能力保护自己;基于财富标准的理由则在于:这些投资者即使没有足够的投资经验作出明智的投资判断,也有财力聘请专业机构帮助他们投资,另外,足够的财富也使得他们有能力承担投资风险。"②当投资人满足以上标准的时候属于专业的投资者,否则只是一般社会公众,两者作为投资主体在投资行为中分配到的风险显然不同。个人是其自身利益的最佳判断者,由于在地位上的对称和平等,因此专业投资人在投资中享受其投资行为带来的一切收益,并自行承担投资过程中可能存在的全部风险。这一标准大多被运用到不具有公开性的融资行为中,例如,私募、基金和互联网理财,在这一领域中产生的违约或侵权行为由民事法律调整。而具有公开性的投融资行为,例如,存款业务中,对于投资人也就是存款人的资质和身份是不加以区分的,任何人都可以参与这一金融活动。目前由于我国坚持了 P2P 网络借贷本质上属于民间借贷的观点,因此并未对 P2P 网络借贷的双方当事人施加正规金融监管的标准,而是将监管重心放在了网贷平台上,这一方面是由于网贷平台是信息中介机构当然应受到监管;另一方面也是因为网贷平台承担了监管投融资双方的职责。虽然监管部门并未对 P2P 网络借贷中的出借人身份和资质作区分,但是却在实质上通过网贷平台实现了这一点,例如,银监会等四部

---

① 刘为波:《〈关于审理非法集资刑事案件具体应用法律若干问题的解释〉的理解与适用》,载《人民司法》2011 年第 5 期。
② 彭冰:《非法集资行为的界定——评最高人民法院关于非法集资的司法解释》,载《法学家》2011 年第 6 期。

委出台的《网贷机构管理办法》第26条第2、3款规定:"网络借贷信息中介机构应当对出借人的年龄、财务状况、投资经验、风险偏好、风险承受能力等进行尽职评估,不得向未进行风险评估的出借人提供交易服务。网络借贷信息中介机构应当根据风险评估结果对出借人实行分级管理,设置可动态调整的出借限额和出借标的限制。"这隐含了出借人自甘风险的情节在非法集资犯罪得到承认的意思。

关于危险接受理论是否可以适用到非法集资犯罪中存在着疑问,主要是"对于侵害公法益的犯罪,不存在危险接受的问题"[①]。在非法集资犯罪中,犯罪行为侵害的法益包括金融管理秩序和公私财产权,其中金融管理秩序属于公法益,因此关于危险接受理论是否可能得以适用就存在着争议。对此笔者认为,危险接受理论在完全侵害公法益的犯罪中确实无适用的空间,因为受害人无法放弃或者出让根本就不属于自己的权益。但是在非法集资犯罪中,金融管理秩序遭到破坏的基础在于公私财产权受到侵害,如果在财产权未受到侵害的情况下,便以行为破坏了金融管理秩序为由而予以刑法上的干涉,这不仅缺乏刑法介入的紧迫性要求,还无法体现其合理性和保障性,更有可能使刑法沦为我国金融垄断现状的"打手",造成民间融资环境的进一步恶化,加深其与正规金融之间的对立。因此对于金融管理秩序,应当将其视为由多个个人法益组成的"超个人法益"。在金融消费者利益没有被侵害或不存在侵害危险时,即便市场机能被侵犯或存在被侵犯的危险,也不应认定行为构成犯罪,而只需以行政处罚进行排除和预防。此外,若认为非法集资犯罪所侵害的法益只是金融管理秩序,而不包括财产权这一个人法益的话,那么是否可以认为,非法集资犯罪的本质是集资人与投资人通谋对金融管理秩序实施的共同犯罪行为呢?作为共同犯罪人,两者行为的后果有天壤之别。当然,可以将把集资人的行为视为犯罪而不苛责一般投资者的刑事责任视为一种刑事政策,但该政策的实施并不意味着投资人不用承担民事法上的与有过失责任。因此,基于这样的认识,应当认为在非法集资犯罪中危险接受理论有适用空间。

---

① 张明楷:《刑法学中危险接受的法理》,载《法学研究》2012年第5期。

四、互联网金融犯罪中存在被害人过错事由的结果

如上文分析所言,行为在基本法律关系上属于受民法或金融法保护的合法行为,但因为行为方式可能与正规金融存在相似性,导致对金融管理秩序的破坏而引来刑法的否定性评价。在这样的双重评价体系之下,互联网金融犯罪中存在自甘风险与危险接受理论的适用空间。对于受害人存在过错的情况,有受害人需要承担因自身过错而产生的法律责任,以及犯罪人因受害人过错而引起的免责或刑事责任减轻的结果。

(一)被害人需承担法律责任

互联网金融犯罪中受害人的法律责任包括民事责任、行政责任与刑事责任。之所以同一行为产生不同的法律责任,是因为现代法律为抽象规定,并从不同角度规范社会生活,因而经常发生同一事实符合数个规范的要件,导致该数个规范皆得以适用的现象,学说上称之为规范竞合。在互联网金融行为引起的犯罪中,一方面当事人因未按约定履行合同义务承担民事责任;另一方面由于侵犯他人财产权益而构成非法集资犯罪承担行政及刑事责任。在这种情形下,刑事法上的刑罚及民事法上的损害赔偿皆可以适用而互不排斥,盖民事责任及刑事责任各有其目的,后者在于对行为人予以报应,并防止将来侵害的发生,前者则侧重填补被害人的损害,平复过去侵害的结果,两者可以并行不悖。①《民法典》第187条前段规定:"民事主体因同一行为应当承担民事责任、行政责任和刑事责任的,承担行政责任或者刑事责任不影响承担民事责任",一个行为可能同时产生民事、行政和刑事责任。

1.互联网金融犯罪中被害人的民事责任

在互联网金融中,投融资法律关系或借贷法律关系双方为平等的民事主体,且意思表示真实有效。在这种情形下双方当事人负有法定及约定达成的义务并享受权利,投资人应按约定转让资金,而融资人则应在约定时间到期后归还本金并给付回报。以 P2P 网络借贷为例,合法的网络借贷行为系平等的民事主体之间发生的权利义务关

---

① 参见王泽鉴:《契约责任与侵权责任之竞合》,载王泽鉴:《民法学说与判例研究(第一册)》,北京大学出版社 2009 年版,第 205 页。

系,因而不存在"受害人"的说法,无论是借款人或是出借人,其中一方未按约定履行合同义务的需承担违约责任。依据《民间借贷案件规定》第 12 条第 1 款的规定,民间借贷行为构成犯罪的,其基本法律关系,即民间借贷合同并不当然无效。因此在由 P2P 网络借贷行为引起的犯罪中,关于受害人民事责任的讨论实质上是对一般民间借贷合同纠纷中违约相对方民事责任的划分。可以认为,这一民事责任不仅是违约责任还包括了侵权责任,属于侵权责任与违约责任的竞合。

侵权责任与违约责任的竞合是民法学界长期关注的问题,关于竞合时应如何适用法律这一问题,学界主要有三种观点,分别是"法条竞合说""请求权竞合说"和"请求权规范竞合说"。"法条竞合说"认为同一事实具备侵权行为及债务不履行的要件时,依特别法优于普通法的原则,只能适用债务不履行的规定,因而仅发生契约上的请求权而无主张侵权行为请求权的余地;"请求权竞合说"则认为,一个具体事实,具备侵权行为和产生的债务不履行的要件的,应就各个规范判断之,所产生的两个请求权独立并存,该观点又可进一步分为"请求权自由竞合说"和"请求权相互影响说";"请求权规范竞合说",强调一个具体生活实施符合债务不履行及侵权行为两个要件时,并非产生两个独立的请求权,而是仅产生一个请求权,但有两个法律基础,分别是契约关系和侵权关系。① 我国《民法典》第 186 条规定:"因当事人一方的违约行为,损害对方人身权益、财产权益的,受损害方有权选择请求其承担违约责任或者侵权责任。"同时,根据最高人民法院《关于适用〈中华人民共和国民事诉讼法〉的解释》第 247 条关于"重复起诉"所体现出的"一事不再理"原则,应当认为我国对于侵权责任与契约责任竞合的法律适用问题采"请求权竞合说"的观点。

互联网金融犯罪中,当事人一方面未能按约定履行还本付息的合同义务,另一方面由于自身存在过错导致侵害了相对方的财产权。根据"请求权竞合说",同一借贷行为产生两个独立的请求权。在侵权责任部分,根据《民法典》第 1173 条:"被侵权人对同一损害的发生或者扩大有过错的,可以减轻侵权人的责任。"因此在网络借贷中,如果出

---

① 参见王泽鉴:《契约责任与侵权责任之竞合》,载王泽鉴:《民法学说与判例研究(第一册)》,北京大学出版社 2009 年版,第 210—214 页。

借人在出借资金时没有履行相应的注意义务,如未审慎考察借款人的还款能力、信用状况、投资项目的盈利性等因素,导致自身财产受损时,可以减轻借款人的侵权责任。而根据《民法典》第591条第1款"当事人一方违约后,对方应当采取适当措施防止损失的扩大;没有采取适当措施致使损失扩大的,不得就扩大的损失请求赔偿"以及第592条第1款"当事人都违反合同的,应当各自承担相应的责任"。网络借贷中,出借人往往明知借贷合同中约定的高额利息不符合社会正常情况,存在高度风险,却仍旧相信因合同的存在,自身利益必然有所保障。当发现相对方无履约能力时,依旧不采取适当措施予以制止,而在融资人携款潜逃后才报案。对于这样的情况,根据法律规定,对扩大部分的损失,出借人无权主张。总之,在P2P网络借贷侵权责任与违约责任竞合的情况下,由于受害人在借贷过程中存在过错,因此可以减轻犯罪人的民事责任。

需要注意的是,在互联网金融所引起的非法集资犯罪中,犯罪人并不必然是违约方或是侵权人,同样受害人也并非一定是违约相对方或是被侵权人。融资人的行为之所以被认为构成犯罪,主要原因在于其行为被认为违反法律规定而破坏了金融管理秩序,而并非借贷行为本身违法。因此,即使行为涉及犯罪,但其中的借贷合同依然合法有效,合同双方应按约定履行合同,未按约定履行合同的一方需要承担违约责任。虽然借款人的行为可能触犯刑法,但是作为受害人的出借人依旧需要履行该合同,否则需要承担相应的民事责任。例如,传统理论中不以资金为限的借贷,贷与人故意不告知借用物存在瑕疵导致借用人受损害的,需承担赔偿责任。《民法典》第671条第1款也规定:"贷款人未按照约定的日期、数额提供借款,造成借款人损失的,应当赔偿损失。"受害人对该民事责任的承担不因借贷行为构成犯罪而被免除。

2.互联网金融犯罪中受害人可能承担刑事责任

金融犯罪主要分布在我国刑法分则第三章"破坏社会主义市场经济秩序罪"中,属于典型的"白领犯罪",指的是"受社会尊重且具有较高社会地位的人在其职业活动中从事的犯罪活动"[①]。白领犯罪被害人一般被划分为自愿与非自愿参与犯罪两大主要类型。第一种类型

---

① Edwin H. Sutherland, *White Collar*, Yale University Press, 1983, p.7.

包括诈骗犯和投机者的被害人,这些被害人是自愿参与犯罪行为的。而没有自愿参与犯罪的被害人被划归为第二种类型,包括债权人、竞争者、雇员、消费者、公民等。① 就像前文中笔者数次指出的那样,互联网金融活动中的投资人的身份和资质是对契约中风险注意义务分配的重要判断依据,因此,富有经验的投资者和没有投资专业知识的一般社会公众在互联网金融活动引起的非法集资犯罪中,作为受害者的过错程度也是不同的。根据对被害人的划分,在金融市场富有专业经验的投资者对于风险具有较为全面的认识,自愿承受这种投资风险并因此获益,应属于自愿参与犯罪行为的受害人;而一般社会公众对于借出款项涉及的投资项目中所含风险并没有专业角度的认识,或者因借款人的欺骗行为做出了不真实的意思表示,对于参与犯罪的情况并不知悉,应当属于非自愿参与犯罪的受害人。因此基于犯罪学的这一分类,受害人应承担的刑事责任并不相同,应分别予以讨论。

对于能够清楚认识到互联网金融中的风险,或者虽然对风险大小并不清楚了解,但基于人类趋利避害的天性而自愿参与犯罪的被害人而言,由"贪利"而"利令智昏"是这一受害群体的普遍特点。典型的是犯罪人以高额利息骗取借款,而被害人往往明知该投资行为可能涉及犯罪但出于侥幸心理而仍旧积极参与。在该类互联网金融犯罪中,受害人责任的最极端形态当属受害人与犯罪人共同实施犯罪的情况。在这种情况下,受害人被犯罪人编造的骗局所吸引,甘愿一同参与违法犯罪活动以获取想象中的高额经济利益,但最终却成为非法集资的受害人。"在这笔交易的整个过程中,被害人都是积极主动的,显然参与了这笔不光彩的生意。被害人企图轻而易举地赚大钱,甚至不惜采用卑劣手段的奢望,使我们将其视为潜在的诈骗犯。诈骗犯与其被害人构成一对合作者,共同进行同一诈骗活动。但被害人并没有意识到自己不过是服务于诈骗犯的欺骗目的的工具而正在受到愚弄"②。对于这种受害人自愿参与犯罪的情况,《2014年司法解释》第3条规定,"在向亲友或者单位

---

① 参见〔德〕汉斯·约阿希姆·施耐德主编:《国际范围内的被害人》,许章润等译,中国人民公安大学出版社1992年版,第267页。
② 〔德〕汉斯·约阿希姆·施耐德主编:《国际范围内的被害人》,许章润等译,中国人民公安大学出版社1992年版,第251页。

内部人员吸收资金的过程中,明知亲友或者单位内部人员向不特定对象吸收资金而予以放任的"属于向社会公众吸收资金,这样的规定将受害人吸收他人资金行为的否定性评价强加给犯罪人,使犯罪人承担了过多的注意义务,不仅需要对自己吸收资金的行为负责,还需要对他人吸收资金的行为负责,而受害人基于贪利的目的,参与到吸收资金这一活动中,并与他人进行交易骗取资金,这样的行为却被其受害人的身份所掩饰。《防范和处置非法集资条例》第 25 条第 3 款规定:"因参与非法集资受到的损失,由集资参与人自行承担。"由此,投资人因参与非法集资活动而受到的资金损失应当自行承担,这一规定体现了在互联网金融犯罪中自愿参与犯罪的受害人的责任内容。

除了需要自行承担犯罪行为引起的资金损失,还可能需要以非法集资共犯的身份承担相应的刑事责任。《2010 年司法解释》第 8 条第 2 款规定:"明知他人从事欺诈发行股票、债券,非法吸收公众存款,擅自发行股票、债券,集资诈骗或者组织、领导传销活动等集资犯罪活动,为其提供广告等宣传的,以相关犯罪的共犯论处。"同时,《2014 年司法解释》第 4 条前段规定:"为他人向社会公众非法吸收资金提供帮助,从中收取代理费、好处费、返点费、佣金、提成等费用,构成非法集资共同犯罪的,应当依法追究刑事责任"。据此,对于自愿参与互联网金融犯罪中的受害人,除了需要自行承担资金损失外,还可能作为共犯承担非法集资犯罪的刑事责任,这也充分体现了罪责刑相适应的原则。

对于非自愿参与互联网金融犯罪的受害人而言,他们自始至终没有意识到自己受害或者不得不承受损害后果,由于不具备专业的金融理财知识和经验,这部分受害人主观上认为借款人介绍的投资项目与正规金融产品相比并无区别,同时认为由于合同的签订,借款人不会违约,没有任何风险意识,在他们眼中看不到犯罪人是谁,遭受损失时则抱怨命运不济或者世道不好。在这样的情况下,犯罪人与受害人的互动看上去并不明显,受害人的刑事责任似乎也无从谈起。然而应当看到,这种犯罪的危害后果因对象人数众多而被扩散化。因此,损害程度及于每个具体被害人身上就相对低,而金融管理秩序的损害则相对显得突出,这种犯罪所侵害的主要法益由个人法益转向超个人法益,相较于个人,作为受害人的国家在此类犯罪中地位更为重要。在这一类型犯罪中,除了作为直接受害对象的自然人外,国家扮演了不同的角色,既是间接受害人又是直接受害人,由于对象是不特定多数人,行为所侵犯个体的范围越大,犯罪收益越大,国家在双重身份之下有责任积极追诉犯罪,并尽力弥补受害公民的经济损失。①

在现有刑罚体系中,受害人责任作为一种事实责任,它的认定是以犯罪人符合犯罪构成为前提的,无犯罪则无所谓刑法领域中的受害人责任,受害人责任并不影响犯罪的成立。目前我国的刑事法律体系与世界上其他大部分国家一样,完全建立在犯罪中心的基础上,刑事责任专属于犯罪人。这种体系隐含着对被害人完美人格的假设,导致现实中大量存在受害人的责任无法得到法律上的确认。我们当然不应当给予已经承受痛苦的受害人更多责难,因此在法律层面认定受害人责任需要更高的标准或义务要求。如果说犯罪人的责任在于其应当避免一种会被认定为犯罪行为的选择,受害人的责任就在于阻止其自身受害的发生。受害人应当承担何种程度的义务是法律评价受害人行为是否适当的关键,这种义务的实质在于对犯罪人犯罪行为起到了现实的影响,只有受害人违反刑事义务达到激发犯罪的实质影响的时候,才意味着达到了刑法领域中的受害人责任规则所要求的义务违反程度。因此,对于非自愿参与互联网金融犯罪的受害人而言,由于其并未实际参与到犯罪中或者有自愿参与犯罪的意思表示,因此,作为投资人,难以苛求其自行承担财产损失或者遭受刑罚,但因为"不存在无义务的权利",所以仍然应当分配相应的注意义务于出借人一方,即投资人对于投资合同是否尽到了其力所能及的查证义务,例如,融资人的资格条件、信息的真实性、融资项目的真实性和合法性等。

当事人应当对与自身利益相关的信息进行积极的核实查证,而对于受害人怠于行使合理注意义务的情况,应根据其"躺在权利"上的时间和程度以及其他对犯罪行为了解程度等过失责任的大小,认定其是否存在"危险接受"的情况。如果认定存在,则可以成立刑法中的受害人责任事由,从而在量刑中相应减轻犯罪人的刑事责任。② 量刑情节

---

① 参见王佳明:《互动之中的犯罪与被害》,北京大学出版社2007年版,第145—146页。
② 参见王佳明:《互动之中的犯罪与被害》,北京大学出版社2007年版,第175—177页。

是将对于刑罚裁量有意义的犯罪情节加以类型化的产物,以刑法有无明文规定为标准,分为法定情节和酌定情节。在传统刑法体系中,作为量刑情节的受害人责任大多属于层级较低的酌定情节范围,缺乏直接的刑法依据,其适用主要依赖于裁判者的自由裁量。对于非自愿参与互联网金融犯罪的受害人而言,由于传统刑法的思维定式,在法无明文的情况下,审判机关往往难以正确认识案件中受害人应承担的责任,因此,应当将互联网金融犯罪中的受害人责任明确规定为法定量刑情节,当由于受害人未履行法定注意义务或者其不当行为对犯罪产生实质性影响时,犯罪人仍应承担刑事责任,但可以根据受害人具体过错的大小减轻或者免除处罚。

(二) 犯罪人的刑事评价降低

互联网金融异化行为导致了非法集资犯罪的发生,而在这些犯罪中几乎全部存在着受害人过错的情节,其一方面使受害人需要承担民事责任,另一方面则可能导致犯罪人刑事责任评价的降低。在以犯罪为中心的现代刑事法律体系下,正如前文所指出的,需要讨论的是其是否可以成为互联网金融犯罪的出罪事由。

如前文所言,自甘风险和受害人承诺均属于广义上的受害人过错,两者均是民法理论中的免责事由,但在互联网金融犯罪中唯有自甘风险理论可以适用,而受害人承诺则不然,因为投资人一方并未承诺放弃自己对所投资金的所有权,受害人同意本质上是对法益保护的放弃。而在自甘风险中,受害人使自己进入不确定的风险,认识到行为可能导致危害结果的发生,但并不意味着受害人接受该危害结果。具言之,被害人所接受的仅仅是行为人危险行为的实施,并不接受该行为带来的危险结果,其法益仍需受到刑法的保护。[①] 受害人承诺体现了法律对于行为人自由意思表示的尊重,使其成为了刑法上的出罪事由,但受害人自甘风险并未承诺结果而仅仅是同意了行为中的风险。互联网金融自身的金融属性意味着投资人在获得高回报时必然需要承担高风险,回报与风险呈正相关性。在所有的金融业务中,从风险最低的商业银行储蓄——存款人需要承受商业银行破产的风

---

① 参见孙国祥:《民法免责事由与刑法出罪事由的互动关系研究》,载《现代法学》2020年第4期。

险,这一情形发生的可能性微乎其微,即便真的发生,存款人也可以通过存款保险制度避免资金损失,到风险最高的股票证券——在上市公司按照证券法律法规要求披露信息的情况下,投资人需要承受一切因自身投资行为所带来的风险。互联网金融亦是如此,典型的互联网金融类型如P2P网络借贷或股权众筹,投资人体现更多的是其自身的逐利性,也就是追求普遍高于正规金融产品的收益。无论是普通投资者还是专业投资者,虽然可能由于专业知识等方面的差异使得各投资人对于投资风险的认识不尽相同,但是作为理性人,对于该投资行为中蕴含的风险应当是明知的。

互联网金融犯罪中,虽然投资人对自身投资行为的风险性有所认识,可以清楚地预见到自己的资金处于风险之中,有可能将要遭受损失,但是这不代表投资人同意了资金受损的结果,即使其中有部分投资人具备专业的金融知识和丰富的投资经验。被害人意识到投资有风险(实际上通常认识到投资有市场风险),并不意味着被害人因此就失去了"需保护性",被害人虽然接受了危险,但是放弃的只是自己对法益的管护责任,并没有放弃国家对该法益的保护。只是由于介入了被害人的责任,行为人的非难程度有所降低。在大多数案件中,这种共同责任往往会产生减少实质性不法的效果,并且会发挥减轻量刑的作用。[①] 因此可以得出的结论是,自甘风险事由降低了行为人的非难程度,使犯罪行为在面临刑法上的否定性评价时程度可能降低,进而在量刑时得以从轻或减轻,但这并不意味着自甘风险能够免去犯罪人的刑事责任,行为人并非不具有非难可能性。

五、本章小结

本章通过分析认为,民法免责事由可以充分发挥其在互联网金融犯罪认定中减轻刑事责任的作用。以被害人自甘风险为例,由于互联网金融行为属于当事人对自身财产权利基于真实意思表示的自由处分,受民法和金融法律的规范,而当下刑事政策面对互联网犯罪所采取的入罪化态度将以投融资为主要表现形式的互联网金融行为规定

[①] 参见孙国祥:《民法免责事由与刑法出罪事由的互动关系研究》,载《现代法学》2020年第4期。

为犯罪,进而受到刑事法的制裁,因而在互联网金融犯罪案件中,普遍存在受害人过错的情况,由于请求权的竞合,使得自甘风险理论可以得到适用。在互联网金融犯罪中,受害人存在过错的,根据受害人是否具有专业的金融理财知识和投资经验,区分为自愿参与犯罪与非自愿参与犯罪。对于前一情形,受害人需自行承担损失且可能成为犯罪人的共犯;而在后一情形下,受害人过错则可能导致犯罪人刑事责任的减轻。自甘风险作为超法规事由,虽然无法如与其系出同源的受害人承诺一样成为刑法上的出罪事由,但是仍然可以在量刑部分发挥保障犯罪人人权的功能,在实质上实现罪轻的效果。

第七章　刑民交叉视野下互联网金融行为"罪与非罪"判断的具体应用：以股权众筹为例

股权众筹是互联网金融的重要业务模式之一，与 P2P 网络借贷相比，股权众筹具有更为实质意义上的金融创新属性。P2P 网络借贷在本质上仍属于民间借贷，这是因为作为中介的 P2P 网络借贷平台的存在使得借贷双方可以更为便捷地寻找到合适的交易对象，提高了效率，然而其在基本的法律关系上与传统民间借贷并无二致。股权众筹则突破了传统意义上公募和私募的划分，具有强烈的金融创新色彩，"是人类史上又一个伟大的制度发明，它能够弥补股票市场股份制的缺陷和不足，让中小企业获得资金的筹集和资源的筹集，还有人脉的管理以及营销的众筹"①。股权众筹的产生是重要的金融模式创新，对于推动我国的金融发展具有积极意义。

同时也应该看到，金融必然存在风险，而金融创新的风险则更为明显，这正如硬币的两面，两者相生相伴。金融业务的法律监管在时效性上远滞后于金融业务本身，股权众筹自 2012 年在我国出现至今，专门性法律规范仍属空白，导致了股权众筹本土化过程中的野蛮生长和异化。各种披着股权众筹外衣的非法金融行为大肆出现。在刑事司法领域以非法集资犯罪为典型代表，侵犯社会公众财产权的同时，也破坏了国家的金融监管秩序，以致出现系统性金融风险。金融监管部门敏锐地发觉到风险的存在。近年来积极出台多项举措，化解股权众筹中存在的风险，却导致矫枉过正：在打击股权众筹型金融犯

---

① 杨东：《互联网金融打开股权众筹发展空间》，载《上海证券报》2015 年 7 月 23 日，第 12 版。

罪的同时,殃及了合法的股权众筹金融模式,导致股权众筹陷入未能被"正名"的尴尬境地,阻碍了股权众筹的发展。"面对越来越多的各种网络安全威胁,过度强调管制的传统法制化治理虽然可在短时间内取得一定的安全效果,但是,从长远来看,有可能会扼杀互联网创新,削弱互联网活力,进而产生阻碍互联网发展的负面效应"[1]。如何界分股权众筹型的金融犯罪和属于金融创新的合法的股权众筹,有必要厘清股权众筹中存在的法律风险并加以分析,以发挥该业务模式的优势,确保在推动金融创新的同时维护金融安全。

一、股权众筹的民法属性

(一) 众筹的概念

关于众筹,其定义在法律上未有明确。有学者认为众筹是小企业或艺术家等个人依托互联网和 SNS(Social Networking Services),为创办企业或举行活动而在众筹平台上向公众募集资金的一种融资方式[2];也有观点认为众筹是指以互联网平台为磋商契机,由项目发起人从投资人处筹措创业或活动的小额资金,并向投资人提供回报的一种融资模式。[3] 笔者认为这两种观点均存在一定的不足,不当地限缩了众筹的范围。众筹的概念产生于美国,至今只有十年时间。"众筹"一词的英文 crowdfunding 由 crowdsourcing 和 microfinancing 二词融合而来,意即公众参与的微型金融。crowdfunding 在我国香港和台湾地区分别被译为群众集资、群众筹资,据此我们可以从字面上得出众筹的含义,即向社会公众筹集资金,这也是国内外所有关于众筹的研究文献中对于这一概念所作定义的交集部分。不同的部分在于众筹的主体和范围,因为众筹作为一种金融业务,其定义必须包含"什么人""什么方式"以及"什么范围"等要素,以区别于其他向社会公众筹集资金的行为,诸如公开发行股票或是银行存款业务等。

---

[1] 刘艳红:《互联网治理的形式法治与实质法治——基于场所、产品、媒介的网络空间三维度的展开》,载《理论视野》2016 年第 9 期。
[2] 参见刘海:《网络众筹、微筹的风险监管与发展路径》,载《商业经济研究》2015 年第 5 期。
[3] 白江:《我国股权众筹面临的风险与法律规制》,载《东方法学》2017 年第 1 期。

首先,发起众筹的主体也即发起人是一切具有完全行为能力的民事主体,而不仅仅局限于"小企业家、艺术家或个人"。虽然在实践中以小企业家或艺术家作为发起人的众筹项目占据了相当的比例,但是从事其他行业的人并未被排除在外,因此发起众筹的主体应当是一般主体而非特别主体。发起众筹的行为属于民事法律行为,因此任何具有完全民事行为能力的人均可以发起众筹。其次,众筹一定是以网络为媒介,在互联网平台上进行的行为。关于这一点虽然从众筹的字面意义上无法得出,但是却为世界范围内所有的研究人员、实务专家及法律法规制定者所公认。众筹不同于传统证券法中公募、私募划分的概念,而是在互联网金融产生后出现的在特征上完全不同于传统募集资金方式的行为。最后,众筹并不一定涉及项目发起人向投资人提供回报,因为有些众筹可能没有任何回报,这一点涉及众筹的分类。

众筹有不同种类的划分,例如,在实务中,欧盟将众筹划分为六类,包括:捐赠、赞助、奖励、预售、借贷及证券型投资[1];而美国则将众筹分为捐赠和股权两类[2];理论上,有观点认为应将众筹分为捐赠、预售、借贷和股权四类[3];还有观点认为众筹可以分为股权式和非股权式两种[4]。虽然众筹的分类因标准不同而有多个版本,但在本质上并无差异。根据投资人是否能够获得经济上的回报,我们可以将众筹分为有偿众筹和无偿众筹两种。有偿众筹包括了预售、债权和股权等形式,其中债权众筹也即我国语境下的 P2P 网络借贷,借款人通过网络借贷平台向投资人筹集资金,而投资人在出借期内得到债权,在出借期间届满时通过实现债权得到本金和利息。而无偿众筹则包括了捐赠、赞助和奖励等类型,如国内知名的大病筹款平台"水滴筹"即属此类型,社会公众通过众筹平台为经济困难的大病患者进行资金捐赠。募集资金者一般情况下只需确保资金的使用情况公开、透明,接受捐赠人的监督,而无需向募集资金者支付金钱或其他财物。据此,众筹

---

[1] 参见顾晨:《欧盟探路众筹监管》,载《互联网金融与法律》2014 年第 2 期。
[2] 参见杨东、苏伦嘎:《股权众筹平台的运营模式及风险防范》,载《国家检察官学院学报》2014 年第 4 期。
[3] See Bradford, C. Steven, Crowdfunding and the Federal Securities Laws, *Columbia Business Law Review*, Vol. 2012, No. 1, 2012, 14 - 27.
[4] 参见白江:《我国股权众筹面临的风险与法律规制》,载《东方法学》2017 年第 1 期。

项目中的投资人并非一定可以得到经济上的回报。根据以上分析可以归纳出众筹的定义，即项目发起人通过互联网平台为某个项目向公众筹集资金的行为。

(二) 股权众筹概述

本文所讨论之"股权众筹"为众筹的下位概念，其与债权众筹、无偿众筹等众筹模式共同组成众筹。股权众筹属于有偿众筹，投资人通过众筹项目可以获得经济上的回报，不同于债权众筹中项目发起人与投资人之间属借款法律关系，股权众筹中发生的是股权交易关系，投资人通过投资获得项目的部分股权，并通过该部分股权在未来获得收益。在我国学界，对于股权众筹概念的争议点在于众筹行为是否应当公开。公开论者认为，众筹中项目发起人是公开募集资金，该观点以中国人民银行等十部委于2015年出台的《十部委意见》为主要依据，其中指出"股权众筹融资主要是指通过互联网形式进行公开小额股权融资的活动"。而非公开论者则认为众筹中项目发起人采用的是非公开方式募集资金，该观点的依据是2014年证监会发布的《私募股权众筹融资管理办法(试行)(征求意见稿)》，该意见中指出"私募股权众筹融资是指融资者通过股权众筹融资互联网平台(以下简称股权众筹平台)以非公开发行方式进行的股权融资活动"。实践中，公开与非公开形式的募集资金方式同时存在，前者共有三家平台获得公募股权众筹试点资质，其中包括京东金融的"东家"(其自身定位为"非公开股权投资"的互联网理财综合服务平台)、平安集团旗下的深圳前海普惠众筹交易股份有限公司(以下简称"前海众筹")，以及蚂蚁金服的"蚂蚁达客"，而绝大多数的股权众筹均属非公开的互联网私募股权。

笔者认为，关于股权众筹应属公募还是私募的争论实际上是伪命题，因为股权众筹的概念是在互联网时代才出现的，而公募与私募的区分产生于传统证券法时代。诚然，无论是在新证券法还是旧证券法中，我国法定的股票发行方式只有两种，即公开发行和非公开发行，通常又被称为公募和私募，也未明确定义何为"证券"。而向公众募集资金的唯一方式是上市公司公开发行股票，任何其他形式的面向社会公众的公开募股行为都会被认定为非法集资。市场上大部分的股权众筹平台均是通过限制投资者资格、人数、投资金额或对项目需求资金进行份额化拆分等方式规避法律风险。然而从股权众筹产生的根源看,这种私募性质的股权众筹并非严格意义上的众筹,而只是私募的互联网化,从本质上看它并未改变筹集资金的传统方式。"众筹融资的运作模式决定了不宜对众筹出资人资格和行为加大限制力度。而如果将股权众筹界定为私募进行监管,即为股权众筹加上合格投资人的限制,众筹就丧失了其本质"①,同时股权众筹也当然不属于证券法上的公募,因为公募中公开发行股票的主体是上市公司,而股权众筹中的项目发起人只能是小微企业或者个人,且股权众筹产生的主要原因就是为了解决小微企业在初创时期融资难的问题。"公募、私募的概念,是传统的证券法的概念,已经不适合'互联网+资本市场'的发展趋势。真正意义上的众筹是通过互联网的方式公开发行"②。因此,应当认为,股权众筹是独立于公募及私募而独立存在的向社会公众筹集资金的方式,只有《十部委意见》中所定义的股权众筹才属于互联网金融语境中的股权众筹。当然,无论现有的政策如何积极肯定股权众筹的重要意义并推动其发展,在我国当下的法律体系中,股权众筹并非《证券法》所明文规定的融资方式,也没有其他具有法律效力的规范性文件对股权众筹作出规范,因此未获得金融监管部门授权者存在非法集资的法律风险。

(三) 股权众筹具有证券属性

股权众筹是典型的直接融资行为,而规范直接融资的主要法律为《证券法》。新《证券法》对"证券"的定义仍较为狭窄,其第 2 条规定:"在中华人民共和国境内,股票、公司债券、存托凭证和国务院依法认定的其他证券的发行和交易,适用本法;本法未规定的,适用《中华人民共和国公司法》和其他法律、行政法规的规定。政府债券、证券投资基金份额的上市交易,适用本法;其他法律、行政法规另有规定的,适用其规定。资产支持证券、资产管理产品发行、交易的管理办法,由国

---

① 李莉:《论金融消费者权益保护视角下股权众筹的监管》,载《北京社会科学》2019年第9期。
② 杨东:《互联网金融打开股权众筹发展空间》,《上海证券报》2015年7月23日第12版。

务院依照本法的原则规定。在中华人民共和国境外的证券发行和交易活动,扰乱中华人民共和国境内市场秩序,损害境内投资者合法权益的,依照本法有关规定处理并追究法律责任。"该条仍然坚持了对证券的狭窄界定。与旧《证券法》相比,新法将存托凭证明确规定为法定证券,并将资产支持证券和资产管理产品写入证券法,授权国务院按照证券法的原则规定资产支持证券、资产管理产品发行、交易的管理办法,因此,目前《证券法》中的证券只有股票、公司债券、存托凭证等类型。现有立法对证券的定义过于狭窄,这在很大程度上将会导致市场上证券的品种、市场层次及交易的多样性、相关性受限。另外,此举也必然会大大缩减《证券法》的适用范围,从而不利于保护投资者的权利。然而,虽然我国法定的证券类型中并不包括股权众筹,但是这并不影响基于学理层面的分析认为股权众筹符合证券的特征,属于理论上的"证券"。

证券定义的主要功能是确定证券法的适用范围。基于证券法"规范证券发行和交易行为,保护投资者的合法权益,维护社会经济秩序和社会公共利益,促进社会主义市场经济的发展"这一立法目的,所有与投资有关的融资安排都应当被纳入证券的范围,否则证券法对投资者保护的目标就无法实现。因此,在对证券进行界定时,有两个不可忽视的问题:其一,是否将目前已知的证券类型都纳入了进来;其二,如何将那些与时俱进、花样繁多的融资方式纳入监管范畴。对此,美国证券法对证券的定义方式值得借鉴。美国证券法对证券采用了复杂的定义方式,在列举了数十种被认为应当属于证券的投资工具之后,立法者还用"一般被普遍认为是证券的任何权益或者凭证"来作为兜底。① 美国法院在实践中将所有形式新颖且未被明确列举出来的投资安排都囊括在证券定义之内。美国法院界定证券的基本原则是"实质重于形式":对任何疑似证券的投资安排,都需要通过对其经济实质的认定来界定是否属于证券。对于那些证券法条文中没有列出的证券类型,法院则一般适用 Howey 检验标准来衡量其是否符合投资合同的经济实质,以及应否被纳入证券法的适用范围。

为了确定证券法的基本范围,美国政府根据最高法院的判决,对

---

① 参见彭冰:《非法集资活动规制研究》,载《中国法学》2008 年第 4 期。

1933年《证券法》和1934年《证券交易法》中证券定义的细微差别按"实质上完全相同"对待。法律用语有伸缩性,并已经相应地进行解释。长期以来,由于法律定义的宽泛性,很难为法院提供稳定的、可预期的指导工作。为了确定某一投资工具是否为证券,可以作一些概括总结,其中投资者的感觉和期望是个重要因素。司法上的证券定义主要从"投资合同"这一法律词语的解释发展而来。美国最高法院、联邦法院和州法院试图总结出一个切实可行的定义,目前也已经形成了基本的标准。在探求适当定义的整个过程中,法院一直关注着这一事实,即最基本的问题是这种特定投资或工具是否需要或必须由联邦或州的证券法对投资者进行保护。美国最高法院在首次处理这个问题时,将关注点集中于这种投资工具的一般特征上。最高法院在证券交易委员会诉 W. J. Howey 案中宣称,证券法目的上的投资合同是指一个合同、交易或计划,一个人据此:(1)将他的钱投资;(2)投资于共同单位;(3)受引导有获利愿望;(4)利益全部来自发起人或第三人的努力。认定了促销计划属于证券之后,最高法院指出,不但不需要正式的股票证明,而且企业实物资产并不能排除作出事实上存在证券的决定。最高法院并未指出任何单一的决定性要素,而是将一揽子投资作为一个整体看待,包括投资的销售方式。① 据此,美国通过立法上的宽泛性标准和司法个案中的开放性说明将满足 Howey 检验标准的投资合同作为"证券"的兜底形式,丰富了证券的类型。Howey 检验标准可以适用于证券法明确规定的各种类型,最具普遍意义上的证券即股票、公司债券等同样符合该检验标准。以股票为例,投资者购买股票往往并不直接参与企业的实际运营,而是期待通过用金钱购买股票,从而获取"共同事业"股东的身份,并据此获得分红收益。因此,购买股票所获得的收益仅来自于他人努力,或至少在管理方面作出的具有关键影响力的努力。由此可见,投资合同的概念和 Howey 检验标准高度概括了证券的最本质特征,使得证券的定义可以涵盖所有带有证券性质的投资理财产品和合同安排,构成了对这些产品与合同安排进

---

① 参见托马斯·李·哈森:《证券法》,张学安等译,中国政法大学出版社2003年版,第23—25页。

行规制的前提。① 美国立法例将投资合同纳入证券的概念中,除了在法条中例示性地列举出证券常见的类型以方便形式判断以外,还通过判例的方法强调了被称为"证券"的产品应当具有的实质内核。在开放的证券概念下,美国国会于2012年通过了《JOBS法》的修正案,其中包括第三章专门的《众筹法》,随后在2015年美国证券交易委员会(SEC)颁布了《众筹条例》。至此,在美国股权众筹在法律和行政法规两个层面都得到了明确的规范。

二、股权众筹的行政监管缺位

(一)股权众筹目前不受我国证券法承认

与美国法相比,我国证券法同样列明了"证券"的法定类型,这方便了司法机关、行政监管部门及金融业者的判断与实务操作。但由于法条中未明确证券的定义,导致除形式审查以外,无法从实质上判断某一产品是否可以被纳入到证券的范畴。与此同时,已有司法解释或最高人民法院的指导案例中也没有引入"投资合同"的概念。现行立法对证券的狭窄界定导致除股票、公司债券、存托凭证外,其他具有"投资合同"实质的产品,如金融衍生产品、金融理财产品等都无法得到证券法的保护,当产生纠纷时只能援引《民法典》合同编相关条文予以解决。然而合同法规范的是"平等主体的自然人、法人、其他组织之间设立、变更、终止民事权利义务关系的协议",其立法目的是"为了保护合同当事人的合法权益",这与证券法"保护投资者的合法权益"之间存在明显区别。虽然我国现有法律制度中没有明确的"投资合同"概念,但是投资合同中当事人之间的法律关系并非平等民事主体之间的法律关系,仅通过合同法来调整投资合同是远远不够的。在民事法律力有不逮,证券法被排除在外的情况下,对非法定的投资合同当事人的保护出现了真空。

法律具有稳定性和滞后性,而金融市场则瞬息万变,时有金融创新出现。一般情况下,金融类型的更新迭代总是先于金融法律法规的出台或修订。股权众筹是互联网时代的产物,传统证券市场的监管制

---

① 参见马其家、王淼:《美国证券法上投资合同的司法认定标准及启示——"美国证监会诉豪威公司案"评析》,载《法律适用》2018年第6期。

度在其面前必然无法完全适用,这是世界各国在推广股权众筹过程中均面临的困境,也即股权众筹本身合法化的问题。从世界范围看,关于股权众筹合法性的问题主要有三种处理模式:第一种为严格禁止模式,只有经过政府的特别授权才可以展开此项业务,我国香港地区即采此模式;第二种是在现有公开发行证券的范围内,通过修法建立适当的豁免制度来承认股权众筹的合法地位,采用这一模式的有美国、澳大利亚等国家,最著名者为美国的《JOBS法案》,受到其他各国的争相模仿借鉴;第三种是通过制定专门法律的形式承认和规范这一金融创新模式,意大利、新西兰等国家采用了这一模式。① 这三种模式表明了不同国家对于股权众筹的认可与接纳程度,以及在监管上的宽松或严格,但无论何者都给予了股权众筹一定的发展空间。由此可知,作为一种金融创新,股权众筹除了一般金融业务可能具有的风险外,还存在额外的准入风险。

股权众筹较之于传统证券形式更有优势,其基于互联网平台让更多的投资人参与到投资创业企业的过程中,一方面有利于为融资困难的小微企业纾困,另一方面活跃了社会上的闲散资金,丰富了民众的投资渠道。股权众筹中融资人与投资人间的法律关系属于投融资法律关系。具体而言,投资人受融资人对项目的介绍和引导后有获利的愿望,其将钱投资于融资人发起的项目,所获利益全部来自发起人或第三人的努力,满足Howey检验标准,应认为该投融资合同属于证券范畴下的投资合同。但正如前文所述,由于我国现行证券法律法规采狭窄定义方式,未赋予投资合同以"证券"的地位,因此股权众筹尚无法得到证券法的保护。

(二)行政监管部门未发挥监督实效

与历史上出现过的所有金融创新模式相似,股权众筹面临的法律风险主要有两种,一种是由于金融业务的发展速度超过金融监管的反应速度而产生的一般法律风险,也即因监管空白引起的金融风险,以及对传统金融秩序的冲击产生的在现有法律制度下的合法性的疑问,这一风险主要是行政法律风险,严重者可能进一步承担行政刑法

---

① See Arjya B Majumdar, Umakanth Varottil, *Regulating Equity Crowdfunding in India: Walking a Tightrope*. Edward Elgar publish,2017.

风险。有学者即指出,有些非法股权众筹行为即使符合股权众筹的形式特征,但因具有违法性,应当追究其法律责任[①];另一种则是以新形态为幌子的传统金融异化行为产生的法律风险,这种风险无论是在互联网时代还是传统社会,均是统治阶级和一般社会公众所无法接受的风险,不但破坏了金融秩序,而且侵犯了普通民众的财产权,一直以来都受到法律的否定性评价,这种异化风险主要是刑事风险。由此,本部分所讨论的股权众筹风险包括了这两种类型的风险。

股权众筹是互联网金融时代的产物,社会公众在谈论时往往将其与另一互联网金融代表P2P网络借贷相提并论。从行为结构和可能面临的风险看,两者有相似之处,同时又存在显著区别。从近年来的发展看,P2P网络借贷的法律规范已经相对成熟有序,形成了一批不同效力层级的法律性文件。与之相比,立法机关和金融监管部门对股权众筹的监管与规范尚处于起步阶段,无实质性的规范文件出台。有论者认为,P2P网络借贷在性质上属于债权众筹,其监管模式与路径可以为股权众筹所借鉴。但笔者认为,两者虽都属于融资模式,且同样易触及非法集资犯罪,但存在根本性区别。

三、股权众筹与P2P网络借贷的区别

股权众筹与P2P网络借贷是互联网金融的两个典型代表,甚至可以认为,股权众筹和P2P网络借贷共同组成了狭义的互联网金融的全部业务类型。相当部分的社会公众简单地认为,"互联网"加上"钱"就是互联网金融的全部,同时又将互联网金融与P2P网络借贷画上等号。然而,股权众筹跟P2P网络借贷相去甚远,与P2P网络借贷相比,股权众筹在交易结构上更依赖于互联网技术,也更加符合互联网金融较之于传统金融在"创新"上的要求,甚至有观点认为,互联网金融就是众筹金融。因此,区分股权众筹与P2P网络借贷,对于厘清股权众筹的法律属性,探析股权众筹行为"罪与非罪"的边界具有重要意义。

---

① 参见胡启忠:《非法股权众筹的刑法适用与现时策略》,载《西华大学学报(哲学社会科学版)》2019年第6期。

(一) 基础民事法律关系不同

股权众筹与 P2P 网络借贷的基础民事法律关系存在不同,这是两者在私法领域最根本的区别。虽然两者的目的都在于实现资金的融通,且整个业务流程中均涉及三方主体,在两者的交易模式下,互联网平台均扮演中介的角色,与投融资双方均是居间法律关系,但是行为结构却有明显的差异,这是因为两者的基础法律关系不同。"由于民法与刑法所共同关注的基本生活事实是一致的,这意味着,当民法总则明确了这些基本概念的内涵或对其进行调整之后,基于法秩序统一性原理,刑法可能需要以之为基础对相关概念进行重新但又不一定等同于民法的解释"①。不同的民事法律关系可能影响具体行为在法秩序统一原则要求下受到不同的法律评价,也可能影响判断具体行为是否构成犯罪时对于犯罪构成要件要素该当性的认定。

1. P2P 网络借贷的基础法律关系是借款法律关系

P2P 网络借贷的主要基础民事法律关系为借款法律关系。《十部委意见》指出,"个体网络借贷是指个体和个体之间通过互联网平台实现的直接借贷。在个体网络借贷平台上发生的直接借贷行为属于民间借贷范畴,受合同法、民法通则等法律法规以及最高人民法院相关司法解释规范"。据此,P2P 网络借贷是发生在网贷平台上的民间借贷行为,就出借人和借款人双方而言,"与传统民间借贷相比其行为发生的场所从现实的物理空间转移到了网络虚拟空间,而网络则是开展民间借贷所使用的工具。相较于传统民间借贷,网贷具有操作较便捷、咨询交流快、贷款门槛低,以及借贷金额小、收益率较高等特点,但这些优势的产生皆是因网络世界的大数据决定的,并未从根本上改变其民间借贷的属性……网贷产生的权利义务关系仍旧只在借款人与出借人之间,并未发生任何'质'的改变"②。中国自古就有借贷行为,然而借贷关系在我国并非法定的民事基础法律关系。自 1949 年中华人民共和国成立以来,我国法律中都没有"借贷合同"这一概念。1999 年出台的《合同法》中规定的有名合同并无"借贷合同",而以"借款合同"代替之,然而借款合同与借贷合同并不能完全画上等号。传

---

① 刘艳红:《人性民法与物性刑法的融合发展》,载《中国社会科学》2020 年第 4 期。
② 徐彰:《个人网络借贷平台的法律风险分析》,载《金融与经济》2017 年第 1 期。

统民法中借贷一般分为使用借贷和消费借贷。使用借贷又称借用合同,是指当事人双方约定,一方将物无偿贷给他方使用,借用人在使用后,依照约定返还该物的合同。消费借贷是指当事人双方约定一方将金钱或其他物品转移于他方,借用人在约定的期限内将同等种类、数量、品质的物返还给贷与人的合同。《合同法》中所采用的"借款合同"这一名称是沿用了 1981 年《经济合同法》中的概念,但指称范围又比该法上的借款合同范围广泛,包括了金融机构借款合同和自然人间的借款合同。①《合同法》将借款合同分为自然人之间的借款以及当事人一方为金融机构的借款等不同类型,民间借贷即属于自然人之间的借款行为而受到相关条款规范。②《民法典》大体沿用了《合同法》中借款合同的条文设置。因此,P2P 网络借贷属于非金融机构的民事主体之间发生的借款行为,在私法领域受到《民法典》等法律法规以及最高人民法院《民间借贷案件规定》等司法解释的规范。

网络借贷平台则主要受到以《网贷机构管理办法》《网络借贷信息中介机构备案登记管理指引》《网络借贷资金存管业务指引》和《网络借贷信息中介机构业务活动信息披露指引》即"一办法三指引"为主的法规规章的规范。

2. 股权众筹的基础法律关系是投融资法律关系

不同于 P2P 网络借贷属于受以《民法典》为主的法律调整的借款行为,股权众筹则是典型的投融资行为。《十部委意见》明确了"股权众筹融资主要是指通过互联网形式进行公开小额股权融资的活动"。由此可知,股权众筹属于股权融资,投资人与融资人之间因股权众筹行为所产生的基础民事法律关系是投融资法律关系。投融资行为在

---

① 参见徐彰:《刑民交叉视野下的民间借贷问题研究》,法律出版社 2018 年版,第 97—98 页。

② 需要说明的是:(1)关于借款合同的分类方法并不是唯一的,最高司法机关根据主体不同对于借款合同有其他的分类,如最高人民法院 2011 年《民事案件案由规定》第 89 条将借款合同纠纷分为:"(1)金融借款合同纠纷;(2)同业拆借纠纷;(3)企业借贷纠纷;(4)民间借贷纠纷;(5)小额借款合同纠纷;(6)金融不良债权转让合同纠纷;(7)金融不良债权追偿纠纷"等七种,文中的分类是通说观点。(2)民间借贷合同并不完全等同于自然人之间的借款合同,两者之间存在重叠部分,但不存在包含与被包含的关系,关于两者的联系与区别,详见徐彰:《刑民交叉视野下的民间借贷问题研究》,法律出版社 2018 年版,第 97—102 页。

我国受到《证券法》《公司法》等商事法律规范,较之于借款关系发生在平等的民事主体之间,通过《民法典》即可以调整双方的权利义务关系,投融资双方所处地位可能较为悬殊,信息不对称成为最需要解决的问题。因此,向社会公众直接融资的行为受到了《证券法》的严格监管,必须符合法定条件并经证监会核准,才可以进行。

我国采用民商合一的立法模式,两者同样以市民社会制度作为观念基础,都以商品经济和市场经济为调整内容,且均以尊重当事人意思自治为特征的任意性规范为主要调整手段。这决定了民法和商法有着许多相同的价值取向,如平等、诚实信用、合法性价值等。然而作为调整市场经济中商人及其商事活动的法律规范,商法与民法在价值取向上的最大不同在于民法以公平作为最基本价值取向。当公平原则与民法的其他基本原则发生冲突与矛盾时,民法首先会选择公平;而商法最基本的价值追求则是效益,在处理效益与其他法律原则的关系时,其基本原则和要求是效益至上兼顾公平与其他原则。不同的基本价值追求决定了不同法律最终所追求的目的各异,因而民法和商法在调整市场经济关系时能够发挥不同作用,且都具有独特的存在价值。① 股权众筹是以股权为媒介的融资行为,投融资法律关系是典型的商事法律关系。作为商法的代表,证券法调整证券市场主体之间因证券发行和证券交易而产生的权利义务关系。而所谓证券,就广义上而言,凡是可以用来证明持有者按照全面记载享有权益的凭证均称为证券,一般分为证书、资格证券和有价证券等三类。证券法中的证券是有价证券的下位概念,特指"资本证券",其功能是为投资者取得资本收益,持有者有权主张相应的资本收益。根据新《证券法》的规定,股票、公司债券、存托凭证和国务院认定的其他证券均属于证券法中的"证券"。虽然现行法律中只规定了公募和私募两种证券发行方式,并未明确股权众筹的证券地位,但是从本质上看,股权众筹中融资者通过众筹平台向公众吸收资金,构成了直接融资中的公开发行,投资者与融资者之间的这一公开小额筹集资金方式当然属于投融资法律关系。

---

① 参见赵万一:《商法基本问题研究》,法律出版社2013年版,第84—86页。

(二) 合法性程度不同

虽然P2P网络借贷和股权众筹均属于投资型众筹的类型，都是互联网时代的金融创新模式，但是在目前的政策规范下，两者的合法性存在区别。

P2P网络借贷自出现以来就被定位为民间借贷的网络化，从而受到合同法的保护，是合法的民事法律行为。虽然通过前文的分析可以发现，金融监管部门对P2P网络借贷的业务限制日趋增多，网贷平台在实践中已全部被清退，但是应当清楚地看到，P2P网络借贷之所以受到政策限制，主要是因为由于部分网贷平台未能切实以信息中介的身份自处，未能严格按照"一办法三指引"等行政法规或部门规章的要求开展网络借贷业务。不但侵犯了社会公众的财产权，而且侵害了国家金融管理秩序。具体行为构成违法甚至是犯罪，因而面临法律的否定性评价。即便在行业面临被要求整体退出或转型的背景下，P2P网络借贷行为本身仍不存在合法性方面的争议。

股权众筹则有所不同，虽然与P2P网络借贷同属投资型众筹，但是股权众筹在合法性上一直受到质疑，或者可以说，股权众筹模式在国内一直未被明确授予合法的地位。虽然作为一种金融创新模式，股权众筹在《十部委意见》中被认为可以"发挥股权众筹融资作为多层次资本市场有机组成部分的作用，更好服务创新创业企业"，应当予以支持和鼓励，但是正如前文所分析的，股权众筹中的基本法律关系属于投融资法律关系，应当受《证券法》或是国务院出台的其他单行行政法规调整，亦可以由证监会通过另行特别规定来进行规制。然而新《证券法》中只规定了公募和私募两种募集资金方式，没有针对股权众筹的特别规定，国务院或证监会也没有出台相应的法规规章进行专门规范。因此虽然有政策文件的支持，但是就法律制度层面而言，股权众筹行为一直存在合法性方面的疑问。

首先，股权众筹不属于公募。尽管也是公开的股权融资，但是《证券法》中明确规定了公开发行股票的条件，在没有注册或者核准豁免的情况下，要求股权众筹中的融资人必须经过注册程序或者获得监管者核准几乎是不可能完成的任务。在我国，IPO的固定成本需要700万人民币左右，小额的融资需求根本不可能负担得起这样高额的成本,且在核准制下公开发行要求披露三年或者两年的财务报表,以及各种实质的公司治理要求与财务条件,对于初创企业而言,根本无法获得公开发行许可。至于互联网平台,帮助融资者发布融资信息的行为可能涉及承销和投资咨询,这都需要获得监管机构的许可并接受监管,但按照证券中介机构的监管要求,互联网众筹平台往往很难满足监管要求。① 证券法中公募条件下的融资人与股权众筹以中小微企业为主要对象的融资人,两者相去甚远。其次,股权众筹也不属于私募。股权众筹的行为方式为"公开募集",意味着其募集资金的对象是社会公众,也即不特定的多数人。而私募作为证券发行制度中一项重要的豁免制度,严格限定了发行对象、人数和发行手段。这与以互联网平台为依托开展不限定对象和人数的资金募集南辕北辙,在交易模式上完全不同。面向公众的资金募集行为需要受到金融监管部门的严格监管,法定的资金募集方式只有公募和私募两种,在此前提下,股权众筹既非公募亦非私募,属于现行法律之外的金融业务模式,因此不受法律保护。同时由于缺乏行政法上的合法性依据,使得行为一旦突破实定法的限制,例如人数、手段、信息披露等某一方面时,均属于违法行为。在目前证券法未作出相应调整的情况下,"如果要让新兴的股权众筹活动完全符合既有的证券法规则,那就意味着融资者将承担极高的发行与合规成本,而这几乎抵消了互联网技术对促进融资活动的积极意义"②。因此,股权众筹仍旧是无法受到法律保护的金融模式。

(三)约定收益模式不同

除了前文指出的两个主要的不同外,在收益的获取方式上,P2P网络借贷是固定收益承诺,股权众筹约定的是非固定收益。前文曾指出 P2P 网络借贷的民事法律基础关系是借款关系,《民法典》第 667 条规定:"借款合同是借款人向贷款人借款,到期返还借款并支付利息的合同。"无论借款人在获得借款后如何使用,投资后是否产生收益,均应依合同约定,向出借人返还借款并支付利息,利率由双方约定。该法第 680 条规定:"禁止高利放贷,借款的利率不得违反国家有

---

① 参见彭冰:《投资型众筹的法律逻辑》,北京大学出版社 2017 年版,第 35 页。
② 黄韬:《股权众筹兴起背景下的证券法律制度变革》,载《北京工商大学学报(社会科学版)》2019 年第 6 期。

关规定。借款合同对支付利息没有约定的,视为没有利息。借款合同对支付利息约定不明确,当事人不能达成补充协议的,按照当地或者当事人的交易方式、交易习惯、市场利率等因素确定利息;自然人之间借款的,视为没有利息。"借款人和出借人通过网贷平台直接借款,借款人所获收益由双方所签订的借款合同事先约定,因此这一收益是固定收益。

而在股权众筹中,投资人与融资人之间是投融资法律关系,融资人没有固定还本付息的承诺,而是以不确定的未来收益吸引投资者。根据众筹模式进一步划分:若是项目公司发起众筹,则投融资法律关系为增资法律关系;若是项目创始人发起众筹,则投融资法律关系为合资设立公司协议。无论是哪一种模式,投资人所获得的是股权而非债权,投资人成为项目公司的股东而非债权人。因此,根据项目公司在众筹融资成功后的营利情况依持股比例进行分红,投资人与融资人之间约定的收益是不固定的。极端者可能出现融资人的项目完全失败,在实施后未取得收益的情况。

由于股权众筹和P2P网络借贷在基础法律关系、合法性及投资人获得收益的模式等方面存在显著区别,因此,相关行为在具体犯罪构成要件的该当性认定上也有所不同,不能一概以两者具有相似性,均系通过互联网平台开展的融资业务为由进行同一管理,不能将P2P网络借贷的规范治理手段套用在股权众筹上,而是应结合其自身的"证券"属性加以规制。收益模式上的区别也导致P2P网络借贷异化风险往往引发非法吸收公众存款罪,而股权众筹则多为擅自发行股票、公司、企业债券罪。

四、股权众筹面临必然的非法集资刑事风险

股权众筹可能涉及的犯罪主要集中于广义的非法集资犯罪,包括非法吸收公众存款罪,集资诈骗罪,擅自发行股票、公司、企业债券罪,非法经营罪等。这几个罪名均出现在《2010年司法解释》中,属于广义上的非法集资犯罪,共同点是均属于涉众型犯罪。其中集资诈骗罪是犯罪人以股权众筹为名义实施的以非法占有他人财产为目的的行为,是披着创新外衣的传统犯罪。本文限于篇幅,所讨论者不包括集资诈骗罪,盖因集资诈骗罪与其他单纯侵犯金融管理秩序犯罪存在

根本性区别,前者系通过集资的方式进行诈骗,直接指向的是他人的合法财产,侵犯的主要是个人法益,属于自然犯;而非法吸收公众存款罪和擅自发行股票、公司、企业债券罪侵犯的则是金融管理秩序,属于超个人法益,为典型的法定犯。为便于研究内容的聚焦,探求正常的股权众筹融资模式的刑事合法性路径,因此不讨论股权众筹异化时可能涉及的集资诈骗罪。

在现行非法集资犯罪治理模式下,股权众筹有着入罪的必然性,一方面该证券发行模式尚未得到证券法的确认或豁免,天然具有行政违法性;另一方面,行政犯的入罪在实践中往往只强调构成要件形式上的该当性而忽视了行为的刑事违法性判断。由于超个人法益的"质"难以掌握,而当然地将行政犯等同于行政违法在"量"上的增加,以便于操作。违法二重性判断被简化为行政违法性的判断,在入罪思维导向下,将违法行为通过客观解释予以犯罪化。法律具有滞后性的固有弊病,而现实生活却是不断向前发展的。为此,法律的解释应当与时俱进,作出合乎现实生活需要的解释。现实中猖獗的网络犯罪、国家立法目标的需要、司法部门的有效治理,以及刑法理论的适时的推波助澜,造成了网络犯罪刑事制裁的扩大化和入罪化趋势。[①] 在这样的大环境下,股权众筹由于自身携带的金融风险所导致的对金融安全的消极影响被无限放大,进而被纳入到网络犯罪打击圈内。

以非法吸收公众存款罪为例,作为非法集资犯罪的基础罪名,非法吸收公众存款罪也是股权众筹最易触犯的罪名。在股权众筹项目中,为了规避法律风险,经常会出现利用股权代持或者有限合伙的方式以注册投资人的名义进行隐名投资,从而变相扩大了投资人的范围,导致可能会被认定为非法吸收公众存款罪。

首先,股权众筹虽然已经明确由证监会对其进行管辖,但是相应的监管细则还未出台,处于监管的真空期,对股权众筹项目的审批制度还未建立,在融资过程中没有取得批准,并且利用网站或其他互联网社交软件招募投资人存在"公开宣传"和"向社会不特定的对象吸收资金"的嫌疑。"因此在认定成立非法吸收公众存款罪过程中,一般

---

① 参见刘艳红:《网络时代刑法客观解释新塑造:"主观的客观解释论"》,载《法律科学》2017年第3期。

只要查明行为符合客观构成要件且没有违法阻却事由,即可认定其吸收公众存款违反刑法禁止性规定,不需要以刑法之外的其他法律规定'追究刑事责任'为前提。如果该吸收公众存款行为得到行政许可即阻却违法性,当然不成立犯罪"①。其次,虽然股权众筹平台不能承诺投资保本,但是实践中存在部分平台通过变相宣传的方式告知投资人众筹项目已经过认真审核,目前发起的众筹项目都保障了投资人预期的收益等,从而暗示投资人可以实现保本保息的期待。最后,即便认为股权众筹的投资人是经过严格审核保管的注册用户,尤其是各项目的领投人都具备一定的投资从业经验,投资心理相对成熟,可以被认为是特定群体,但此特定群体涉及人数众多。在目前缺乏合法性依据的情况下,融资人的行为与非法吸收公众存款罪的犯罪构成要件具有天然的契合性,股权众筹项目通过互联网平台的扩散,无论是在参与人数还是融资数额上都可以轻而易举地超过司法解释中划定的入罪标准。对于众筹平台,一方面为融资人的融资活动提供了便利从而可能成为非法吸收公众存款罪的共犯;另一方面在众筹平台运营时投资人的资金通常是先注入平台公司的账户,虽然有部分平台宣称这一账户属于托管的第三方账户,但是该账户绝大多数情况下还是受到平台公司的控制而非在第三方监管机构的监督下。在未获得吸收资金相关资质的情况下,涉嫌归集资金设立资金池,进而构成非法吸收公众存款罪。

擅自发行股票、公司、企业债券罪同样是股权众筹容易触犯的罪名,股权众筹行为满足该罪的构成要件,后文将作具体分析。

五、股权众筹不构成非法集资犯罪

由于自身业务模式存在的法律风险,股权众筹有着天然的入罪可能,如何在不突破罪刑法定原则的前提下保证国家政策得以顺利推行,对股权众筹行为予以非罪化处理,更多的是需要从其他部门法的视角来进行实质解释。"通过实质的刑法解释,方能实现只有严重侵害法益的行为才会被解释在刑法犯罪圈之内,以实现我国《刑法》第

---

① 程兰兰、隋峰:《股权众筹行为与非法吸收公众存款行为的认定》,载《经济刑法》2017年第17辑,第156页。

13条但书部分规定的出罪机制"①。

股权众筹因面临的法律风险不同而可能触及不同的罪名,正常运行模式下因法律未规定而产生的准入风险,可能构成的犯罪多为行政犯,如非法吸收公众存款罪,擅自发行股票、公司、企业债券罪等。异化的业务模式下产生破坏金融秩序和侵犯他人合法财产权的风险,可能构成的犯罪多为刑事犯,如集资诈骗罪等。虽然新《证券法》并未明确给予股权众筹合法地位,但是笔者认为,仍存在在不违反罪刑法定原则这一前提下,对于正常的股权众筹行为予以出罪的可能。"互联网股权众筹行为作为小微企业初创期的重要融资方式,通常通过投资入股的形式吸收投资人的资金用于生产经营活动,这属于金融创新的重要内容,为鼓励金融创新,对这些行为,应当充分彰显刑法的谦抑性,避免影响金融创新的空间"②。因此,准入门槛不是界分股权众筹"罪与非罪"的标准。

如前文所述,股权众筹中投资人与融资人之间是投融资法律关系,两者所签订的合同为投资合同,在性质上属于"证券"。我国现行证券法未对"证券"给出明确定义,而是对证券采取了狭窄界定的列举,即受到证券法承认和规范的"证券"只有"股票、公司债券、存托凭证和国务院依法认定的其他证券"。股权众筹目前尚未被国务院正式认定,仅在部门规章中被予以确认,因此股权众筹并非法定的证券类型。目前在中国,除获得股权众筹试点资质的三家平台外,其他任何互联网平台开展股权众筹业务都可能构成非法集资。但这并不意味着在国内开展股权众筹就必然构成非法集资犯罪。

股权众筹与P2P网络借贷涉罪行为的出罪路径不同。P2P网络借贷涉罪行为之所以不被认为构成非法吸收公众存款罪,是因为其行为不满足犯罪形式上的构成要件。通过对非法吸收公众存款罪中规范的构成要件要素如"非法""存款"等进行实质解释,发现P2P网络借贷不具有非法性,其借贷行为本身发生于私主体之间,同时区别于存款法律关系,该类行为受到民法的规范,在前置的行政违法性判断

---

① 刘艳红:《实质刑法观》,中国人民大学出版社2019年版,第161页。
② 孙本雄:《完善刑法制度助推互联网股权众筹发展》,载《检察日报》2018年8月20日,第3版。

上不应受到《商业银行法》的限制。因此认为 P2P 网络借贷涉罪行为有出罪之可能。与之不同，股权众筹属于"证券"，股权众筹行为属于股票发行行为，系典型的金融行为，应受到金融法调整，因此存在行政违法性的判断问题。同时，虽然行为可能存在行政违法，但是并不当然构成犯罪。入罪须合法，出罪要合理，将形式上符合犯罪构成但实质上不具备处罚合理性与必要性的行为予以出罪，所彰显的正是现代法治国形式正义与实质正义的统一性。[①] 股权众筹即使可能满足非法吸收公众存款罪或擅自发行股票罪形式上的构成要件，但也因缺乏法益侵害性而不满足实质的违法性判断，进而不构成犯罪。

（一）形式上满足构成要件

非法集资犯罪属于行政犯，根据《2010 年司法解释》，非法集资犯罪共涉及 8 个具体罪名，其中以非法吸收公众存款罪作为基础性罪名，而其余 7 个罪名或为特别罪名如擅自发行股票、公司、企业债券罪，或为加重罪名如集资诈骗罪。根据特别法优于一般法的原则，如果某个非法集资活动符合了刑法上规定的其他罪名，就直接以这些罪名定罪，但如果不符合这些具体罪名，则适用非法吸收公众存款罪。由此可见，我国当下针对非法集资犯罪进行规制的罪名不可谓不严密，方式不可谓不多样。《2010 年司法解释》将 8 个罪名都划为"非法集资"的范畴，是因为这些罪名拥有一些共同特征，放在一起既方便进行统一解释，又便于理解和适用，在一定程度上节约了立法成本。[②] 根据前文分析，在实践中股权众筹模式由于自身的合法性问题，最可能触犯的罪名为非法吸收公众存款罪和擅自发行股票、公司、企业债券罪。通过中国裁判文书网检索发现，在股权众筹涉罪案件最终被审判机关认定的罪名中，前者多于后者。现实虽如此，但这是由现有非法集资治理模式以非法吸收公众存款罪作为基础罪名所导致的，并不符合金融法上追寻的目标。具体而言，前文已分析了股权众筹与 P2P 网络借贷行为模式上的不同，P2P 网络借贷与非法吸收公众存款罪联系

---

① 参见刘艳红：《形式入罪实质出罪：无罪判决样本的刑事出罪机制研究》，载《政治与法律》2020 年第 8 期。

② 参见彭冰：《非法集资行为的界定——评最高人民法院关于非法集资的司法解释》，载《法学家》2011 年第 6 期。

紧密，而股权众筹在行为特征上则更为符合擅自发行股票、公司、企业债权罪的构成要件。《2010年司法解释》中"承诺在一定期限内以股权方式还本付息或者给付回报"的情形与股权众筹并不相同，"非法吸收公众存款罪的本质是以承诺还本付息或给付回报为条件向公众筹集资金，此回报具有对价性、必然性；而股权众筹并不保证还本付息，融资者也不会作出必然给付回报的承诺，而是由投资者与融资者共担风险。一言以蔽之，擅自发行股票罪与非法吸收公众存款罪的根本区别不在于行为人是否以"股权方式"给付回报，而在于行为人是否允诺'必然'给付回报"①。据此，作为证券发行的一种模式，股权众筹更符合擅自发行股票罪的构成要件而非非法吸收公众存款罪。《刑法》第179条第1款对擅自发行股票罪作出了规定，根据法条可知该罪属行政犯，"未经国家有关主管部门批准"意味着在构成要件该当性的判断上需要借助行政法规判断其行政违法性，在具备行政违法性的前提下进一步明确其刑事违法性。

1. 股权众筹行为具有行政违法性

股权众筹属于"证券"，发起股权众筹项目属于应受《证券法》规制的发行股票行为。在现行《证券法》未对股权众筹予以明确豁免的情况下，股权众筹的行为结构满足第9条第2款"向不特定对象发行证券"的规定，应当属于公开发行，但同时又无法达到证券法关于公开发行证券的要求，亦即现有制度下股权众筹项目是无法取得"国家有关主管部门批准"的，这意味着现有的股权众筹项目均具有行政违法性。根据《十部委意见》，股权众筹融资业务由证监会负责监管，而证监会的态度早在2013年时即已明确。2012年10月北京美微文化传播开通了淘宝店铺，以每张100元的价格出售美微传媒会员卡，该卡除具有订阅电子杂志等功能外，还配送该公司原始股份100股。自2012年10月至2013年1月，该公司先后两次共募集合计387万元，最多一天有7000人参与。在美微传媒的网上B轮募资之后被证监会叫停，2013年5月证监会召开新闻通气会，明确表示擅自在淘宝等互联网平台上转让股权是一种新型非法证券活动，责令停止所有类似活动并退还所募集资金。其后至今，证监会未曾改变过这一态度。

---

① 刘宪权：《互联网金融股权众筹行为刑法规制论》，载《法商研究》2015年第6期。

由此可见,股权众筹由于无法得到国家主管部门的批准,违反了证券法等金融法规而具有行政违法性。

2. 股权众筹符合擅自发行股票、公司、企业债券罪的构成要件

擅自发行股票、公司、企业债券罪的犯罪主体是一般主体,既包括具备了发行股票、公司、企业债券资格和条件,但还没有得到国家有关主管部门批准而擅自发行股票、公司、企业债券的单位和个人,又包括那些根本不具备发行股票、公司、企业债券资格条件的主体,股权众筹的发起人满足该罪主体要件;该罪要求行为人必须实施了未经国家有关主管部门批准,擅自发行股票、公司、企业债券的行为,股权众筹一方面无法得到国家有关主管部门的批准,另一方面实际通过股权众筹的方式进行了融资,股权众筹满足该罪行为要件;擅自发行股票、公司、企业债券罪在结果上必须达到数额巨大,或者造成严重后果或者有其他严重情节。根据《2010年司法解释》第6条,"未经国家有关主管部门批准,向社会不特定对象发行、以转让股权等方式变相发行股票或者公司、企业债券,或者向特定对象发行、变相发行股票或者公司、企业债券累计超过200人的,应当认定为《刑法》第179条规定的'擅自发行股票、公司、企业债券'。"对于股权众筹而言,由于通过互联网平台进行公开融资,其面向的投资人可轻松突破200人的门槛,如在前文美微传媒股权众筹的案例中,一天涉及人数就多达7000人,股权众筹满足了结果要件。由此可以认为,股权众筹符合擅自发行股票、公司、企业债券罪形式上的构成要件。

(二) 股权众筹不具有刑事违法性

虽然股权众筹行为具有行政违法性,但是作为行政犯,成立犯罪必须要同时满足两个前提,既要违反行政法,又要符合行政刑法规范的特别要件。构成行政犯罪并不仅限于刑事违法性,还要符合上述双重违法性前提。与此同时,行政犯在坚守法秩序统一原理,并根据行政法规判断了行为的行政违法性之后,并不意味着该行为一定具备刑事违法性,"违反行政管理法规是法定犯违法性认定的必要条件,以此为基础,再根据刑事违法性的程度,才能决定法定犯是否构成犯罪"[①]。基于

---

① 刘艳红:《法定犯不成文构成要件要素之实践展开——以串通投标罪"违反招投标法"为例的分析》,载《清华法学》2019年第3期。

实质刑法观所主张的,只有达到了值得处罚的法益侵害程度,行为才具有可罚性。符合犯罪构成要件的行为不一定都处罚,只有其刑事违法性也即对法益的侵害达到应受处罚的严重程度,才可能成立犯罪。对于股权众筹行为而言,虽然由于未被《证券法》赋予合法地位而处于当下"非法金融业务"的境地,侵犯了国家的金融管理秩序,但是对于行政犯而言,这样的秩序法益是空洞且抽象的。如果仅仅只是秩序受到侵犯,而没有产生任何针对公众财产的法益侵害,则意味着并未达到需要进行处罚的程度。虽然根据最高人民检察院、公安部《关于经济犯罪案件追诉标准的规定》,擅自发行股票的数额达到五十万元以上的即构成犯罪,应当予以追诉,但是股权众筹中项目发起人在目前监管部门没有出台相应管理办法的情况下,通过互联网平台进行融资的行为,与试图规避监管,违反证券法规定通过公募方式融资存在着本质区别。一方面股权众筹作为金融创新模式具有弥补传统证券发行模式不足,解决小微初创企业融资难,活跃民间投资渠道的优势。从世界范围看,大部分国家均在设立严格证券发行监管标准的同时对股权众筹予以不同程度的豁免。另一方面,虽然新《证券法》未明确股权众筹的合法身份,但是回顾立法历程却可以发现,对于股权众筹的身份及是否应当予以发行豁免的问题,都存在争论。

1. 股权众筹的合法性讨论还未落定

新《证券法》的修订起步于2013年,2015年4月第一次提交全国人大常委会审议。修订草案一审稿中加入了"通过证券经营机构或者国务院证券监督管理机构认可的其他机构以互联网等众筹方式公开发行证券,发行人和投资者符合国务院证券监督管理机构规定的条件的,可以豁免注册或者核准"的内容,为股权众筹的合法性提供了直接的基础。此后,2017年的《证券法》修订草案二审稿中,该条文完全消失,可见在这一问题上不乏争议,显然担心股权众筹引发系统性风险的考量占了上风。2019年4月26日开始公开征求意见的《证券法》修订草案三审稿重新纳入了相关条文,规定"公开发行证券,有下列情形之一的,可以豁免核准、注册:(一)通过国务院证券监督管理机构认可的互联网平台公开发行证券,募集资金数额和单一投资者认购的资金数额较小的……"这使得股权众筹被《证券法》赋予合法身份的可能性提高了。然而最终在2019年12月28日第十三届全国人民代表大会常务委员会第十五次会议审议通过的《证券法》中，一审稿和三审稿中曾经出现的股权众筹豁免规则被取消。在各国纷纷修改《证券法》对股权众筹予以豁免的趋势下，我国此次修订却未作任何体现。业界普遍认为，立法者可能是考虑到了近年来互联网金融尤其是 P2P 网络借贷的悲惨经历，但同时也放弃了实验以技术改进融资模式的可能性。从新《证券法》的修订过程看，四个版本的内容（包括三个审议稿和一个正式稿）中有一半涉及股权众筹相关的豁免规则，可见立法者充分认识到了股权众筹的重要性和吸收进相关法律的迫切性。2014 年 12 月开始初审，直至最后通过的五年多时间里，新《证券法》共经历了四次审议，资本市场也发生了两次大的波动。最终审议通过的新《证券法》删除了相关内容，这一结果并不意味着股权众筹对投资人而言不重要或是不应当纳入到监管范畴，而仅说明在彼时特定背景下，股权众筹同时包含的金融风险和制度优势，前者被认为更加值得关注，因此采取"保守"方案。即便如此，新《证券法》仍然为股权众筹的合法化留下了空间，该法第 2 条第 1 款规定："在中华人民共和国境内，股票、公司债券、存托凭证和国务院依法认定的其他证券的发行和交易，适用本法；本法未规定的，适用《中华人民共和国公司法》和其他法律、行政法规的规定。"由此，对股权众筹的豁免还存在两条路径，一是由国务院依法认定股权众筹属于证券，从而适用《证券法》，同时在证券法中增加豁免规则；二是国务院针对股权众筹出台专门规定，例如，证监会目前正在制定的《股权众筹试点管理办法》，如果将其效力上升为行政法规，那么根据证券法的规定，股权众筹自然具备合法地位。

　　由此可见，无论是立法者还是监管者都在积极推动股权众筹的合法化，力图将其纳入法律的保护和监管范围内。一表现为早在施行《十部委意见》时就已经对股权众筹进行了定性，明确了股权众筹不是非法集资，应当促进其发展。二表现为在法律层面积极探索引入股权众筹豁免规则，以《证券法》的修订为代表，虽然最终股权众筹豁免条款未被纳入新《证券法》的正式条文中，但是在一审稿和三审稿中都曾出现过，体现了立法者对该领域的重视和有益探索。三表现为在金融法规层面制定试点管理办法，同时也已经在为股权众筹合法化之后的监管工作作好准备。继明确了股权众筹业务由证监会负责监管后，多个省级地方金融监管局承担起股权众筹机构的监管职责。由此,虽然目前在形式上股权众筹仍存在合法性的障碍,但是其一贯呈现出的是积极推动合法化的趋势,应当将它与不满足证券法公募要求而未取得主管部门批准的擅自发行行为作严格区分。考虑到法律滞后性的特点,一概将股权众筹行为认为是违法甚至是犯罪的观点都是片面的,是对法律条文的机械适用。在目前行政前置法尚有争议,立法者摇摆不定的情况下,刑法不应充当急先锋的角色将自己降格为"行政保障法",应在罪刑法定原则和谦抑性的要求下坚持刑法自身的品格,围绕法益侵害对具体行为构成犯罪与否作出刑法上的独立判断。

2. 股权众筹可以破解传统证券业监管难题

股权众筹对于中小企业,尤其是对金融科技初创企业的投融资两端都极有价值。通过发挥股权众筹融资作为多层次资本市场有机组成部分的作用,可以更好服务创新创业企业,实现这种价值同时也是金融监管部门应有的责任,对于促进初创科技企业的资本形成亦有法律、道德和经济上的正当性。关于股权众筹融资的重要意义,在前文曾进行过详尽的分析,此处不再展开。在看到股权众筹的积极作用和优势的同时,也应该看到这一模式所蕴含的风险,但正如前文所言,正常的股权众筹中的风险仅仅是一种普遍的金融风险,是必然存在的风险,与其他任何一种金融业务相比并无二致,所以需要政府的介入监管,以避免发生系统性风险。即使在美国目前已明确股权众筹豁免规则的情况下,在其立法过程中,也遭遇了社会公众的质疑,这些质疑分为两类:一类人担心《JOBS法》要求披露的信息太少,从而为证券欺诈打开了大门;另一类人则抱怨《JOBS法》要求披露的信息太多,致使股权众筹对于小微初创企业来说成本过于昂贵。[1] 这两种对立观点不仅反映出投资人和初创企业各自不同的担心,还是金融效率和金融安全这两个相对的金融法治价值追求之间的矛盾在股权众筹领域的集中体现。股权众筹中的风险与擅自发行股票行为中的法律风险有着根本的区别。诚如立者所言,"发行股票、公司、企业债券是企业实行公司制以后,市场经济条件下的一种有效的集资手段。但由于面向社

---

[1] See Dorff, Michael B. "The Siren Call of Equity Crowdfunding." *The Journal of Corporation Law* 39.3 (2013).

会公众,这种大规模的集资方式并非只是一家公司自己筹措资金的简单行为,而是事关广大股票、债券投资者的切身利益。因为发行股票、公司、企业债券的单位要向投资者负责。发行股票要定期付给股东红利,发行公司、企业债券要按时归还本金及利息,这依赖于发行公司、企业的生产经营管理及其经济效益的好坏,具有一定风险性,同时由于这种活动涉及面广,事关大量资金的流向,与社会金融秩序的稳定甚至社会安定密切相关。因此,公司法对发行股票、公司债券规定了严格的条件和批准程序:股份有限公司的设立如果采用募集设立形式需向社会发行股票募集股份的,或者股份有限公司成立后需发行新股的,都必须要先报经国务院证券管理部门批准,必须由证券经营机构采取承销方式发行股票,必须公告招股说明书并制作认股书,并将募集情况报国务院证券管理部门备案或者向公司登记机关办理变更登记,并公告……公司法的这些规定,体现了国家对发行股票、公司债券活动的严格监督和管理"[1]。"向社会发行股票、债券必须经过有关监管部门的严格审批,否则,任何机构都可任意发行股票、债券,必将造成金融秩序的混乱,产生金融风险。为防止这类情况的发生,刑法将擅自发行股票、公司、企业债券的行为规定为犯罪"[2]。由此可见,股权众筹中存在的风险与擅自发行股票罪侵犯的法益两者并不相同,而且可以进一步指出的是,股权众筹的存在,就是为了最大程度地降低传统发行股票行为中所存在的风险。

传统股票发行中最大的风险是信息的不对称。在资金分布不均匀的情况下,资金短缺方有向资金盈余方支付回报以融入资金的需求;资金盈余方因为资金限制,也有动力向短缺方提供资金,以获得资金使用的回报。然而,对于资金盈余方而言,提供资金给资金短缺方等于放弃了对于资金的控制,虽有资金短缺方提供回报的承诺,但实际上仍存在对方不愿意履行承诺或客观上无法履行承诺的违约风险。资金盈余方和资金短缺方在信息上的不对称,客观上导致了这种风险不可避免,甚至在某种程度上决定了这种风险永远无法得到满意的解

---

[1] 郎胜主编:《中华人民共和国刑法释义》,法律出版社2015年版,第270—271页。
[2] 全国人大常委会法制工作委员会刑法室编:《中华人民共和国刑法条文说明、立法理由及相关规定》,北京大学出版社2009年版,第332—333页。

决。经济学家认为,这种信息不对称导致了融资交易在事前会发生逆向选择,在事后则容易产生道德风险。在现实世界中,信息不对称问题总是客观存在的,这两大难题无法全部克服,然而融资却长期存在。信任是支撑金融市场正常运转的基础,在信任的支持下,即使资金盈余方不能掌握充分信息,也愿意向对方提供资金。传统社会中,融资交易发生所需要的信任主要通过特殊关系和持续互动来建立,例如,通过发展出一些专业性的中介机构帮助解决融资交易的信息不对称问题。因此,我们可能期望初创企业具有强烈的动机披露足够的信息,以满足投资者的需求。当然,要做到这一点是可信的,就必须有适当的机制来禁止欺诈和歪曲事实,这两种机制分别存在于刑法和一般合同法中。①从信息不对称的角度来看,现代证券法所规定的强制信息披露制度解决的是信息收集和信息验证问题,现代证券法的支持者认为,只要融资方提供了充分的信息,市场自然会消化和吸收这些信息。公众投资者读不懂这些信息没有关系,市场上的中介机构会帮助公众投资者。然而实际上,证券市场上多次危机的发生表明,证券中介机构并不像想象得那么可靠,公众投资者往往还是会受到误导和欺诈,最终损失惨重,这成为现代证券法一直饱受诟病的地方。以强制信息披露制度作为证券法核心制度以解决信息不对称问题的立法模式始终未能解决这一困境。由此可见,无论是金融法对金融中介机构的严格市场准入与行为监管,还是证券法对公开融资的注册或者核准程序,都是基于信息不对称而作出的法律应对。也因此,当条件具备可以克服融资时的信息不对称问题时,或者当具体情况下克服信息不对称的成本过高时,法律上的这些监管要求都可以作出变通或者放弃,比较典型的就是证券法上的各种发行豁免制度。

传统的证券发行豁免制度主要有三种:私募豁免、小额豁免和区域发行豁免。私募豁免是证券发行中最主要的豁免制度,我国的私募豁免规定在《证券法》第9条,"非公开发行证券,不得采用广告、公开劝诱和变相公开方式",同时募集对象不超过200人,涉及发行对象、人数和发行手段等因素。小额融资基于成本收益的考量,发展出小额

---

① See Armour, John, and Luca Enriques. "The Promise and Perils of Crowdfunding: Between Corporate Finance and Consumer Contracts." Modern Law Review 81.1 (2018): 51—84.

豁免制度。以美国法为代表,小额豁免对发行人的证券发行额度和发行方式有限制,部分情况下允许公开劝诱,但必须履行简化的注册程序。我国《证券法》目前没有规定小额豁免制度。区域发行豁免适用于融资者与投资者集中在相对比较封闭的区域的情况,此时投资者较容易获得融资者的相关信息,通过国家强制的注册程序就显得非必要,地方性的监管足以满足投资者保护的要求,同时也能减少发行成本,便于企业融资。同样的,我国现行法律制度中也没有规定区域发行豁免。

股权众筹被认为是解决初创企业融资问题的重要方式,然而现行证券法理论上的三种发行豁免制度都无法适用于股权众筹:私募豁免在发行对象上要求必须是合格投资者,社会公众不能参与,并且在发行方式上禁止广告和公开劝诱,在网站刊登融资需求显然是符合广告和公开劝诱的标准。小额豁免同样禁止广告和公开劝诱。而区域发行豁免则限制了发行对象的地域范围,不符合互联网泛在互联的特性。

众筹平台在股权众筹中可以发挥重要作用,帮助验证和审查融资者的信息,可以有效减少信息不对称,提高项目成功的可能性,因此众筹平台不仅是一个撮合众筹双方的场所,还需要发挥减少信息不对称的功能。正因为与传统发行证券相比,股权众筹中众筹平台可以在更大程度上帮助该融资模式避免传统困境,通过发挥大数据分析和人工智能的优势,使交易双方降低交易成本。互联网为股权众筹中的投融资双方提供了方便快捷的信息沟通渠道,投资者可以通过众筹平台及时了解到融资者的资信变化、其他投资者的投资额等信息,进而减少投融资双方的信息不对称。诚然,现有实证研究只证明股权众筹中的金融科技只是帮助减少了信息不对称的可能性,而未成熟到可以完全解决这一问题的程度。因此,世界各国针对股权众筹的立法也没有盲目地相信当下的技术能够解决信息不对称的问题,仍然在传统证券法的框架和理论下,在豁免的同时对股权众筹的各个方面施加监管。

3. 股权众筹不具有法益侵害性

股权众筹的出现降低了证券发行中信息不对称发生的概率,由此可知两种行为模式虽然都仍存在必然的金融风险,但是对于可能的金融秩序的侵害在"质"上是完全不同的。对于股权众筹而言,应当建立不同于传统证券领域擅自发行行为的出罪机制,前者由于不具有法益侵害性,因而应该基于实质刑法立场,建立"有罪不一定罚"的实质出罪通道。针对传统证券擅自发行行为满足形式构成要件即构成犯罪的处理模式不应完全适用于作为新兴业态的股权众筹。

行为仅仅满足形式上的构成要件还不足以将该行为入罪,由于"规范通过犯罪构成所作的违法性事实推定,是一种类型性的推定,尽管具有价值判断的普遍意义,但价值判断从来存在着相对性和特殊性。现实社会的复杂性,导致高度抽象的违法类型无法实现规范事实与具体发生的事实完全对接和还原"①。法律尤其是刑法在面对高速发展的社会时存在严重的滞后性,无法周详地考虑到所有可能的情况,因此,在行为具备形式违法性的基础上,要进一步确认其实质违法性,只有当满足构成要件的行为实际上侵害了条文所保护的法益时,才可以将其入罪。股权众筹属于金融创新行为,必然存在着以过去的传统法律规范来评价互联网时代新出现的产物的情况,因此,在尚未作出及时回应的法律制度面前,即使满足形式上的犯罪构成要件,也仍需要从实质上判断是否侵害了刑法条文所具体保护的法益。

非法集资犯罪主要集中于破坏金融管理秩序罪一节中,因而金融管理秩序成为股权众筹涉罪时所侵犯的法益,然而究竟什么是金融管理秩序,学界对此有较大争议。金融犯罪属于法定犯,法定犯的特征是单纯的不服从法律,而这并不能帮助判断行为是否侵害或威胁了法益从而具有违法性。② 虽然有论者从法定犯在刑法中的章节位置而认定其所侵害的具体法益——这也是金融管理秩序成为金融犯罪法益的主要原因,但是,这却恰恰暴露了法定犯的本质并非侵害或威胁了具体法益,而是体现为对国家行政法规的不服从。

以金融管理秩序作为非法集资犯罪法益的观点产生于计划经济时代,其浓重的行政管理色彩对我国的金融业发展产生了消极影响,陈旧的管理理念跟不上日新月异的金融创新,在一定程度上阻碍

---

① 孙国祥:《经济刑法适用中的超规范出罪事由研究》,载《南大法学》2020年第1期。
② 参见刘艳红:《"法益性的欠缺"与法定犯的出罪——以行政要素的双重限缩解释为路径》,载《比较法研究》2019年第1期。

了发展,且司法实践中存在模糊化、抽象化和象征化等问题。而秩序作为"超个人法益",又难以把握其内涵与边界,因此需要对该"秩序"予以解构,"作为法定犯,这样的秩序或者法益是抽象的,也是空洞的,仅仅只是秩序受到侵犯,如果没有发生任何侵害公众生命或者身体健康的法益侵害性,则意味着其没有达到值得处罚的法益侵害性"①。金融法治既要强调金融交易的安全,又要关注金融系统的安全。防范金融风险、强化金融监管从而维护金融业的持续健康发展,是金融监管当局的重要目标,也是金融业健康发展的重要标志,同时也是各国、各地区金融法一致的价值追求。② 股权众筹作为金融领域的创新模式,必须同样坚持这一底线思维,将维护金融安全,防止发生系统性金融风险作为开展工作的永恒主题。

同时,金融法治除追求金融安全外,还追求金融效率。规范金融市场交易活动,促进金融创新,积极发挥法律制度对于金融发展的促进作用,实现金融市场资源配置的帕累托最优和金融效益的最大化,是金融法治的应有之义。传统观点一直认为金融法治的重点在于平衡金融安全和金融效率,而两者之间存在着先天的矛盾,强调金融安全,必然要求对金融市场进行管制,这将导致金融市场主体的积极性和创造性受到束缚,同时增加交易成本,进而使金融效率降低,而股权众筹的出现恰好就是为了弥补传统融资模式的不足,降低交易成本,提高金融效率。

应当以投资人的资金安全作为非法集资犯罪的核心法益,作为金融管理秩序的落脚点,作为金融安全的具体化。一方面,超个人法益需要能够被还原为具体的个人法益,集体法益最终都可以被还原为个人法益,即集体法益是多个个人法益的集合,因为个人法益与集体法益都是以人的利益、人的自由为依归,因此,个人法益与集体法益具有相通性,集体法益的保护是对传统刑法个人法益保护的一种延伸。③ 金融安全较之于金融管理秩序进一步具化,然而刑法上的金融

---

① 刘艳红:《法定犯与罪刑法定原则的坚守》,载《中国刑事法杂志》2018年第6期。
② 参见张忠军:《论金融法的安全观》,载《中国法学》2003年第4期。
③ 参见孙国祥:《集体法益的刑法保护及其边界》,载《法学研究》2018年第6期,第44页。

安全同样难以把握,超个人法益不同于对个人法益的犯罪在违法性上较为明确,对于涉及集体法益的犯罪,法益是否受到侵害不易作出清晰的判断。行政犯的法益一直存在过于抽象的缺陷,因为行政犯重视的是国家行政管理秩序,是团体利益的法秩序。但是,面对行政犯的日益增加,刑法作为公民人权的最后保障法,仍然要牢牢树立具体法益观,因为"法秩序是以个人利益存在为前提"的。因此,对于股权众筹行为是否构成犯罪的判断,应该提倡以侵害或者威胁了具体的个人利益作为定罪的前提,否则将会导致行政法与刑法之间的界限模糊,导致行政犯成为行政违法行为的刑事表达进而失去其作为刑事犯罪的定型性。① 另一方面,对投资人的保护是现代证券法的核心目标,如果具体行为没有侵害投资人的权益,或者投资人与融资人之间并不存在显失公平的情形,合同双方具有平等的民事主体地位,那么投资人就不再具备金融消费者的身份,两者之间发生的法律关系通过民法调整即可,而无需金融法的介入,更无需金融刑法的介入,因合同行为产生的纠纷亦只属于一般民事纠纷。投资人在资金安全得到保障的情况下,更愿意追求金融效率,由此与金融安全的价值追求相左。当金融安全与投资人的资金安全这两种法益发生冲突时,需要进行价值衡量,考察作为集体法益的金融安全是否可以被还原为投资人的资金安全这一个人法益。

据此,非法集资犯罪所侵犯的法益是投资人的资金安全,而股权众筹虽然在形式上满足了构成要件,但是该融资模式的存在,就是为了将传统发行股票行为中所存在的风险最大程度地降低,使信息不对称这一金融领域的亘古难题得到有效解决,避免投资人因信息不对称而资金受损,因而股权众筹在实质上没有侵犯刑法保护的法益,不具有刑事违法性因而不构成犯罪。

六、本章小结

股权众筹作为一项具有创新性质的融资模式,目前尚未受到《证券法》的保护,但通过分析应当承认,股权众筹是一种金融行为,应当

---

① 参见刘艳红、周佑勇:《行政刑法的一般理论》(第2版),北京大学出版社2020年版,第47页。

受到金融监管,在这一点上与 P2P 网络借贷的民间借贷属性不同。在制度缺失的情况下,擅自通过众筹平台开展股权众筹的行为具有行政违法性。同时,在情节严重的情况下,满足擅自发行股票、公司、企业债券罪形式上的构成要件。但由于金融法上对这一融资模式的讨论还在进行中,且股权众筹的创新正在于通过消弭传统证券发行中的信息不对称以保护投资人的利益,同时降低融资人的融资成本,因而该行为在实质上未侵犯刑法所保护的金融管理秩序这一法益,不具有刑事违法性。在行政前置法保护和规范存在缺失的情况下,应严格恪守行政犯的基本理论和罪刑法定原则,认定股权众筹行为不构成犯罪。

第八章　互联网金融犯罪治理模式之修正：以网络借贷平台为例

前面的章节系统性地介绍和分析了我国互联网金融犯罪的治理现状和当下存在的问题,秉持重民轻刑的理念,通过形式上的构成要件该当、实质上的法益侵害识别、民法免责事由的出罪适用等章节部分,探讨了刑民交叉视野下互联网金融行为"罪与非罪"的边界。刑法是国家治理的最后一道法律防火墙,是能够给社会公众最严厉的否定性评价的制裁手段。因此,融入民法的思维对具体危害行为加以实质判断可以限缩犯罪圈,保持整体法秩序的统一。然而,仅仅对具体个案进行分析可能会导致形式正义和实质正义的冲突。在确认现有治理模式存在问题的情况下,对其加以修正方为治本之策。本章即以网络借贷平台的治理为例,分析讨论互联网金融犯罪治理模式的修正问题。

一、网贷平台的监管历程与责任概述

网络借贷的主要类型是P2P网络借贷。自2007年以拍拍贷、宜信为代表的P2P网贷平台开始在中国出现以来,网络借贷的发展至今已有14年的时间。期间,网贷平台的发展伴随着网络借贷业务的发展经历了多个阶段。

(一)网贷平台的监管历程

1. 野蛮生长阶段

发生在个人与个人、个人与企业间的网络借贷属于民间借贷范畴,网贷平台在其中仅仅充当信息交换的中介,当然不能被视为提供金融业务,更不应被界定为金融机构,因此在很长一段时间之内,P2P网络借贷并未引起我国金融监管部门的注意。从2016年开始,虽然监管部门开始注意到网络借贷的存在,但是在全面深化改革的背景下,基于活跃民间资本的目的,以网络借贷为代表的"金融创新"受到了国家的积极鼓励和政策扶持,但借贷双方的法律关系因平台介入而转变为三方法律关系这一过程中所蕴含的各种风险却未引起重视。在这一阶段,无论是司法机关还是行政监管部门依然强调的是网络借贷的民事属性,如最高人民法院在《民间借贷案件规定》第21条规定了网贷平台可能承担的民事责任。2015年8月,《十部委意见》明确指出"要制定适度宽松的监管政策",网络借贷业务由银监会负责监管。在国家以鼓励为主的政策指引下,P2P网络借贷经历了野蛮的发展。截至2016年末,全国共有2448家P2P网贷平台正常运作,成交额累计达3.4万亿元。其中,2016年全年累计成交额高达2.1万亿元,同比增长110%。在这一阶段,部分P2P网贷平台的业务模式和企业定位从信息中介转向了信用中介,平台企业为发生在平台上的借贷提供各种担保支持。信用中介较之于信息中介蕴含了更为巨大的信用风险,而此种情形下的网贷平台尚处于无人监管的状态下。

2. 规范发展阶段

随着e租宝等P2P网络借贷平台企业相继"爆雷",金融监管部门也开始采取各种风险应对措施。2016年4月,国务院办公厅牵头发布了《互联网金融风险专项整治工作实施方案》,银监会随后出台《P2P网络借贷风险专项整治工作实施方案》。2016年8月,银监会制定《网络借贷信息中介机构业务活动管理暂行办法》,为P2P网络借贷设立了规则、划下了红线,网贷平台的监管主体由之前的银监会单主体监管变为银保监会和地方政府的双负责制。因为规则颁布于P2P网络借贷风险爆发的集中期,所以国家采取了严格的纠偏措施——坚持网贷平台单纯信息中介的定位,明确了网贷平台不得从事的13项行为,同时限制了网络借贷的资金额度,增加了网贷平台的信息披露要求。这导致绝大多数网贷平台无法完全符合相关规则要求。在此期间,一方面是经济下行的整体环境使得信用风险增加;另一方面是规则执行的预期使得网贷平台业务难以进一步扩展,在发展中消化风险既然难以实现,就只能在风险整治中进行供给侧结构性改革。

在这一阶段,配合中央的监管政策,各地方也纷纷出台在本辖区内可以适用的网贷平台治理具体规则,以期规范 P2P 网络借贷的行业发展,例如,江苏省互联网金融协会制定了五万余字的《江苏省网络借贷信息中介机构规范与指引汇编(讨论稿)》,内容囊括了针对 P2P 网络借贷行业外部管理和内部管理规范。

3. 强力监管阶段

由于网络借贷中存在的风险日渐凸显,针对网贷行业的监管力度进一步加大,网贷平台面临的形势更为严峻。在《网贷机构管理办法》的基础上,银监会会同相关部门分别于 2016 年底和 2017 年初,发布了《网络借贷信息中介机构备案登记管理指引》《网络借贷资金存管业务指引》《网络借贷信息中介机构业务活动信息披露指引》,形成了网络借贷领域"一办法三指引"的法律制度框架,加快了行业合规的治理进程。由于现实中网贷平台出现的大量"爆雷""跑路"事件,严重侵害了投资人的财产权,破坏了金融管理秩序,为了守住不发生系统性金融风险的底线以及维护社会稳定的需要,监管政策进一步收紧。2018 年上半年,网贷平台出现了批量倒闭浪潮,公安机关抓捕了一大批 P2P 网贷平台的创始人或高管。2018 年 12 月 19 日,互联网金融风险专项整治工作领导小组办公室和 P2P 网贷风险专项整治工作领导小组办公室联合下发《关于做好网贷机构分类处置和风险防范工作的意见》,提出了"坚持以机构退出为主要工作方向,除部分严格合规的在营机构外,其余机构能退尽退,应关尽关,加大整治工作的力度和速度"的总体要求。在这一要求下,地方政府对网贷平台开展了全方位的整治和清退工作。截至 2018 年 12 月底,P2P 网络借贷行业正常运营平台数量下降至 1021 家,相比 2017 年底减少了 1219 家。

2019 年 10 月 16 日,湖南省地方金融监督管理局在其官网发布公告称,省内所有网贷平台所开展的 P2P 业务均不符合"一办法三指引"有关规定,将全部予以取缔。2021 年 1 月 15 日,中国人民银行相关负责人表示,防范化解金融风险攻坚战取得重要阶段性成果,P2P 平台已全部清零。至此,P2P 网络借贷在国内落下帷幕。

由此可见,网贷平台在国内发展的这十多年中,经历了从被鼓励到从被规范再到被严监管的过程,最终以整个行业被清退为结局退出历史舞台。

(二)网贷平台企业的法律责任和社会责任

1. 网贷平台企业的法律责任

根据《十部委意见》以及《网贷机构管理办法》的相关规定,网贷平台属于中介平台,可能面临的法律责任主要包括刑事责任、民事责任和行政责任。

网贷平台最终被全部清退,最主要的原因是平台企业在刑事合规方面存在无法修复的问题,由于侵犯了刑法所保护的法益,平台企业被刑法予以否定性评价。曾有学者指出,"从已发案例看,基于互联网金融目前缺乏完备的征信体系和规范的融资模式等原因,现实中P2P网贷平台所实施的行为实际上涉及诸多刑事犯罪。譬如除了较为常见的非法吸收公众存款罪、集资诈骗罪两个罪名外,其还可能触犯擅自设立金融机构罪、擅自发行股票、公司、企业债券罪、洗钱罪、非法经营罪等等"[①]。笔者研究发现,网贷平台承担刑事责任主要包括两类情形:一类是以互联网金融为名,实际上通过网络实施的传统犯罪,主要包括网络诈骗和网络传销等;另一类是P2P网络借贷在自身业务开展过程中产生的不合规的"擦边球"行为,由于监管力度的加强所引发的犯罪,主要包括非法集资和非法经营等。早期研究曾认为洗钱罪是P2P网络借贷涉罪行为中的一个典型罪名,实务中也确实发生过利用网贷平台洗钱的案件,但通过对中国裁判文书网中互联网金融类犯罪的统计分析发现,洗钱犯罪在网络借贷中的比重并不高。

网贷平台在借贷法律关系中处于居间地位,这一点由《十部委意见》所明确。在民事部分,"由于网贷平台的介入导致了在网贷中的权利义务关系变得复杂,除了借贷双方之间的借款合同关系,还包括了传统借贷中没有的居间合同关系,发生于平台与投资人即出借人之间"[②],其权利与义务主要由《民法典》中关于居间合同的条文所规范。在P2P网络借贷规范发展的阶段,网贷平台承担民事责任的情形主要包括违反居间义务和信息披露不完整等。例如,在"贵州荣森财富科技有限公司、祈某居间合同纠纷案"中,贵州荣森财富科技有限公司拒

---

① 刘宪权、陈罗兰:《我国P2P网贷平台法律规制中的刑民分界问题》,载《法学杂志》2017年第6期。

② 徐彰:《个人网络借贷平台的法律风险分析》,载《金融与经济》2017年第1期。

绝披露借款人信息及资金去向,违反了《网贷机构管理办法》第五章关于网贷平台披露规则的规定,故意隐瞒订立合同的相关事项,因此需承担违约责任。① 再如,在"广东狮子座互联网金融信息服务有限公司、陈某合同纠纷案"中,虽然《网贷机构管理办法》明确规定了网贷平台禁止直接或变相向出借人提供担保或者承诺保本保息,但是对这一规定的违反只属于行政责任,网贷平台在其与出借人的合同中约定"回购条款"的效力并不受影响,在借款人未能依约履行还款付息的义务时,出借人仍可根据合同要求网络平台承担担保责任。②

虽然 P2P 网络借贷是网络环境下的民间借贷,属于平等民事主体之间的法律行为,似乎无行政干预的空间,但是网贷平台本身作为中介平台,属于广义的金融机构范畴,当然应处于金融监管之下。除部分在设立时就以实施犯罪为目的的网贷平台被直接追究刑事责任外,被清退的绝大多数平台均系违反了《网贷机构管理办法》及其他规范网贷平台行为的法律性文件中关于平台应当承担的义务而负行政责任。网贷平台的行政责任主要来自于三个方面的风险:(1)道德风险和流动性风险。平台的资金池引起的资金沉淀存在资金被挪用的道德风险,这是欺诈性、自融性平台常有的风险表征。而且平台自有资金和借贷资金是否有效分离、内部资金结构如何等问题都处于监管真空的状态,平台普遍采用的在银行或第三方支付平台开设的专项账户,也都处于平台的实际控制之下,无法真正做到资金独立管理。(2)平台身份合法性引起的政策风险。网贷平台基本上都是以两种身份注册:一是投资类咨询公司;二是网络技术类电子商务公司。其经营范围更是五花八门,有的甚至与金融服务或金融中介无丝毫关系。平台企业的身份不明直接导致平台的发展极不规范。(3)财务信息披露风险。在 P2P 网络借贷快速发展的阶段,少有平台企业公布其经过审计的财务报告作为风险判定依据。事实上,即使网贷平台公布财务报告,也无法说明相关财务问题。在 P2P 网贷模式中,坏账率等指标并不会反映在财务报告的任何指标中,因为平台本身并非债权债务关

---

① 参见(2018)黔 01 民终 8289 号民事判决书。
② 参见(2018)粤 06 民终 4766 号民事判决书。

系的任何一方。① 网贷平台的这三类风险在"一办法三指引"中被予以明确地规定,如《网贷机构管理办法》第 10 条为网贷平台划下了不得自融等 13 条红线,第五章以专门一章的形式规定了网贷平台应当遵行的信息披露规范。网贷平台对这些规定的违反,都将导致其承担行政责任。

2. 网贷平台的社会责任

网贷平台除了在违反法律规范时需要承担法律责任外,由于其具有社会属性和金融属性,因而还应当承担相应的社会责任。所谓社会责任,即一个组织对社会应负的责任,它超越了法律与经济对组织所要求的最低义务,是组织管理在道德层面的要求,属于该组织自愿承担的义务。我国现行法律制度中,关于企业社会责任的基础性规定是《公司法》第 5 条"公司从事经营活动,必须遵守法律、行政法规,遵守社会公德、商业道德,诚实守信,接受政府和社会公众的监督,承担社会责任"。此外,相关的规定还包括一些部门规章和社会性自律规范。其中,有直接以社会责任条款出现的倡导性规定,也有间接渗透至与企业社会责任相关联的其他制度。平台的社会责任内涵是较为复杂的问题,目前尚未形成统一的认识,由于具有专业性下外部参与企业治理的不易、传播性下的不良影响扩散迅速,以及普及性下对社会主体行为的潜在引导等特点,有必要对平台企业社会责任的承担提出完全有别于他类企业的特殊要求。② 国家市场监督管理总局在《网络交易平台经营者履行社会责任指引》中曾对网络交易平台的社会责任进行了界定,其第 3 条规定:"本指引所称社会责任是指网络交易平台经营者在经济活动中,对平台内经营者、消费者、企业员工、政府、社会等利益相关者所承担的责任和义务,包括法律社会责任、经济社会责任和道德社会责任。"由此可见,"平台社会责任"是一个内涵十分丰富的概念,既包括对平台内经营者、消费者、员工的责任,又包括对政府以及社会等所有利益相关者的责任,不仅涉及法律,还涉及经济、道德等各个层面。包括网贷平台在内的其他类型平台企业的社会责任可

---

① 参见杨东:《P2P 网络借贷平台的异化及其规制》,载《社会科学》2015 年第 8 期。
② 参见赵万一、苏志猛:《社会责任区分理论视域下互联网企业社会责任的私法规制》,载《法学杂志》2019 年第 10 期。

以参照该指引进行定义。平台企业通过互联网进行高速传播,在传统社会治理模式下存在的风险可能通过网络被极度放大。因此,虽然法律法规未对社会责任作出明确规范,但是平台企业仍应以一种有利于社会的方式进行经营和管理,这种社会责任通常高于企业自身设定的目标。笔者研究发现,自规范发展以来直至清退完毕,网贷平台的社会责任主要来自于两个方面。

第一,网贷平台面临刚性兑付的社会责任。网贷平台属于金融信息中介公司,在"一办法三指引"的制度规范下,网贷平台严格扮演居间人的角色,只负责为借款人和出借人提供资金需求相关信息以撮合交易,而不参与具体交易,交易中的任何资金也不实际流经平台账户。与此同时,根据《网贷机构管理办法》第10条规定,网贷平台不仅不能自融或归集借款人资金,还不能为出借人提供担保或承诺担保。这也意味着,还款义务应完全归属于借款人一方。但实际上,当借贷双方出现纠纷,出借人无法依照合同约定按时履行还款义务时,由于涉及人数众多且金额较大,在无法取回出借资金时,由于自身取证困难无法直接向借款人进行追偿等原因,出借人往往会通过上访、集会等方式来进行维权,给社会的稳定带来隐患。实践中,对于此类的所谓"刚性兑付",平台企业往往会选择向这部分出借人购买债权从而成为新的债权人,然后自身再向借款人进行追偿。然而,由于网络借贷中存在大量的呆账坏账,以及借款人"跑路"等情况,有相当部分的欠款无法追回,或者追回成本较高。从交易结构上看,网贷平台无需介入借贷双方的纠纷中,但为了避免出现涉众性事件对社会稳定产生的风险,平台企业需要以自身的资金进行刚性兑付,归集那些难以实现的债权,这是网贷平台履行的一项重要社会责任,有利于更好地实现社会治理目标。

第二,网贷平台有保护投融资双方资金安全和个人信息安全的社会责任。法律法规规定网贷平台作为信息中介具有保障投融资人资金安全及确保个人信息不外泄的义务。但除此之外,网贷平台由于掌握的信息量极大,因此除了"不违法"的最低要求,还应当具有更高的社会道德责任,采取积极的手段研发更为有效的系统以保障资金安全,而非仅仅在事发后消极地进行追偿。"在隐私权方面,网络时代的个人隐私主要是以'个人数据'的形式呈现,个人数据覆盖自然人的姓名、出生年月日、身份证号码、特征、指纹、婚姻、家庭、教育、职业、健康、病历、财务情况、社会活动及其他足以识别该个人的资料。同时互联网企业还可以利用大数据技术和其他智能手段,对消费者个人网上购物、远程诊断、交友、接受教育、查找资料、浏览网页等多种方式进行信息收集、辨识、分类和归纳,从而掌握消费者的消费偏好和生活轨迹。由此可见,对网络隐私的侵犯,不但范围更加全面,方式更加便捷,技术日趋专业,而且手段更加隐蔽多样,损害后果也更加不可估量"①。应当注意的是,网贷平台的社会责任并不是无边无尽的,社会责任的承担应当与平台发展规模、能力相适应。平台的社会责任源于其社会权力,鉴于平台企业在经济社会中的地位与作用日趋增大,要求其履行社会责任的呼声也变得越来越大。相应地,在界定平台责任时应当综合考虑平台性质、平台能力与平台负担等因素,遵循权利、义务、责任对等的原则,使平台社会责任的承担与其发展规模、能力相适应,从而在实现可持续发展的同时践行社会责任,避免无限放大平台责任。根据国务院办公厅发布的《关于促进平台经济规范健康发展的指导意见》,应当强化政府部门监管职责,科学合理界定平台责任,不应将本该由政府承担的监管责任转嫁给平台。网贷平台的整治固然重要,但不能片面强调政府责任而忽略了平台的自治义务,尤其在政府监管依然过度的情形下,网贷平台更不应被赋予过高的期待和不合理的要求。应当合理区分平台责任与政府责任,以避免平台责任的无限化,通过充分发挥政府、企业、公众、社会组织等主体的力量,形成多元共治的治理机制尤为必要。

二、网贷平台治理中存在的主要问题

相较于其他类型的平台企业如社交平台、支付平台、出行平台等总体上的良性健康发展,网贷平台最终被全部清退出局的结果显示其有着先天的结构缺陷。然而,正如前文所说,网络借贷只是民间借贷在网络时代的表现形式,政府因其中存在风险而予以全面禁止的做法除了使受到合同法保护的民间借贷行为转入地下外,并不能从根本上解决这一问

---

① 赵万一、苏志猛:《社会责任区分理论视域下互联网企业社会责任的私法规制》,载《法学杂志》2019年第10期。

题,风险将依旧存在,严厉的整顿并不能实现监管者所欲实现的目标。在 P2P 网络借贷发展过程中,针对网络借贷的行业风险,各级地方政府的金融监管部门、银保监会、人民银行从实际情况出发,出台了将大风险化解为中风险、将中风险化解成小风险的处置方案,各类网贷平台也在以"一办法三指引"及《关于做好网贷机构分类处置和风险防范工作的意见》等政策性文件所明确的稳定退出的政策下充分意识到行业乱象必须得到治理,从而保证国家金融秩序的稳定和社会公众财产的安全。在行业风险治理过程中,各级地方金融监管部门根据《网贷机构管理办法》被明确为网贷平台的机构监管部门,对平台企业进行了广泛的摸排调查,对于其中单纯从事自融、关联企业融资、超越小额借贷额度限制、非法超高利率借贷等行为进行了合规整治,使得相当一部分 P2P 网贷平台接入了存管银行及公安部门的安全系统,从资金和账户管理上排除了纯粹的互联网诈骗和互联网传销风险。

与此同时,全国"扫黑除恶"专项活动在如火如荼地开展,各地司法机关结合民间借贷与黑恶势力的关联性,有针对性地对"套路贷""非法职业放贷"行为进行了系统的规范,从最高人民法院、最高人民检察院、公安部、司法部《关于办理非法放贷刑事案件若干问题的意见》到各地针对"套路贷""职业放贷人"所制定的其他规范性文件,民间金融乱象似乎得到了有效规范,在一定程度上打击了非法借贷事件的发生,保护了债务人的合法利益。然而从实际情况看,部分地区的司法机关和行政监管部门在如何处置网络借贷纠纷,化解潜在的金融风险等方面想法不一致,不利于全国范围内稳定互联网金融安全和保护广大互联网投资参与人利益,间接导致了 P2P 网络借贷最终草草收场的结局。总体来看,在网贷平台的治理中主要存在以下几个方面的问题。

(一)未能有效区分合法的网贷行为和不合法的互联网金融犯罪

网络借贷在发展的过程中虽然出现了一些群体性事件,但是这是在互联网环境下发展金融业务所不可避免的情况,不仅仅是金融业,应当认为所有传统行业通过互联网传播均有可能引发群体性事件,因为泛在互联、快速传播是互联网的天然属性,其自身特点决定了通过网络开展的双方或多方交易行为可能涉及的人数较之于传统线下交易模式大幅提升。而无论是在物理空间还是在网络空间,交易行为都是由民事主体所发起和进行的,都有可能会产生一定的纠纷。所有的商业银行都存在挤兑风险,网贷平台作为信息中介只负责提供金融信息、撮合交易,发生在平台上的借贷交易当然有可能出现逾期或其他呆账、坏账的情况,这属于正常的金融风险,应当将这种由合法的民间借贷行为所产生的风险,与前文所说披着互联网金融外衣的网络传销和网络诈骗等网络犯罪严格加以区分,并且明确指出前者受到法律保护,亦为国家政策所鼓励与支持,而后者则是侵犯了刑法所保护的法益从而构成犯罪的行为。《关于办理"套路贷"刑事案件若干问题的意见》指出,"犯罪嫌疑人、被告人往往以……'网络借贷平台'等名义对外宣传,以低息、无抵押、无担保、快速放款等为诱饵吸引被害人借款,继而以'保证金''行规'等虚假理由诱使被害人基于错误认识签订金额虚高的'借贷'协议或相关协议。有的犯罪嫌疑人、被告人还会以被害人先前借贷违约等理由,迫使对方签订金额虚高的'借贷'协议或相关协议"。由此可见,两者存在显著区别。

回过头看,真正从事网络借贷的平台企业并非引起社会关注的各种事件的主要对象,在全国范围内造成广泛影响的"e租宝""钱宝"等案件并非P2P网络借贷行为,而是发生在互联网空间的集资诈骗和非法传销。《网贷机构管理办法》是网络借贷平台开展业务的主要法律依据,也是从业的基本规范,是网络借贷监管"一办法三指引"体系的核心,其在借贷利率、催收方式、用户个人信息数据安全等均作了相应的规定。因此,当借贷法律关系真实,且其他规范要求都没有违反禁止性规定的情况下,应当认定该网络借贷行为的合法性,进而保护从业者的合理诉求。但由于采取严格监管政策的取向,因少部分互联网犯罪的存在而对所有的网络借贷平台企业进行清退的政策,没有能够有效地区分合法的网络借贷和不合法的互联网金融犯罪,对于受民事法律保护的合法借贷行为苛责过重。

(二)网络借贷当事人的合法权益无法得到保障

网络借贷较之于传统民间借贷,其业务特点是网贷平台作为借贷双方的居间服务人,收取合理的居间费用,撮合网络借款人和出借人建立借贷法律关系。在正常的借贷情况下,平台仅需履行对出借资金的账户管理和归还资金的账务结算任务,且因为有存管银行系进行结算管理,在这些结算业务的操作过程中平台企业也无法接触到资金。但是当出现借款人逾期的情况时,网贷平台为了维护出借人的合法权益,往往会通过第三方担保代偿或进行债权转让的方式进行"刚性兑付",这正是前述网贷平台履行自身社会责任的主要表现。虽然网贷平台作为居间人,从法律关系上看并没有进行"刚性兑付"的义务,但是,从我国互联网金融发展和投资人并不成熟理性的实际情况来看,网贷平台实施上述兑付行为又在所难免,否则大面积逾期不兑付将会引发更广泛的群体性问题,进而存在诱发非法吸收公共存款罪和集资诈骗罪等非法集资刑事犯罪的可能。

另外,从各地方金融监管部门的管理要求看,数量众多的投资人的稳定与社会稳定直接画上等号,维持投资人的稳定是压倒一切的重中之重,网贷平台即使在正常运营的情况下也要坚守这个安全底线,这无疑加重了网络借贷平台企业的负担,使其实质上从中介的角色转变为投资担保人的角色。因此,无论是第三方的担保代偿还是网贷平台出于维持投资人稳定目的的债权转让模式,根本上都是网贷平台保护投资人资金安全的无奈之举。然而,在网贷平台为了维持社会稳定,以自身资金对逾期债权予以垫付的情况下,其自身的司法救济途径却受到多方面的限制。以江苏省为例,在近3年的时间里,江苏省各级人民法院受理涉网络借贷的案件共计1万多件,另有4万余件涉网络借贷的仲裁裁决、公证债权文书申请强制执行。2019年11月,江苏省高级人民法院颁布《关于在扫黑除恶专项斗争中打击与防范网络"套路贷"虚假诉讼工作指南》,对网贷APP等多个网络借贷"重灾区"进行了规范,明确规定"P2P平台或其以法定代表人、员工名义或债权受让人身份起诉的,不予受理"。类似的司法政策在其他各地规范性文件中也多有体现,造成了与金融行政监管政策之间矛盾的现实处境,也即网贷平台在面对借款人逾期,投资人的债权无法及时实现时,如果履行刚性兑付这一社会责任,将导致受转让的债权无法得到司法救济,以致自身资金可能无法周转,企业难以为继;如果不进行刚性兑付,则可能引发投资人的集体维权,影响社会稳定,进而面临非法集资犯罪的指控。进退两难之间,最终不但不利于保护投资人的资金安全,而且还促使网贷平台不履行社会责任,导致更为广泛的群体性事件。

除了不恰当地限制当事人的合法诉权外,在现有治理模式下,监管部门还在一定程度上侵犯了当事人的隐私权。如前文所言,部分网贷平台确有侵犯借贷双方个人信息权利的行为,违反了《网贷机构管理办法》的相关规定,因此在强力监管阶段,"网络监管力度愈发强化、范围愈发广泛,监管手段由被动受理到主动监控,监管对象由平台细化至个人,监管方式由屏蔽敏感内容深化至审查行为性质,体现了'网络空间不是法外之地'的违法犯罪治理决心。然而,监控的大规模化又使公众活动几乎处于全面曝光状态,这种使个人几乎成为无遮挡的'透明人'的做法,受到隐私保护论者的指责"①。为了保护公民的个人信息不至受到网贷平台的侵犯而展开的全方位监控,反而进一步导致了损害的加深,这无疑与《关于促进平台经济规范健康发展的指导意见》中"依法严厉打击泄露和滥用用户信息等损害消费者权益行为"的要求背道而驰。

(三)打击"逃废债"的司法政策与恶意欠款的现实情况存在冲突

网贷平台在正常经营的情况下,只要借贷事实真实合法,且风险担保措施到位,逾期不良率可以控制在一定的合理范围内。在调研中发现,风险管控较好的公司逾期不良率可以控制在5%以内,一般情况下这一比例也不会高于20%。包括互联网大数据征信、人民银行征信、法院诉讼、执行在内的一系列措施更能有效降低逾期不良率。虽然该比例仍然可能高于一般商业银行的不良率,但是要求网贷平台具有与正规金融机构一样的风险控制体系和能力本身就是无稽之谈。况且,较之于传统社会的民间借贷,这一逾期风险基于金融科技的创新也可以得到有效的抑制。然而,现实情况却是,一旦某网贷平台被宣布"刑事立案"或者出现其他如不能在法院债权立案、执行的情形,又或者行业面临全面清盘没有续贷可能的情况时,逾期不良率就会直线上升,在P2P网络借贷发展后期,很多平台的逾期不良率上升到了50%以上,这也意味着有一半以上的借款人可能会选择不还款的

---

① 刘艳红:《公共空间运用大规模监控的法理逻辑及限度——基于个人信息有序共享之视角》,载《法学论坛》2020年第3期。

恶意逃债手段。部分网贷平台的借款人甚至出现了串联式、有组织的不还款行为,同时,还混淆视听地把一些扫黑除恶时期各地法院的判决书、规范性文件作为逃债的护身符和依据。因借款行为产生的债权债务关系受到法律明文保护,"欠债还钱"作为最基本的社会秩序,改革开放以来我国取得的伟大经济成就,都是以践行和保护交易信赖利益和提高市场交易效率为基本导向。部分"逃废债"的借款人以扫黑除恶为由恶意逃避还款义务,是对基本市场秩序的破坏。而这种恶意行为在实践中未出现受到处罚的情况:由于刑事政策的要求,一方面,司法机关对投资人和借款人的保护从一开始就是不平等的,过于强调投资人的权利保护的同时配置过多的借款人义务;另一方面,由于扫黑除恶专项行动,基层司法机关会以所谓"政治正确"来处理原本仅属于法律层面的问题。

(四)行政部门和司法机关之间缺乏有效衔接

网络借贷属于金融业务,按照所有的金融行为都应纳入监管的治理思路,P2P 网络借贷也应当归口于相应的监管部门进而纳入到整体的监管体系当中,但在治理网贷平台的过程中,行政机关的监管存在缺位的情况。在网贷平台治理体系下,行政监管部门不可谓不多,根据《网贷机构管理办法》第 4 条中分类监管、协同监管的监管原则,针对网贷平台实施监管的行政部门多达 5 个,其中银保监会及其派出机构负责制定网贷平台业务活动监督管理制度,实施行为监管;各省级人民政府负责辖区内网贷平台的机构监管;工业和信息化部负责对网贷平台业务活动涉及的电信业务进行监管;公安部牵头负责对网贷平台提供的互联网服务进行安全监管;国家网信办负责对金融信息服务和互联网信息内容等业务进行监管。然而现实中,虽然有多部门的协调配合,但是网贷平台"爆雷"依旧频发,而且从整体看,几乎全部都是直接被司法机关立案侦查进而被判决犯罪成立,缺乏行政违法性认定的过程。在此社会背景之下,如果一味动用刑法手段简单打压,这等于是将本该属于国家行政管理的职责不当转嫁给了个人,且这种责任转嫁已经越界,越过了公民与社会可以承受的界限。[1] 这就意味着当

---

[1] 参见刘艳红:《法定犯与罪刑法定原则的坚守》,载《中国刑事法杂志》2018 年第 6 期。

网贷平台没有"爆雷"的时候,由于有互联网金融创新的外衣,行政部门往往不会主动去判断它的业务过程是否存在一般法律风险,而当网贷平台"爆雷"、投资人集体维权时,司法机关会直接通过刑法进行规制,这种处理模式使得行政监管功能形同虚设。P2P 网络借贷属于金融创新模式,必然存在传统治理模式无法解决的新问题,在此情形下,跳过行政手段直接动用刑法规制是极为不妥的。对于"爆雷"的网贷平台而言,所涉罪名多为金融犯罪,尤其是非法集资犯罪,然而非法集资犯罪作为典型的行政犯,需要遵循行政刑法的一般理论,而不能擅自突破。"P2P 网贷所涉金融犯罪属于典型的行政犯,行政犯以行政违法为前提。如果不能将 P2P 网贷金融犯罪与金融法规中关于业务性能、责任、行为属性和边界的认定结合起来,而仅仅通过刑法典进行独立的规制,则往往会造成刑法规定与金融市场现实和发展之间的落差乃至脱节"[1]。这一问题主要集中在行为人的违法性认识方面,《互联网金融犯罪座谈会纪要》指出,"对于犯罪嫌疑人提出因信赖专家学者、律师等专业人士、主流新闻媒体宣传或有关行政主管部门工作人员的个人意见而陷入错误认识的辩解,不能作为犯罪嫌疑人判断自身行为合法性的根据和排除主观故意的理由"。但是,如果即便是金融领域的专家学者或主流新闻媒体都认为行为不违法,在法律上存在模糊地带的时候,司法机关又怎能苛求不具有专业知识的行为人能够完全合规经营呢?

以非法吸收公众存款罪为例,最高人民法院在《2010 年司法解释》第 1 条指出,构成非法吸收公众存款罪要求是"违反国家金融管理法律规定,向社会公众(包括单位和个人)吸收资金的行为",且需要同时满足非法性、公开性、有偿性和社会性等四个特征。因此,如果认定某行为构成非法吸收公众存款罪,则必然以"违反国家金融管理法律规定"为前提,也即需要证明该行为是非法的。然而在国内已公开所有案件的裁判文书中,明确对"非法性"要件进行审查的只有 3 个案件,包括:(1)杨某、吴某非法吸收公众存款案中,法院通过《商业银行

---

[1] 杨晓培:《异化与复归:P2P 网贷金融风险的刑法规制》,载《刑法论丛》2017 年第 1 卷,第 20 页。

法》和《十部委意见》论证行为人的行为具有非法性①;(2)李某、钟某等非法吸收公众存款罪案,法院通过《证券投资基金法》《私募投资基金监督管理暂行办法》和《合伙企业法》论证行为人的行为具有非法性②;(3)游某非法吸收公众存款案中,法院通过《十部委意见》《支付结算办法》和《非金融机构支付服务管理办法》论证行为人的行为具有非法性。③ 而在其他案件中,均看不到检察机关或是审判机关对行为具有"非法性"的说理,而多以"违反国家规定""未经有关部门批准"为由简单带过,即使在被告或辩护人提出行为并不违法的质疑时,也未见任何回应,例如,在"李某非法吸收公众存款"一案中,针对辩护人提出行为人的行为"不属于非法吸收公众存款和变相吸收公众存款,无须银行业金融监管部门批准"的观点,法院的回复是涉案行为没有获得《金融许可证》,违反了国家有关规定,但并未说明为何涉案行为需要获得行政许可,具体违反了哪一法律规定(详见第四章)。④ 由此可见,在网贷平台的治理过程中,司法机关与行政部门缺乏有效衔接,网贷平台陷入完全合规和构成犯罪两个极端境地,缺乏一般行政违法的中间缓冲地带。

三、网贷平台治理的刑民交叉逻辑

从网络借贷风险治理和社会矛盾化解的角度出发,针对网贷平台目前主要承担的法律责任和社会责任中存在的主要问题,笔者认为,网贷平台治理的关键在于,应当切实发挥金融监管部门的行政监管作用,提高监督实效,在刑事制裁和民事责任承担之间,以行政监管作为联系两者的桥梁,限制刑事手段的适用,加大民事责任承担,对于产生社会消极影响的行为主要通过行政法规范进行治理。当下"一刀切"清退的做法成本过高,且完全无视了 P2P 网络借贷金融创新带来的优势,似乎不符合比例原则。

---

① 参见(2017)浙 0104 刑初 133 号刑事判决书。
② 参见(2016)川 0191 刑初 113 号刑事判决书。
③ 参见(2016)黔 0203 刑初 1 号刑事判决书。
④ 参见(2017)粤 05 刑终 160 号刑事判决书。

(一)行政监管部门切实履行行政违法性判断职责

互联网金融在很多方面有着不同于传统金融的做法和运行方式,虽然政府从 2016 年即开始以各地省区市金融工作办公室为主体,银监会和各地银监局为业务指导单位的架构开展了对网络借贷行业的规范和管理工作,但是并没有就互联网金融的特点作出过明确的界定。舆论媒体报道"跑路"平台的措辞反映出,只要是"互联网"加上"钱"的行为都会被解读为网络借贷,而没有区分利用互联网从事的其他涉金融行为与 P2P 网络借贷的实质不同,如网络理财、股权众筹、互联网诈骗、互联网传销、数字货币等。甚至在互联网金融发展初期,有些完全脱离互联网环境的线下集资、预售卡发售、会员充值的行为都被冠以 P2P 之名。"证监会、银保监会、地方金融监管部门的监管空白与重复并存,招商、工商、税务、金融行政监管部门缺乏联动,事前、事中、事后全过程监管机制不畅。按理说,做好行政监管是防止非法集资发生的第一道关卡,但是在当下,行政监管部门之间推诿扯皮,没有充分发挥各自的优势,对涉及民间融资业务企业的事前、事中、事后全过程监管机制没有建立,不能及时发现非法集资线索"[①]。而司法机关往往因为法律和司法解释天生的滞后性,难以及时厘清复杂纷繁的案情,在具体案件审理过程中,对于新型证据和取证方式、认定标准的适用同样滞后,无法适应科技创新带来的金融模式创新。虽然有些地区成立了互联网法院,尝试以全新的审理模式应对越来越互联网化的社会纠纷,但是对于涉及网络借贷纠纷的案件,尚不在互联网法院管辖之列。

基于这一状况,各级法院和行政监管部门应当建立专门的互联网金融人才队伍,能够与时俱进地运用各种互联网手段进行网络借贷的专项治理和金融消费者的权益保护工作,通过建立全国范围内的涉互联网金融全覆盖式监管体系,全面提升治理的能力和实效。依据《关于促进平台经济规范健康发展的指导意见》中"适应新业态跨行业、跨区域的特点,加强监管部门协同、区域协同和央地协同,充分发挥'互联网+'行动、网络市场监管、消费者权益保护、交通运输新业态协同监

---

① 李勇:《互联网金融乱象刑事优先治理政策之反思》,载《西南政法大学学报》2019 年第 6 期。

管等部际联席会议机制作用,提高监管效能。加大对跨区域网络案件查办协调力度,加强信息互换、执法互助,形成监管合力。鼓励行业协会商会等社会组织出台行业服务规范和自律公约,开展纠纷处理和信用评价,构建多元共治的监管格局"的要求,通过行政监管部门之间、监管部门与司法机关之间的协同配合对网贷平台进行治理。

(二) 司法实践中慎用限制性规范措施

诉讼是公民实现权利救济的最后保障,而立案的唯一标准应当是法律规定,我国三类诉讼制度中都明确规定了立案标准。诉讼权是每个公民保障自身合法权益的重要权利,公民有权要求法院对符合立案标准的案件进行立案、审判。在民事诉讼中,《民事诉讼法》采用了立案备案制,只要有明确的诉讼对象、诉讼请求和相关事实,法院就应当予以立案,而无权拒绝。然而在网络借贷纠纷领域,部分司法机关在实践中突破了《民事诉讼法》的规定,例如,建立"疑似职业放贷人"名录,限制权利人的立案申请并拒绝出具《不予立案通知书》,从源头上为公民通过法律途径维护自身权利设置了障碍,虽然相关做法在一定程度上起到了维护社会稳定的效果,但是这是以公民合法权利受到制约为代价的,虽然短期内似乎有一定的积极作用,但从长远来看,这种做法不仅不利于保护社会公众财产权,更不利于全面推进依法治国,树立并维护法治的权威。借款合同纠纷在民事案件中所占比例位于前列,借贷是每个公民大概率会涉及的民事法律行为。在网络借贷出现之前,民间借贷就已经有了非常悠久的历史,自新中国成立以来一直受到法律的保护,其特点是案件数量多,涉及人数广。部分地区采取限制当事人诉权的做法,会导致权利人无法通过法律赋予的合法途径进行维权,从而转向其他手段如上访或集会等寻求救济,甚至是不受法律保护的"私力救济"方式,引发更多的纠纷和犯罪。

(三) 给予金融创新更长的考验期

虽然自2009年至今,围绕网贷平台产生了许多争议,同时也引发了不少社会矛盾,但从价值比较来看,P2P网络借贷所践行的普惠金融价值理念,让成千上万的小微企业得到了资金的支持,一定程度上化解了融资难、融资贵的问题,不仅让社会公众得到了远高于银行存款的投资收益,调动了民间资本的积极性,同时还成为了正规金融的有效补充。相较于部分网贷平台"跑路"给社会整体带来的损失,其积极影响更高,P2P网络借贷的先进性、成效性也不应简单因风险治理和跑路问题而一概否定。在我国当下经济发展态势下,以民营经济为代表的创新型企业应当得到监管者的鼓励和支持。《关于促进平台经济规范健康发展的指导意见》中指出"本着鼓励创新的原则,分领域制定监管规则和标准,在严守安全底线的前提下为新业态发展留足空间。对看得准、已经形成较好发展势头的,分类量身定制适当的监管模式,避免用老办法管理新业态;对一时看不准的,设置一定的'观察期',防止一上来就管死;对潜在风险大、可能造成严重不良后果的,严格监管;对非法经营的,坚决依法予以取缔。各有关部门要依法依规夯实监管责任,优化机构监管,强化行为监管,及时预警风险隐患,发现和纠正违法违规行为"。在网络借贷治理过程中所凸显出来的种种矛盾冲突应当被予以高度重视,政府部门和司法机关所推行的政策应当具有一致性和稳定性,应当给予网贷平台更长的考验期,一方面对其中存在的部分异化的网络诈骗、网络传销行为,严格依据《关于办理黑恶势力犯罪案件若干问题的指导意见》《关于办理"套路贷"刑事案件若干问题的意见》等司法解释判断行为的构成要件该当性,纳入刑事打击范围,同时对于按照《网贷机构管理办法》严格合规经营的网贷平台应当给予更多的宽容和支持。

  当下所采取的将网贷平台完全清退的做法,完全忽视了这一行业给社会经济带来的积极影响,导致了一方面小微企业的资金需求无法得到有效满足;另一方面运动式的执法行为造成政策不稳定的社会观感,进而将导致民间资本未来再次面临国家所鼓励的创新金融形态时,由于信赖保护的缺失而踌躇不前。无论政府引导网贷平台平稳退出还是规范发展,都应当以实事求是的态度去分析,最大程度维护法律作为社会治理最终手段的权威性,同时应当认识到,网络时代产生的金融模式与传统治理手段之间存在天然的鸿沟,"互联网金融作为一种经济创新模式,当务之急就是在适度发挥市场原理和企业自主规制作用的同时,完善行政规制的法律规范体系,强化行政监管,鼓励创新与规范引导并行,这才是'大众创业、万众创新'的应有之义。只有在严重背离市场原理、严重侵害法益,行政处罚不足以规制时(比如,打着互联网金融创新的幌子实行诈骗、实施'庞氏骗局'等严重侵害法益的行为),刑法才'该出手时就出手',这应当是包括互联网金融在内的经济越轨行为刑法治理的限度"①。各地司法机关对于扫黑除恶专项斗争的意义应该进行准确的价值解读和引导,从而协助金融监管部门从根本上化解行业风险,维持社会的长治久安和真正的权利保护。

(四)厘清规范非法集资活动的行政法规

非法集资犯罪是网贷平台涉及刑事犯罪时的主要类型,然而当下规制非法集资活动的金融法规体系混乱,造成了对行为是否构成犯罪的质疑,这是司法机关解决网贷平台犯罪中面临的主要问题。

随着《防范和处置非法集资条例》自2021年5月1日起正式施行,《非法金融取缔办法》宣告废止,前者取代后者成为非法集资犯罪行政违法性的判断依据。据此,本书第四章中所指出的"前置行政违法依据难以自洽"等问题似乎得到了有效的解决。然而非法集资和非法吸收公众存款并不能画上等号,由于《防范和处置非法集资条例》并未像《非法金融取缔办法》一样规定非法吸收公众存款的行为特征和法律责任,没有明确何为"非法吸收公众存款",而是代之以"非法集资"统一规范,但刑法中并不存在"非法集资罪"。根据罪刑法定原则,对于非法集资行为是否构成犯罪需要进行构成要件该当性的判断,行政法中模糊的非法集资行为需要能够具化为具体犯罪。由于非法吸收公众存款罪是非法集资犯罪的基础罪名,所以也就是对非法集资的行为作是否构成非法吸收公众存款的具体判断。据此,难以认为《防范和处置非法集资条例》是非法吸收公众存款罪当然的前置违法性依据。由于《非法金融取缔办法》已废止,关于非法吸收公众存款在行政法上的规定,仍然需要回到《商业银行法》上。

《商业银行法》属于"机构性规范",其规制的对象只包括商业银行、存款人及与商业银行发生业务往来的其他客户。规范对象上的限制导致其无权对非银行类金融机构、一般企业法人或自然人进行适用,使得规范非法集资活动的金融刑法所应具备的双重违法性仅具有象征意义。为了弥补这一缺陷,最高人民法院只得通过司法解释来规

---

① 李勇:《互联网金融乱象刑事优先治理政策之反思》,载《西南政法大学学报》2019年第6期。

避对该类行为行政违法性的前置确认程序,例如,最高人民法院在《关于非法集资刑事案件性质认定问题的通知》中指出"行政部门对于非法集资的性质认定,不是非法集资案件进入刑事程序的必经程序。行政部门未对非法集资作出性质认定的,不影响非法集资刑事案件的审判"。而《2014年司法解释》也同样认为"行政部门对于非法集资的性质认定,不是非法集资刑事案件进入刑事诉讼程序的必经程序。行政部门未对非法集资作出性质认定的,不影响非法集资刑事案件的侦查、起诉和审判"。这样一来,使得在实践中非法集资犯罪无需具备行政违法性即可构成行政犯罪,导致涉众型投资活动在缺乏有效行政监督的同时入罪化严重。"根据刑法谦抑性原则的基本要求,需要进一步拓宽互联网金融的民事责任和行政责任。因此,在互联网金融的入罪问题上,不仅需要保持其入罪的谨慎,在监管规则上也应坚持金融监管的适度性,将互联网金融活动纳入适度监管框架中,对其违法行为多采取行政规制措施"[①],应通过对非法集资活动行政违法性审查的强化,真正做到以行政违法性作为非法集资犯罪成立的必然前置条件。当然这并不意味着《商业银行法》在非法集资治理中被完全排除,对于银行类金融机构发展网上业务活动也即所谓的"金融互联网化"。该法依然可以起到重要的规范作用。

治理非法集资犯罪应更加突出《证券法》的作用。《证券法》属于"功能性规范",即监管机构的管辖范围及金融规范适用的对象是以金融活动的类型而非机构为标准。该法第1条表明其所规范的范围为"证券发行和交易行为",因此,证监会可针对证券这一特定金融活动加以监管而无需涉及与证券不具有关联性的部分。《证券法》可以适用于所有金融机构,以使金融监管更为有效并达到规模经济的效果,节省金融监管的成本。对于从事金融活动的当事人而言,功能性规范具有一致性,对于特定金融行为可以要求相同的监管标准,不因从事金融活动机构类别的不同而有适用法规上的差异,保障了竞争的平等性。对于投资人而言,不论其是向何种金融机构购买有价证券,均受到相同的法律规制及监管保障,个人对于金融产品的风险评估同样不会因为是向不同金融机构购买而有所区别,降低了投资人的

---

① 郭华:《互联网金融犯罪概说》,法律出版社2015年版,第113页。

投资成本。基于这些考量,如在第七章中所述,美国法院及证券交易委员会长期以来在处理非法集资的争议案件时,均从功能性规范的立场出发,判断集资人与投资人间的投资合同是否属于有价证券。我国的金融监管模式当然不会简单效仿,因为"不存在完美的模式,只存在适合国情的模式",但对于涉及非法集资犯罪的投资合同而言,其在法律属性上是否可以解释为"证券"呢?《证券法》目前明确承认的证券只有股票、公司债券、存托凭证、政府债券、证券投资基金份额、资产支持证券、资产管理产品等,投资合同与它们具有相似性,投资人均系以获得利润为目的将资金投入到共同事业中去,而这些利润的取得依靠的是他人的努力,该交易的实质是买方对未来收益的期待,因此将投资合同解释为"证券"并纳入《证券法》规范的路径应属可行。相较于目前只通过《商业银行法》《防范和处置非法集资条例》等认定非法集资活动行政违法性的模式而言,增加证券法的规范路径更具合理性,也更有利于在对互联网金融业务进行规范的过程中行政管理与刑事治理上的制度衔接。对于非法集资中的间接融资行为通过《商业银行法》予以调整,而对于直接融资则通过《证券法》加以规制。

(五)疫情时期监管力度放松以缓解中小企业融资难度

自《关于做好网贷机构分类处置和风险防范工作的意见》出台以来,网贷平台的寒冬也随之到来,以退出市场为主要的方向,网络借贷行业迎来了整体"消失"的结局。客观分析,从前文所梳理的 P2P 网络借贷在国内发展的历程看确实存在较多的问题。除行为自身固有的金融风险外,还包括了异化风险、社会风险和一般的合规性风险,在带来共享经济利好的同时,给社会治理增加了不安因素。当下全部清退出局的结果也有着无可奈何的合理性存在。但考虑到现实情况,自 2019 年 12 月份至今新冠肺炎病毒席卷全球,世界经济受到重创,我国有大量的小微企业处于无法正常生产经营、资金链断裂的困境下,破产或即将破产的企业数不胜数。虽然中央出台了一系列的举措给予这些民营企业以支持,但是能够获得支持的仍是极其有限的少部分,或是自身本就较有经济实力的大中型经济体,小微企业及个体户很难从中得到实实在在的优惠。决策者充分认识到了这一点,然而,仅为小微企业提供中小银行这唯一渠道仍无法充分满足企业者的融资需求,正规金融面对小微企业时天生的不足仍然存在。与此同时,疫情期间 P2P 网络借贷以个人及中小企业为主要服务对象,以解决融资难为主要目标,其存在价值得到了进一步确证。诚然,网贷平台的实践表现证明其仍然有不少的问题,但在经历了十多年的监管和被监管后,无论是行政监管部门还是网贷平台,已经形成了一套以"一办法三指引"为代表的行业规范发展标准。在风险可控的前提下,现阶段监管部门应适当放松对网贷平台的严监管态势,允许合法的网络借贷业务继续开展,允许网贷平台继续为有着迫切融资需求的个人及小微企业提供服务,以弥补正规金融存在的先天性缺陷,为受到疫情重创的国内经济的复苏和提振贡献不可或缺的力量。

四、本章小结

互联网金融犯罪的治理较之于传统犯罪最大的不同在于互联网金融平台的存在,以网贷平台为例,无论是投资人通过平台实施犯罪,还是平台自身不合规发展导致的犯罪,刑事风险均主要由平台企业承担。现有治理模式必然导致互联网金融行业整体"消亡",应对该治理模式加以修正,弱化刑事手段的介入,强化平台的行政责任和民事责任承担,同时进一步协调行政监管和刑事制裁两种法律规制手段的衔接机制,更多通过发挥金融监管部门的作用来提高互联网金融监管实效。

参考文献

一、中文文献

(一) 中文著作

1. 习近平:《习近平谈治国理政(第三卷)》,外文出版社2020年版。
2. 王利明:《法治:良法与善治》,北京大学出版社2015年版。
3. 刘艳红:《实质刑法观(第二版)》,中国人民大学出版社2019年版。
4. 闫爱青、李丽、邵勇:《金融与金融犯罪研究》,中国民主法制出版社2012年版。
5. 冯果、袁康:《社会变迁视野下的金融法理论与实践》,北京大学出版社2013年版。
6. 何帆:《刑民交叉案件审理的基本思路》,中国法制出版社2007年版。
7. 于改之:《刑民分界论》,中国人民公安大学出版社2007年版。
8. 王泽鉴:《侵权行为》,北京大学出版社2009年版。
9. 王泽鉴:《民法总则》,北京大学出版社2009年版。
10. 韩世远:《合同法总论》,法律出版社2008年版。
11. 王林清:《民间借贷纠纷裁判思路与规范指引(下)》,法律出版社2015年版。
12. 庄建南主编:《形式案例诉辩审评——集资诈骗罪》,中国检察出版社2014年版。
13. 张明楷:《刑法学(第六版)》,法律出版社2021年版。

14. 刘艳红主编:《刑法学(上)》,北京大学出版社 2014 年版。
15. 刘宪权:《金融犯罪刑法学新论》,上海人民出版社 2014 年版。
16. 张明楷:《犯罪构成体系与构成要件要素》,北京大学出版社 2010 年版。
17. 中国人民银行条法司:《〈中华人民共和国商业银行法〉释义》,中国金融出版社 1996 年版。
18. 朗胜:《〈关于惩治破坏金融秩序犯罪的决定〉释义》,中国计划出版社 1995 年版。
19. 郎胜主编:《〈中华人民共和国刑法〉释解》,群众出版社 1997 年版。
20. 全国人大常委会法制工作委员会刑法室:《〈中华人民共和国刑法〉条文说明、立法理由及相关规定》,北京大学出版社 2009 年版。
21. 曲新久:《金融与金融犯罪》,中信出版社 2003 年版。
22. 杨东:《金融服务统合法论》,法律出版社 2013 年版。
23. 刘艳红、周佑勇:《行政刑法的一般理论(第二版)》,北京大学出版社 2020 年版。
24. 吴卫军主编:《刑事案例诉辩审评——破坏金融管理秩序罪》,中国检察出版社 2014 年版。
25. 贺电、陈祥民、姜万国等:《涉众经济犯罪研究》,中国人民公安大学出版社 2012 年版。
26. 贾宇主编:《刑法学(上册·总论)》,高等教育出版社 2019 年版。
27. 史尚宽:《债法总论》,自版 1983 年版。
28. 陈聪富:《侵权归责原则与损害赔偿》,元照出版有限公司 2000 年版。
29. 王泽鉴:《债法原理》,北京大学出版社 2013 年版。
30. 王泽鉴:《民法学说与判例研究(第一册)》,北京大学出版社 2009 年版。
31. 王佳明:《互动之中的犯罪与被害》,北京大学出版社 2007 年版。
32. 徐彰:《刑民交叉视野下的民间借贷问题研究》,法律出版社 2018 年版。

33. 彭冰:《投资型众筹的法律逻辑》,北京大学出版社2017年版。
34. 郭华:《互联网金融犯罪概说》,法律出版社2015年版。
35. 吴允锋:《经济犯罪规范解释的基本原理》,上海人民出版社2013年版。
36. 刘鑫:《民间融资犯罪问题研究》,上海人民出版社2015年版。
37. 廖天虎:《地下金融风险的刑法控制》,中国政法大学出版社2016年版。
38. 万志尧:《互联网金融犯罪问题研究》,黑龙江人民出版社2016年版。
39. 朱铁军:《刑民实体关系论》,上海人民出版社2012年版。
40. 陈灿平:《刑民实体法关系初探》,法律出版社2009年版。
41. 陈兴良:《刑法哲学(第五版)》,中国人民大学出版社2015年版。
42. 刘艳红:《实质犯罪论》,中国人民大学出版社2014年版。
43. 练育强:《证券行政处罚与刑事制裁衔接问题研究》,北京大学出版社2017年版。
44. 李龙:《政治文明与法治国家》,武汉大学出版社2007年版。
45. 张明楷:《法益初论》,中国政法大学出版社2000年版。
46. 王泽鉴:《损害赔偿》,北京大学出版社2017年版。
47. 王利民:《民法的精神构造:民法哲学的思考》,法律出版社2010年版。
48. 瞿同祖:《中国法律与中国社会》,商务印书馆2010年版。
49. 梁治平:《论法治与德治:对中国法律现代化运动的内在观察》,九州出版社2020年版。
50. 梁慧星:《民法解释学(第四版)》,法律出版社2015年版。
51. 杨东、文诚公:《互联网+金融=众筹金融》,人民出版社2015年版。
52. 高铭暄、马克昌主编:《刑法学(第八版)》,北京大学出版社、高等教育出版社2017年版。
53. 杨兴培:《犯罪的二次性违法理论与实践》,北京大学出版社2018年版。
54. 刘艳红:《实质出罪论》,中国人民大学出版社2020年版。

55. 苏力:《法治及其本土资源》,北京大学出版社 2015 年版。

56. 储槐植:《刑事一体化论要》,北京大学出版社 2007 年版。

57. 何跃军:《风险社会立法机制研究》,中国社会科学出版社 2013 年版。

58. 陈志龙:《法益与刑事立法》,台湾大学丛书编辑委员会 1992 年版。

59. 孙笑侠:《司法的特性》,法律出版社 2016 年版。

60. 熊秉元:《完美的正义》,东方出版社 2019 年版。

61. 熊进光:《地方金融监管法律问题研究》,复旦大学出版社 2020 年版。

(二) 中文期刊

1. 习近平:《推进全面依法治国,发挥法治在国家治理体系和治理能力现代化中的积极作用》,载《求是》2020 年第 22 期。

2. 罗培新:《着力推进互联网金融的包容审慎监管》,载《探索与争鸣》2018 年第 10 期。

3. 陈颖瑛、王娟:《互联网金融的时空特征与运行机制》,载《南方金融》2019 年第 5 期。

4. 王海军、许一航:《互联网金融理论建构:本质、缘起与逻辑》,载《经济与管理评论》2015 第 6 期。

5. 缪心毫、潘彬:《普惠性与互联网金融监管》,载《中国金融》2015 年第 1 期。

6. 姜涛:《互联网金融所涉犯罪的刑事政策分析》,载《华东政法大学学报》2014 年第 5 期。

7. 王利明:《论互联网立法的重点问题》,载《法律科学》2016 年第 5 期。

8. 龙天鸣、李金明:《"互联网+"时代中的刑事需罚性判断——以被害人教义学为视角》,载《政治与法律》2017 年第 10 期。

9. 周汉华:《习近平互联网法治思想研究》,载《中国法学》2017 年第 3 期。

10. 欧阳本祺:《论网络时代刑法解释的限度》,载《中国法学》2017 年第 3 期。

11. 徐凌波:《金融诈骗罪非法占有目的的功能性重构——以最高人民检察院指导案例第 40 号为中心》,载《政治与法律》2018 年第 10 期。

12. 张晋藩:《论中国古代民法研究中的几个问题》,载《政法论坛》1985 年第 5 期。

13. 陈兴良:《虚拟财产的刑法属性及其保护路径》,载《中国法学》2017 年第 2 期。

14. 张明楷:《避免将行政违法认定为刑事犯罪:理念、方法与路径》,载《中国法学》2017 年第 4 期。

15. 陈兴良:《刑民交叉案件的刑法适用》,载《法律科学》2019 年第 2 期。

16. 马长山:《智能互联网时代的法律变革》,载《法学研究》2018 年第 4 期。

17. 刘艳红:《法定犯与罪刑法定原则的坚守》,载《中国刑事法杂志》2018 年第 6 期。

18. 孙国祥:《集体法益的刑法保护及其边界》,载《法学研究》2018 年第 6 期。

19. 刘艳红:《法定犯不成文构成要件要素之实践展开——以串通投标罪"违反招投标法"为例的分析》,载《清华法学》2019 年第 3 期。

20. 刘艳红:《"法益性的欠缺"与法定犯的出罪——以行政要素的双重限缩解释为路径》,载《比较法研究》2019 年第 1 期。

21. 张明楷:《网络时代的刑事立法》,载《法律科学》2017 年第 3 期。

22. 徐剑锋:《互联网时代刑法参与观的基本思考》,载《法律科学》2017 年第 3 期。

23. 刘艳红:《网络时代刑法客观解释新塑造:"主观的客观解释论"》,载《法律科学》2017 年第 3 期。

24. 王昭武:《法秩序统一性视野下违法判断的相对性》,载《中外法学》2015 年第 1 期。

25. 简爱:《一个标签理论的现实化进路:刑法谦抑性的司法适用》,载《法制与社会发展》2017 年第 3 期。

26. 孙国祥:《经济刑法适用中的超规范出罪事由研究》,载《南大法学》2020年第1期。

27. 王勇:《互联网时代的金融犯罪变迁与刑法规制转向》,载《当代法学》2018年第3期。

28. 魏昌东:《中国金融刑法法益之理论辨正与定位革新》,载《法学评论》2017年第6期。

29. 蓝学友:《互联网环境中金融犯罪的秩序法益:从主体性法益观到主体间性法益观》,载《中国法律评论》2020年第2期。

30. 钱小平:《中国金融刑法立法的应然转向:从"秩序法益观"到"利益法益观"》,载《政治与法律》2017年第5期。

31. 孙国祥:《行政犯违法性判断的从属性和独立性研究》,载《法学家》2017年第1期。

32. 时方:《我国经济犯罪超个人法益属性辨析、类型划分及评述》,载《当代法学》2018年第2期。

33. 何荣功:《经济自由与刑法理性:经济刑法的范围界定》,载《法律科学》2014年第3期。

34. 张忠军:《论金融法的安全观》,载《中国法学》2003年第4期。

35. 江海洋:《金融脱实向虚背景下非法吸收公众存款罪法益的重新定位》,载《政治与法律》2019年第2期。

36. 刘艳红:《形式入罪实质出罪:无罪判决样本的刑事出罪机制研究》,载《政治与法律》2020年第8期。

37. 孙国祥:《民法免责事由与刑法出罪事由的互动关系研究》,载《现代法学》2020年第4期。

38. 陈聪富:《自甘冒险与运动伤害》,载《台北大学法学论丛》第73期。

39. 江溯:《日本刑法上的被害人危险接受理论及其借鉴》,载《甘肃政法学院学报》2012年第6期。

40. 张明楷:《刑法学中危险接受的法理》,载《法学研究》2012年第5期。

41. 初红漫:《论被害人过错影响刑事责任之正当依据》,载《犯罪研究》2011年第3期。

42. 刘宪权:《刑法严惩非法集资行为之反思》,载《法商研究》2012年第4期。

43. 彭冰：《非法集资行为的界定——评最高人民法院关于非法集资的司法解释》，载《法学家》2011年第6期。

44. 刘为波：《〈关于审理非法集资刑事案件具体应用法律若干问题的解释〉的理解与适用》，载《人民司法》2011年第5期。

45. 刘艳红：《互联网治理的形式法治与实质法治——基于场所、产品、媒介的网络空间三维度的展开》，载《理论视野》2016年第9期。

46. 刘海：《网络众筹、微筹的风险监管与发展路径》，载《商业经济研究》2015年第5期。

47. 白江：《我国股权众筹面临的风险与法律规制》，载《东方法学》2017年第1期。

48. 顾晨：《欧盟探路众筹监管》，载《互联网金融与法律》2014年第2期。

49. 杨东、苏伦嘎：《股权众筹平台的运营模式及风险防范》，载《国家检察官学院学报》2014年第4期。

50. 李莉：《论金融消费者权益保护视角下股权众筹的监管》，载《北京社会科学》2019年第9期。

51. 彭冰：《非法集资活动规制研究》，载《中国法学》2008年第4期。

52. 马其家、王淼：《美国证券法上投资合同的司法认定标准及启示"美国证监会诉豪威公司案"评析》，载《法律适用》2018年第6期。

53. 胡启忠：《非法股权众筹的刑法适用与现时策略》，载《西华大学学报（哲学社会科学版）》2019年第6期。

54. 刘艳红：《人性民法与物性刑法的融合发展》，载《中国社会科学》2020年第4期。

55. 徐彰：《个人网络借贷平台的法律风险分析》，载《金融与经济》2017年第1期。

56. 黄韬：《股权众筹兴起背景下的证券法律制度变革》，载《北京工商大学学报（社会科学版）》2019年第6期。

57. 程兰兰、隋峰：《股权众筹行为与非法吸收公众存款行为的认定》，载《经济刑法》2017年第17辑。

58. 刘宪权：《互联网金融股权众筹行为刑法规制论》，载《法商研究》2015年第6期。

59. 刘宪权、陈罗兰:《我国P2P网贷平台法律规制中的刑民分界问题》,载《法学杂志》2017年第6期。

60. 杨东:《P2P网络借贷平台的异化及其规制》,载《社会科学》2015年第8期。

61. 赵万一、苏志猛:《社会责任区分理论视域下互联网企业社会责任的私法规制》,载《法学杂志》2019年第10期。

62. 刘艳红:《公共空间运用大规模监控的法理逻辑及限度——基于个人信息有序共享之视角》,载《法学论坛》2020年第3期。

63. 杨晓培:《异化与复归:P2P网贷金融风险的刑法规制》,载《刑法论丛》2017年第1卷。

64. 李勇:《互联网金融乱象刑事优先治理政策之反思》,载《西南政法大学学报》2019年第6期。

65. 周光权:《"刑民交叉"案件的判断逻辑》,载《中国刑事法杂志》2020年第3期。

66. 王昭武:《经济案件中民刑交错问题的解决逻辑》,载《法学》2019年第4期。

67. 姚辉、王林清:《涉犯罪合同效力问题研究》,载《法学杂志》2017年第3期。

68. 窦海阳:《刑法与民法的"分""合"之辨》,载《北京工业大学学报(社会科学版)》2017年第5期。

69. 王华伟:《刑民一体化视野中的存款占有》,载《法律适用》2014年第1期。

70. 张明楷:《自然犯与法定犯一体化立法体例下的实质解释》,载《法商研究》2013年第1期。

71. 陈兴良:《民事欺诈和刑事欺诈的界分》,载《法治现代化研究》2019年第5期。

72. 林子渝:《共享经济下的P2P借贷模式》,载《台湾经济研究月刊》第38卷第8期。

73. 岳彩申、朱琳:《股权众筹平台的法律性质与功能》,载《人民司法(应用)》2018年第4期。

74. 韩强:《互联网金融的危机与出路》,载《探索与争鸣》2018年第10期。

75. 顾海鸿:《互联网金融创新发展中的刑事犯罪风险及司法防控对策》,载《经济刑法》2017年第17辑。

76. 谢平、邹传伟、刘海二:《互联网金融监管的必要性与核心原则》,载《国际金融研究》2014年第8期。

77. 李有星、陈飞、金幼芳《互联网金融监管的探析》,载《浙江大学学报(人文社会科学版)》2014年第4期。

78. 薛文超:《监管时代互联网金融犯罪的实务问题》,载《刑法论丛》2017年第1卷。

79. 李云飞:《民间借贷从传统走向网络后的刑法规制选择——以信息保护模式为视角》,载《政治与法律》2017年第4期。

80. 彭冰:《反思互联网金融监管的三种模式》,载《探索与争鸣》2018年第10期。

81. 许多奇:《互联网金融的去中心性与监管的"淡中心化"》,载《探索与争鸣》2018年第10期。

82. 黄辉:《中国股权众筹的规制逻辑和模式选择》,载《现代法学》2018年第4期。

83. 张明楷:《网络时代的刑法理念——以刑法的谦抑性为中心》,载《人民检察》2014年第9期。

84. 陈兴良:《网络犯罪立法问题思考》,载《公安学刊(浙江警察学院学报)》2016年第6期。

85. 刘艳红:《网络犯罪帮助行为正犯化之批判》,载《法商研究》2016年第3期。

86. 梁根林:《传统犯罪网络化:归责障碍、刑法应对与教义限缩》,载《法学》2017年第2期。

87. 吴志攀:《"互联网+"的兴起与法律的滞后性》,载《国家行政学院学报》2015年第3期。

88. 李勇坚:《互联网金融视野下的金融消费者权益保护》,载《经济与管理研究》2016年第9期。

89. 杨东:《论金融法的重构》,载《清华法学》2013年第4期。

90. 何颖:《论金融消费者保护的立法原则》,载《法学》2010年第2期。

91. 胡光志、周强:《论我国互联网金融创新中的消费者权益保

92. 宋刚、李昊:《论意思自治与法律行为的效力》,载《山西大学学报(哲学社会科学版)》2008年第2期。

93. 陈洁:《投资者到金融消费者的角色嬗变》,载《法学研究》2011年第5期。

94. 侯佳儒:《意思自治之为民法学基本原理——基于语义分析的建构性理解与诠释》,载《江海学刊》2010年第6期。

95. 刘艳红:《"风险刑法"理论不能动摇刑法谦抑主义》,载《法商研究》2011年第4期。

96. 杨兴培、田然:《刑法介入刑民交叉案件的条件——以犯罪的二次性违法理论为切入点》,载《人民检察》2015年第15期。

97. 熊进光:《互联网金融刑民交叉案件的法律规制》,载《厦门大学学报(哲学社会科学版)》2020年4期。

98. 林越坚、岳向阳:《互联网金融消费者保护的制度逻辑与法律建构》,载《国家检察官学院学报》2020年第3期。

99. 尹振涛:《互联网金融监管的法治化思考:必要性、路径及实施》,载《社会科学家》2019年第10期。

100. 刘宪权:《论互联网金融刑法规制的"两面性"》,载《法学家》2014年第5期。

101. 王海军、王念、赵立昌:《互联网金融:缘起、解构与变革》,载《武汉金融》2014年第10期。

102. 汪振江、张弛:《互联网金融创新与法律监管》,载《兰州大学学报(社会科学版)》2014年第5期。

103. 谢平、邹传伟、刘海二:《互联网金融的基础理论》,载《金融研究》2015年第8期。

(三) 报刊文献

1. 习近平:《在民营企业座谈会上的讲话》,载《人民日报》2018年11月2日第2版。

2. 《深化金融供给侧结构性改革 增强金融服务实体经济能力》,载《人民日报》2019年2月24日第1版。

3. 《金融活经济活金融稳经济稳 做好金融工作维护金融安

全》,载《人民日报》2017年4月27日第1版。

4. 陈志武:《互联网金融到底有多新?》,载《经济观察报》2014年1月6日第41版。

5. 孟俊松:《"非吸"构不成先刑后民的理由——江苏滨海县法院判决陈某诉范某、扬某民间借贷案》,载《人民法院报》2017年5月18日第6版。

6. 李勇:《厘定行政犯与法定犯的界限》,载《检察日报》2020年7月2日第3版。

7. 孙璐璐:《互金网贷整治领导小组:已有近5000家P2P机构退出 争取年内完成主要整治任务》,载《证券时报》2020年4月25日第A01版。

8. 杨东:《互联网金融打开股权众筹发展空间》,载《上海证券报》2015年7月23日第12版。

9. 孙本雄:《完善刑法制度助推互联网股权众筹发展》,载《检察日报》2018年8月20日第3版。

10. 高晋康、唐清利:《互联网金融监管体制的法治化建议》,载《金融时报》2016年6月27日第2版。

11. 田霖、李祺:《互联网金融与普惠金融的耦合与挑战》,载《光明日报》2016年11月5日第8版。

12. 陈兴良:《刑法教义学彰显对法条的尊崇》,载《检察日报》2014年7月1日第3版。

13. 张文显:《创新发展中国特色社会主义法治理论的四点认识》,载《法制日报》2018年5月9日第13版。

14.《中共中央关于全面推进依法治国若干重大问题的决定》,载《人民日报》2014年10月24日第1版。

15. 杨东:《依靠制度促进互联网金融健康发展》,载《人民日报》2016年7月20日第7版。

16. 孙建华:《促进互联网金融健康发展》,载《人民日报》2015年10月13日第7版。

17. 孙丽:《构建互联网金融伦理的向度》,载《光明日报》2017年11月28日第16版。

二、外文文献

(一) 外文原作

1. Edwin H. Sutherland, *White Collar Crime*, Yale University Press, 1983.

2. Bradford, C. Steven, Crowdfunding and the Federal Securities Laws. *Columbia Business Law Review*, Vol. 2012, No. 1, 2012.

3. Arjya B Majumdar, Umakanth Varottil, *Regulating Equity Crowdfunding in India: Walking a Tightrope*. Edward Elgar publish, 2017.

4. Dorff, Michael B., The Siren Call of Equity Crowdfunding. *The Journal of Corporation Law* 39.3 (2013).

5. Armour, John, and Luca Enriques, The Promise and Perils of Crowdfunding: Between Corporate Finance and Consumer Contracts. *Modern Law Review* 81.1 (2018).

6. Baucus, Melissa S. & Mitteness, Cheryl R., Crowdfrauding: Avoiding Ponzi entrepreneurs when investing in new ventures, *Business Horizons, Elsevier*, vol. 59.1(2016).

7. Basu, Kaushik, Ponzis: The Science and Mystique of a Class of Financial Frauds. *World Bank Policy Research Working Paper* No. 6967. 2014.

8. Gurun, Umit & Stoffman, Noah & Yonker, Scott., Trust Busting: The Effect of Fraud on Investor Behavior. *Review of Financial Studies*, 2018.

9. Massimo Bartoletti, Salvatore Carta, Tiziana Cimoli, Roberto Saia, Dissecting Ponzi schemes on Ethereum: Identification, analysis, and impact, *Future Generation Computer Systems*, Vol. 102, 2020.

10. Deason, Stephen, Shivaram Rajgopal, Gregory Waymire, and Roger White, Who Gets Swindled in Ponzi Schemes? *Columbia Business School*, 2015.

11. Todd G. Shipley, Art Bowker, *Investigating Internet Crimes An Introduction to Solving Crimes in Cyberspace*, Syngress, 2014.

12. Chatain, Pierre-Laurent; Zerzan, Andrew; Noor, Wameek; Dannaoui, Najah; de Koker, Louis, *Protecting Mobile Money against Financial Crimes : Global Policy Challenges and Solutions. Directions in Development;finance*. World Bank. 2011.

13. P. Marris, *The Politics of Uncertainty: Attachment in Private and Public Life*, Rout ledge, 1996.

14. Apostolos Ath. Gkoutzinis, *Internet Banking and the Law in Europe*, Oversea Publishing House, 2006.

15. Steven Philippsohn, Trends In Cybercrime: An Overview Of Current Financial Crimes On The Internet, *Computer& Security*, 20(2001).

16. Buono, L. Fighting cybercrime through prevention, outreach and awareness raising. *ERA Forum* 15, 1-8 (2014).

17. Hoshi, Takeo. Financial Regulation: Lessons from the Recent Financial Crises. *Journal of Economic Literature*, 49.1(2011).

18. C. A. E. Goodhart. Financial Regulation, Credit Risk and Financial Stability, National Institute Economic Review, National Institute of *Economic and Social Research*, vol. 192(1), 2005.

19. Samuel G. Hanson, Anil K Kashyap, and Jeremy C. Stein. A Macroprudential Approach to Financial Regulation. *Journal of Economic Perspectives*, Vol. 25(2011).

20. Ross Levine. The Governance of Financial Regulation: Reform Lessons from the Recent Crisis. *International Review of Finance*, 12:1, 2012.

21. Galati, Gabriele, and Richhild Moessner. Macroprudential Policy-A Literature Review. *Journal of Economic Surveys* 27.5 (2012).

22. Lysandrou, Photis, and Anastasia Nesvetailova. The role of shadow banking entities in the financial crisis: a disaggregated view. *Review of International Political Economy* 22.2 (2015).

23. Lustig, Hanno. An Integrated Framework for Analyzing Multiple Financial Regulations. *International Journal of Central Banking* 9.1 (2019).

24. Gruin, Julian, and Peter Knaack. Not Just Another Shadow Bank: Chinese Authoritarian Capitalism and the "Developmental" Promise

of Digital Financial Innovation. *New Political Economy*（2019）.

（二）外文译作

1.〔日〕佐伯仁志、道垣内弘人:《刑法与民法的对话》,于改之、张小宁译,北京大学出版社 2012 年版。

2.〔美〕詹姆斯·M·布坎南:《制度契约与自由》,王金良译,中国社会科学出版社 2013 年版。

3.〔美〕杰克逊、西蒙斯:《金融监管》,吴志攀等译,中国政法大学出版社 2003 年版。

4.〔美〕哈伯特 L·帕克:《刑事制裁的界限》,梁根林等译,法律出版社 2008 年版。

5.〔德〕耶林:《为权利而斗争》,郑永流译,商务印书馆 2016 年版。

6.〔日〕西原春夫:《刑法的根基与哲学》,顾肖荣等译,中国法制出版社 2017 年版。

7.〔英〕洛克:《政府论（下篇）》,叶启芳、瞿菊农译,商务印书馆 1964 年版。

8.〔德〕伯恩·魏德士:《法理学》,丁晓春、吴越译,法律出版社 2013 年版。

9.〔美〕梅耶、杜森贝里、阿利伯:《货币、银行与经济》,林宝清等译,三联书店 1994 年版。

10.〔德〕黑格尔:《法哲学原理》,范扬、张企泰译,商务印书馆 1961 年版。

11.〔德〕卡尔·恩吉施:《法律思维导论》,郑永流译,法律出版社 2004 年版。

12.〔德〕乌尔斯·金德霍伊泽尔:《刑法总论教科书》（第六版）,蔡桂生译,北京大学出版社 2015 年版。

13.〔德〕汉斯·约阿希姆·施耐德主编:《国际范围内的被害人》,许章润等译,中国人民公安大学出版社 1992 年版。

14.〔美〕托马斯·李·哈森:《证券法》,张学安等译,中国政法大学出版社 2003 年版。

15.〔美〕贝卡里亚:《论犯罪与刑罚》,黄风译,中国法制出版社

2005 年版。

16.〔德〕埃里克·希尔根多夫:《德国刑法学:从传统到现代》,江溯、黄笑岩等译,北京大学出版社 2015 年版。

17.〔德〕施塔姆勒:《正义法的理论》,夏彦才译,商务印书馆 2012 年版。

18.〔意〕伯纳多·尼克莱蒂:《金融科技的未来:金融服务与技术的融合》,程华译,人民邮电出版社 2018 年版。

19.〔美〕H·大卫·科茨:《金融监管与合规》,邹亚生等译,中国金融出版社 2018 年版。

20.〔加〕温里布:《私法的理念》,徐爱国译,北京大学出版社 2007 年版。

21.〔德〕维尔纳·弗卢梅:《法律行为论》,迟颖译,法律出版社 2013 年版。

后　记

　　本书是继《刑民交叉视野下的民间借贷问题研究》之后我的第二本学术专著,也是我主持的国家社科基金青年项目"刑民交叉视野下的互联网金融行为'罪与非罪'问题研究"(17CFX020)的结项成果。如果以项目名称作为书名,严格来说并不是很合适:一是稍显冗长,二是课题色彩较重。故而对其稍作调整,用"互联网金融行为的'罪与非罪'——刑民交叉视野下的问题研究"作为本书的书名,并和自己的第一本专著形成一个具有个人学术特点的"刑民交叉"研究系列。从内容上看,本书也是我的第一本专著在研究进程上的自然延续,二者在研究视角和研究方法等方面具有一致性。

　　2017年6月,我正在审计署广州特派办挂职,现在还很清晰地记得,那一年的国家社科基金立项公示的时候我正在睡午觉,一位好友打来电话说恭喜课题获得立项,当时我还有点懵,一方面可能是还没醒盹,另一方面也没想到自己能够首次申报就中,因为研究主题"互联网金融犯罪"在当时是比较热门的,有不少同行以这一选题进行申报,而自己的前期研究成果并不多,相关性也不是很紧密。能够获得立项,想来应该是"刑民交叉"的研究视角选择得比较好,可能这也说明当时国家比较重视互联网金融领域存在的刑民交叉问题。

　　刑民交叉理论是我勉强能够被"贴"标签的学术研究领域,求学生涯中经济学本科和民商法研究生的经历为我的刑法学理论研究提供了不一样的视角,当然也不可避免地导致教义学研究的功力不足。由于刑法和民法两大部门法在历史发展中"相爱相杀"的特殊关系,对于部分具有较重私法色彩的犯罪,尤其是财产犯罪、经济犯罪等,必然需要借助民法中相关概念的理解,以确定行为的罪与非罪、此罪与彼罪。虽然刑法学理论体系相对而言较为封闭,但是仍旧无法排除自身社会科学的属性,无法拒绝其他部门法、其他学科的影响。基于这一现实,刑法学不应故步自封,而应包容接受,海纳百川,这与刑法的独立性并不矛盾。

近年来,国内的互联网金融发展大起大落,在大约五年前,互联网金融还是非常热的概念,全社会都参与其中,从中央到地方、从互联网企业到金融机构、从专家学者到实务工作者,大家都觉得这个全新的领域颠覆了传统金融模式,大有可为。然而五年过去了,现如今再无人提起这一概念,当年甚嚣尘上的互联网金融时代仿佛已经过去了很久,也似乎这个时代从未来临过。从众人追捧到无人问津,仅仅用了几年的时间。对于研究人员而言,互联网金融领域的研究无人再去碰及,互联网金融主题的学术论文也再难以见诸期刊之中。闲聊时,有金融法学的同事直言,互联网金融都已经不存在了,还有什么研究的价值呢。因此,对于本书这样一个看起来似乎已经没有什么学术价值的选题,北京大学出版社仍然愿意给予出版,我心中是非常感激的。

互联网金融如流星一般转瞬即逝有着必然性。早期在缺乏相应规范的情况下持续野蛮生长,互联网金融行业鱼龙混杂,真正利用互联网特点创新金融模式的是其中一部分企业,更多的是挂着互联网金融创新的"羊头",卖传统非法集资、线下传销这些"狗肉"的灰色企业。企业有逐利的天然属性,在规则内经营获得的利益永远赶不上通过打擦边球,或是违法犯罪获得的暴利多,更何况彼时还没有规则。在劣币驱逐良币的情况下,由互联网金融所带来的系统性金融风险逐渐超过了它给整个社会所带来的收益,当然需要受到约束和规范。互联网金融从目前情况来看,应该是已经死了,但其死不在自身,而在于制度的缺失。如果互联网金融相关的法律法规可以早一些出台,如果关于非法集资犯罪传统治理模式可以及时修正,可能现在的互联网金融行业是完全不一样的结局。金融必然有风险,这是无法改变的事实,考验人们智慧的是如何消解这种风险。

秉持古典自由主义的理念,贯彻刑法人权保障的机能,我始终认为,作为国家能够给予个人最严厉惩罚的刑罚在适用时应当严格、谨慎,不能为了短期目标而去随意破坏刑法的稳定性和谦抑性,否则将贻害无穷。从近年来刑事司法和刑法学理论的发展看,最后防线的角色在逐渐变化,现有犯罪圈不断扩张,大量的危险犯通过修正案和司法解释被纳入打击范围,积极刑法观、预防刑法观等理论发展迅猛。与此同时,却也引起了人们的思考,既然刑法这么好用,干脆就回到中华法系时期吧,为什么还要民法、行政法呢?风险社会的到来,使国家、社会、个人面临的风险日趋多样、复杂,但也正因为此,我们更应该坚持最基本的刑事理念。刑法不是万能的,尤其是在面对民法色彩较浓的经济行为时,更应当谦虚谨慎,听一听民法的评价再看是否有必要发动刑罚。动辄祭出刑法这一重器,无益于维护它的威严及其背后国家权力的严肃性,也并非提升国家治理能力和治理体系现代化的良策。对待互联网金融的发展亦是如此,既然是由于制度的缺失导致了种种问题,不妨先完善制度,产生的社会危害性可以通过民事赔偿和行政处罚的方式加以应对,断然不能跳过这两者直接由刑法上阵。

  本书的写作目的并不是为了给互联网金融犯罪"洗白",构成犯罪的行为当然应毫不犹豫地给予否定性评价。对于未侵害公私财产而只是破坏了秩序法益的行为,打击犯罪固然是刑法的重要使命,但在统一法秩序下,与民法、行政法一道"不战而屈人之兵",也不失为保护民营企业和民营企业家的一条途径。"善战者无赫赫之功,善医者无煌煌之名。"刑法当然是善战者,但也应当是善医者。互联网金融是传统金融的重要补充,对其发展过程中存在的部分违法犯罪行为应当辩证地加以看待,采用一刀切的处理方式并不合适。面对互联网金融犯罪,如何坚持罪刑法定原则,践行刑法人权保障的机能,实现社会治理中的"民刑共治",是本书写作的出发点。如果本书的出版能够使互联网金融死得不是那么透彻,甚至有起死回生可能的话,那就完全是超出作者预期的"意外之喜"了。

  本书献给婉婉,希望她这一生平安、健康。

  感谢我的父亲、母亲,他们让我来到这世上,给了我思考的大脑、原本强壮但现在略显肥硕的身体。

  感谢我的妻子段雨晴女士,本书的顺利出版离不开她的全力支持,正是因为她将一双儿女照顾得很好,家中亦井井有条,才使我免去了后顾之忧,可以在写作过程中身心投入。感谢早早,他是我快乐的源泉,是我向前的动力,他的存在本身是我最大的成就。

  感谢我的工作单位南京审计大学,为我提供了良好的工作岗位和学习环境,帮助我成长,本书的出版也得到了单位的经费支持。

  愿新冠疫情早日过去,人们不会再因口罩而遮挡住美丽的容颜。

  活着其实很好,再吃一颗苹果。

徐 彰
2021 年 9 月于南审润泽湖畔